원전: 홍양호, 『해동명장전』, 「이순신전」

한 권으로 읽는
성웅 이순신

박성순 역저

도서출판 해남

한 권으로 읽는 성웅 이순신

초판1쇄 인쇄 2013년 4월 22일
초판1쇄 발행 2013년 4월 28일

역저자 박성순
발행인 노현철
발행처 도서출판 해남

출판등록 1995. 5. 10 제 1-1885호
주소 서울특별시 서대문구 충정로 3가 227-1 우리타워 6F
전화 739-4822 **팩스** 720-4823
이메일 haenamin30@naver.com
홈페이지 www.hpub.co.kr

ISBN 978-89-6238-062-0 03990

머리말

필자가 몇 해 전 미국 UCLA에 방문학자로 있으면서, 잠깐 미국 동부를 여행할 때의 일이다. 동부 지역 아이비 리그 대학 중 하나로 유명한 메사추세츠 공과대학(MIT)에 들렀다가 뜻하지 않은 감동을 맛본 일이 있었다. 바로 이 학교를 대표하는 해양 박물관에서 우리나라의 거북선과 만난 것이다. 거북선은 세계 해전사에서 명성을 떨쳤던 서양의 유명한 함선들과 함께 유리 상자 안에 나란히 진열되어 있었다. 세계 문화의 우수한 장점들만 수용해 자기 것으로 소화한다고 해서 '도가니'(melting pot)로 불리는 깍쟁이 나라 미국에서 우리의 거북선이 그렇게 대접을 받으며 모셔져 있다는 사실은 상상도 못한 일이었다. 거북선을 보는 순간 나도 모르게 코끝이 찡해졌다. 미국인들이 거북선을 인정하고 있다는 것은 세계 해전사에서 차지하는 이순신 장군의 역사적 위상을 그만큼 높이 평가하고 있다는 의미로 받아들여졌다. 그 거북선을 보면서 가슴 한 곳에 묻어 놓았던 이순신 장군에 관한 상념이 다시금 밀려들었다.

2004년 4월 28일. 이순신 탄신 459주년 기념 학술 대회가 온양 관광 호텔에서 열렸다. 순천향 대학교 이순신 연구소에서 주최한 자리였다. 영광스럽게 필자도 그 자리에 토론자의 한 사람으로서 초빙되었다. 많은 이야기들이 오간 그날의 주요 화두는 한편에서 고개를 들고 있는 이순신 폄훼 현상에 관한 것이었다.

특히, 원로 소설가 송우혜 선생은 당시 TV 드라마 「불멸의 이순신」의 원작으로 사용될 김탁환 교수의 소설 『불멸』을 분석하면서, 이순신 폄훼 현상에 대해서 깊은 우려를 표명하였다. 누구보다도 문학적 상상력을 이해해 줄 만한 처지의 송 선생이 같은 소설가의 작품에 대해서 창작의 경계를 지적한다는 사실은 분명 주목할 대목이었다. 이야기의 극적 전개를 위해서는 작가의 상상력에 의존하여 경계를 초월할 수밖에 없는 것이 소설의 일반적 특성이기 때문이다.

그러나 이순신 연구에 일가견을 갖고 계시던 송 선생은 아주 엄중한 자세로 『불멸』의 문제점을 조목조목 짚어 나갔다. 그것은 아무리 소설이라 할지라도, 실화소설을 표방한 이상 역사적 왜곡은 절대로 있어서는 안 된다는 주장이었다. 토론자였던 정현기 교수도 실화소설은 꾸며쓰기만의 글쓰기에 머물 것이 아니라, 소설가 자신이 올바른 시대정신과 도덕적 치열함을 항상 유지하여야 함을 주장하였다. 사실을 왜곡함으로써 삶의 진실을 바꾸어 놓는 점을 경계한다고 못 박았다. 그분들이 특히 격정을 토로한 것은 원균을 명장으로 미화시킨 부분이었다. 그들은 "명장이 아닌 사람을 명장으로 둔갑시킴으로써 우리 사회 공동체 사람들의 공식적인 명예나 존엄성을 해칠 수 있다."는 점을 지적하였다.

필자는 당시 토론회 석상에서, 문학적 영역에서 이순신 장군을 두고 벌어지고 있는 그 치열한 문제의식에 자극되었다. 뭔가 대중들에게 이순신 장군에 관한 본 모습을 알려야 되겠다는 생각이 든 것이다. 그 동안 수많은 이순신 관련 저서가 쏟아져 나왔지만, 어떤 책들은 오히려 이순신의 본 모습을 왜곡한 것들도 있었다고 생각하였다. 역사학자로서, 대중들이 쉽게 이순신 장군의 일생에 대해서 객관적으로 이해할 수 있는 사료를 번역하는 것이 매우 절실함을 깨달았다. 필자는 그 동안 많이 출간되었던 『난중일기』 이외의 사료를 번역해 보고 싶었다. 그래서 그 대본으로서 홍양호가 쓴 『해동명장전』에 실린 「이순신전」을 번역하기로 마음먹었다.

우리나라 국민들은 누구나 이순신 장군을 알고 있지만, 이순신 장군의 일대기에 대해서 정확하게 아는 사람은 드문 것 같다. 또한 여러 명의 작가들이 똑같은 이순신 장군의 이야기를 다루면서도 말하는 사람마다 세세한 부분에서 차이가 나는 것은, 이순신 장군과 관련된 자료들이 상이하기 때문이다. 이순신 장군에 대한 접근은 이들 각각의 사료에 대한 면밀한 검토에서부터 출발하는 것이 순서이다. 철저한 사료 분석을 통해서, 이순신 장군과 관계된 실체적 진실을 재구성해 가는 것이 매우 중요하다.

이순신 장군의 이야기를 전해 주는 대표적인 사료는 이순신 장군의 『난중일기』 친필 초고본과 「장계」, 임진왜란의 전말을 기록한 『선조실록』과 『선조수정실록』, 임진왜란을 경험한 인사들의 문집류, 정조 때 정부에서 공식 간행한 『이충무공전서』, 그리고 조선 시대 개별 인사들이 기록한 이순신 장군 전기, 비문, 행장 등이 있다. 그러나 임진왜란과 관련하여서는 조선 정부의 공식 기록인 『실록』의 기사에서도 서로 상이한 내용들이 많이 보여진다는 점에서, '이순신 장군과 관련된 올바른 전기'(李舜臣正傳)를 구성하는 일은 결코 쉬운 일이 아니라고 생각한다.

홍양호(1724-1802)는 정조 때 이조 판서와 대제학을 지낸 문신으로, 『해동명장전』은 그의 사후인 순조 16년(1816)에 간행되었다. 홍양호가 지은 「이순신전」은 이순신의 생애를 알려 주는 가장 대중적인 작품이라고 할 수 있다. 특히, 필자가 홍양호가 쓴 「이순신전」을 번역하기로 마음먹은 것은 다른 자료들과 비교해 보았을 때, 이순신 장군의 일생을 전체적으로 파악할 수 있게 가장 종합적인 기술 형태를 띠고 있으면서도, 비교적 정확한 내용을 담고 있는 것으로 판단하였기 때문이다.

『해동명장전』에 수록된 「이순신전」의 번역들 중에서는 고 이은상 선생의 번역이 대표적이라 할 만하다. 그러나 자세히 살펴보면, 이은상의 번역은 대의는 통하였으되, 난해한 부분은 생략되거나 오역된 곳이 일일이 헤아릴 수 없을 지경이라는 점을 고백하지 않을 수 없다. 선학의 미비점을 보완하는 것도 후학의 의무라는 생각에서 용기를 내게 되었다.

이에 본서에서는 「이순신전」의 원문에 토를 달아 전문을 전재하고, 그 밑에 번역문을 서술하여 독자들이 직접 원문과 번역문을 일일이 대조하여 볼 수 있도록 하였다. 그리고 번역문 밑에 '해설' 부분을 따로 두어, 「이순신전」의 해당 기사와 관련된 여타 사료들을 배열함으로써 독자들의 이해를 돕고자 하였다. 이 책을 한 권만 가지면 누구든지 이순신 장군의 생애에 관해서 전문가가 될 수 있도록 꾸민 것이다. 각주 내용은 이은상의 『완역 이충무공전서』와 이홍직의 『새국사사전』, 그리고 『경국대전』을 참고하여 작성하였다.

이순신 장군은 자신을 잊고 나라를 위한다는 뜻인 '멸사봉공'滅私奉公의 자세를 가장 철저하게 실천한 분이셨다. 이순신 장군의 이야기는 평소 나랏일을 책임지고 있는 공직자들뿐만 아니라, 앞으로 이 나라의 동량이 될 학생들, 그리고 그들을 뒷바라지하고 계신 학부형들께 훌륭한 귀감이 될 것이다. 이 책이 이순신 장군의 본모습을 제대로 만인 후세에게 알리는 교과서가 되기를 기대한다.

상록수 감골 서재에서

역저자 씀

차례

1 건천동 사람들

李舜臣의 字는 汝諧니 德水縣人이라.

이순신의 자는 여해이니, 덕수현 사람이다.

해설

이순신의 본관은 풍덕부豊德府 덕수현德水縣이다. 풍덕부는 고구려 때의 정주貞州로서 고려 현종顯宗 9년(1018)에 개성현開城縣에 소속되었다가 조선 세종世宗 24년(1442)에 덕수현과 아울러서 풍덕부로 개명하였다.[1]

이순신은 조선 인종 원년(1545) 3월 8일(양력 4월 28일) 자시子時(밤 12시경)에 한양 건천동乾川洞에서 태어났다. 건천동은 현재의 서울시 중구 인현동仁峴洞 1가 일대이며, 지금의 '충무로'忠武路 부근이다. 정확한 이순신의 생가터는 대한극장 맞은편 아래쪽, 즉 지금의 명보극장 자리이다.

1 『新增東國輿地勝覽』 권13, 「豊德郡」.

'충무로'라는 지명은 1946년 10월 1일 이순신의 시호를 따서 제정되었다. 충무로는 일제 강점기 때 본정통本町通이라 불렸다. 예로부터 진고개[泥峴]라고 불리던 충무로 2가 중국 대사관 뒤쪽에서 세종 호텔 뒷길에 이르는 낮은 언덕에 일본 공사관이 들어선 뒤 1885년 무렵부터 일본인들이 부근에 터를 잡기 시작하였다. 청일전쟁(1894) 후에는 충무로 1-4가 일대에 이른바 혼마치[本町]라는 일본인 촌이 형성되어 일제 패망 때까지 존속하였다.

건천동과 관련하여 허균許筠(1569-1618)의 『성소부부고』惺所覆瓿稿에 중요한 기사가 전해 온다. 그에 따르면, 건천동은 가호가 많지 않아 불과 3, 40호에 불과하였지만, 국조 이래로 많은 인재가 배출되었다. 김종서金宗瑞 · 정인지鄭麟趾 · 이계동李季仝 · 양성지梁誠之 · 김수온金守溫 · 이병정李秉正 · 유순정柳順汀 · 권민수權敏手 · 유담년柳聃年 · 노수신盧守愼 · 허엽許曄 · 변협邊協 등이 한때의 위세와 명성을 떨쳤고, 그 후로 유성룡柳成龍 · 허성許筬 · 이순신李舜臣 · 원균元均이 또 한때의 위세와 명망을 떨쳤다. 특히, 유성룡은 국가 중흥의 공을, 이순신과 원균은 국가 재조의 공을 세웠다고 기록되어 있다.[2]

지금까지는 유성룡의 『징비록』懲毖錄에 의거하여, 이순신과 유성룡만이 어릴 때 한 동네에서 자란 것으로 알려져 왔다. 그러나 허균의 『성소부부고』를 통해서, 원균도 이 둘과 같은 건천동 사람이었

2 許筠, 『惺所覆瓿稿』 권24, "余親家在乾川洞 自靑寧公主邸後 至本房橋 纔三四十家 國朝以來多出名人 金宗瑞鄭麟趾李季仝爲一時 梁誠之金守溫李秉正爲一時 柳順汀權敏手柳聃年爲一時 其後盧相及先大夫暨邊知事協爲一時 近世柳西厓 及家兄暨李德豊舜臣元原城均爲一時 而西厓有功於中興之後 元李二將 有再造之功 到此尤盛."

음이 확인되는 것이다. 원균이 1540년 생(1597년 몰), 유성룡이 1542년 생(1607년 몰), 이순신이 1545년 생(1598년 몰)이었으니 세 사람 중 원균이 가장 나이가 많았고 이순신이 제일 나이가 어렸다.

이순신과 유성룡, 그리고 원균이 같은 건천동 사람들이었다는 사실 이외에, 이들의 유년 시절이 어떠하였는지는 분명하게 알 수 없다. 그렇지만 관련 기록들을 종합해 보면, 이순신이 비록 어린 나이였지만 당돌하고 용감한 성격에 골목대장 노릇을 하였던 것은 분명하다. 유성룡은 아마도 차분한 성격으로 언제나 이순신을 응원하면서 그의 절친으로 지냈을 것이다. 원균은 이들 셋 중에 가장 나이가 많긴 하였으나, 어릴 때부터 동네에서 별로 호평을 받지는 못하였던 것 같다. 같은 동네 출신임에도 불구하고, 이순신과 유성룡이 각각 『난중일기』나 『징비록』에서 원균을 동향 사람으로 언급하고 있는 곳이 없기 때문이다. 『난중일기』에서 보여지는 이순신의 유성룡에 대한 절대적인 신뢰감이나, 『징비록』에서 보여지는 유성룡의 이순신에 대한 자부심 같은 것이 유독 원균을 대하는 두 사람의 태도에서는 전혀 보이지 않는다.

2 총명한 소년

兒時에 英爽不羈하여 與群兒戲할새 常作戰陣狀하다.

어릴 때에 영리하고 씩씩하며 매인 데가 없어, 아이들 무리와 놀 때에는 항상 전투 진형의 모양을 만들었다.

해설

소년 이순신은 매우 명석한 두뇌와 화통한 성격을 가진 아이였다. 좋은 두뇌를 소유하였음에도 불구하고, 이순신은 어릴 적부터 공부보다는 병정놀이를 더 좋아하였다. 특기할 점은 단순하게 병정놀이를 좋아한 것이 아니라, 항상 군진의 형상을 구축하여 무리들을 지휘하였다는 점이다. 어린이에게서는 찾아보기 드문 군사적 감각을 일찍부터 드러내 보이고 있었다.

승지 최유해崔有海[3]가 쓴 「(이순신) 행장」에

[3] 해주海州 사람으로 자字는 대용大容, 호號는 묵수당默守堂. 뒤에 호灝라고 이름을 고쳤다. 진사 전澱의 아들로 선조 21년(1588)에 났으며 남창南窓 김현성金玄成과 풍옥風玉 조수륜趙守倫에게서 학문을 배웠고 한강寒岡 정구鄭逑에게서 칭송을 들었다. 벼슬은 승지에까지 이르렀고 인조 19년(1641)에 54세로 죽었다. 평소에 의학과 지리서 등 온갖 학문에 다 능하였고 백성을 사랑하고 성격이 깨끗하여 가는 곳마다 칭송을 받았다.

어려서부터 호탕하여 구속을 받지 않았다. 뛰어나게 기백이 있었으며 여러 아이들과 장난할 때도 진 치는 놀이를 하였는데, (다른 아이들이) 공公(이순신)을 받들어 장수를 삼았다. 그 지휘하는 법도가 아주 볼 만하였다."

고 기록되어 있다.

형조 정랑正郎 이분李芬[4]이 쓴 「(이순신) 행록」行錄에도

이순신이 처음에 두 형을 따라 유학을 배웠는데, 재주가 있어 성공할 만도 하였으나 매양 붓을 던지고 군인이 되고 싶어하였다.

고 전하고 있다. 이순신이 어릴 적부터 병학에 관심이 많았음을 보여 준다.

이 기록은 김육金堉의 『해동명신록』海東名臣錄에

(이순신이) 장성하면서 유학에 몰두하여 글씨를 빼어나게 썼는데, 약관弱冠(20세)에 이르러 그 동안의 배움을 모두 버리고 오로지 무사武事를 배우는 데 전념하였다."[5]

는 기록과도 관련이 있다.

4 자는 형보馨甫, 호는 묵헌默軒, 이순신의 큰형 희신羲臣(증참판)의 셋째 아들. 임진왜란 때 성천成川으로 피란하여 그때 부사로 있던 정구에게 배웠고 정유년에는 이순신의 밑에서 군중문서와 명나라 장수를 접대하는 외교 방면의 일을 보았다. 사람됨이 총명하고 교제에 능란하여 조朝·명明 장병들 모두에게 인정을 받았다. 계묘년(1603)에 왕자 사부를 지낸 후 선조 41년(1608)에 문과에 합격하여 벼슬이 형조 정랑刑曹正郎에 이르렀고, 서장관으로 연경에 갔던 일이 있다. 광해군 11년(1619)에 54세로 죽었다.

5 金堉, 『海東名臣錄』, "及長業儒 尤長於書字 弱冠盡棄其學 專學武事."

지금까지 전해지는 이순신의 친필 휘호나 초서로 내리쓴 『난중일기』 초본을 보면, 이순신이 글씨를 잘 썼다는 옛 기록들이 허황한 것이 아님을 확인할 수 있다. 글씨뿐 아니라 그가 인생의 고비마다 읊은 한시들은 이순신이 상당한 문학적 소양을 갖추고 있었음을 보여 준다. 그리고 무엇보다도 중요한 사실은 임진왜란 당시 그 긴박한 전란의 와중에서도 매일매일 진중에서 일기를 썼다는 점이다. 조선 최대 변란의 순간을 일일이 기록에 남김으로써 후손들을 경계시키려는 감계주의鑑戒主義의 발로였다. 감계주의를 중시하는 태도는 누가 보지 않더라도 스스로의 몸가짐을 삼가는 신독愼獨의 태도와도 상통한다. 이와 같은 이순신의 태도는 역사에 대한 경외심을 가슴에 새기고 경건하게 살고자 노력하였던 진정한 선비의 자세였다.

그러나 이처럼 우수한 문재文才를 소유하였음에도 이순신은 왜 약관의 나이에 불현듯 유교 경전을 버리고 무사武事에 전념한 것일까? 미구에 닥쳐올 조선의 위기를 예감한 것은 아니었을까?

1555년(명종 10)에 왜선 70여 척이 전남 해안의 달량포達梁浦를 습격한 을묘왜변乙卯倭變은 임진왜란의 서막이었다. 기대에 미치지 못하는 대명 · 대조선과의 조공무역에 대한 일본의 누적된 불만은 임진왜란을 도발하는 가장 큰 배경이었다. 임진왜란이 폭발하기 전까지 조공무역을 둘러싼 왜인들의 도발은 지속적으로 발생하였지만, 이에 대응하는 당시 조선의 내부 사정은 한심하기 짝이 없었다.

을묘왜변 당시(1555, 5월 16일) 『명종실록』은 당시의 상황을 다음과 같이 기록하고 있다.

이때 태평한 지 오래 되어 기율紀律이 해이해지고 흉년이 잇달아 군졸들이 지쳤는데, 내부에는 방략을 계획하는 신하가 없어 조정의 계책이 이미 틀어지고, 외부에는 적개심을 가지고 침입을 방어하는 장수가 없어 변방의 수비가 안 되었다. 그러다가 왜구倭寇들이 갑자기 밀어닥치게 되자 중외中外가 소란해져 모두들 어수선하게 두려워하는 생각만 품고 억제하여 막을 계책을 하지 못하였다. 변방의 성들은 바라만보고도 무너졌고, 조정은 속수무책으로 앉아만 있었다. 대신들은 비록 날마다 비변사備邊司에 모였지만, 계획하는 것이 하나도 시행할 만한 방책이 없었다.

조선 정부의 기강 문란과 안이함은 임진왜란이 발발되기 직전까지도 전혀 개선되지 않았다. 이런 상황에서 혼란스러운 정국을 감지한 스무 살의 청년 이순신은 장차 조선을 지키기 위해서는 스스로가 무인이 되는 수밖에 없겠다고 다짐하였던 것 같다. 앞날을 내다보는 혜안과 유달리 강한 책임감의 소산이었을 것이다. 아울러 불의를 보면 참지 못하는 그의 강직한 성품 또한 문약한 선비보다는 호방한 무인의 길을 선택하는 데 영향을 끼쳤을 것이다.

이순신은 어릴 때부터 정正 · 사邪의 구분에 엄격하였다. 불의에 대해서는 속으로 참는 대신에 반드시 응징하고자 하는 기질이 있었다. 어릴 적 이순신의 동무였던 유성룡이 쓴 『징비록』은

이순신은 어렸을 때 영특하고 활달하여 여러 동무들과 놀이할 적에 나무를 깎아 활과 살을 만들어 마을 가운데 놀면서, 자기 마음에 맞지 않은 사람을 만나게 되면 그 사람의 눈을 쏘려고 하니, 장로長老들도 혹시 두려워하여 감히 그

집 문 앞을 지나가지 못하였다.

라고 기록하였다. 정의롭지 못한 사람을 보면 용서치 않으려는 정의감은 이순신이 어릴 적부터 몸에 밴 행동 원칙이었다. 더욱이 불의한 어른을 응징하겠다고 달려들던 그 어린 소년의 대범함이 빛을 발하기에는 심약한 학자들의 세계는 너무 비좁은 감이 있었다.

불의에 맞선 그의 불 같은 성품은 집안 내력이었다. 김육이 『해동명신록』에서

이순신의 5대조 변邊이 경직鯁直(뜻이 굳고 곧음)함으로 칭송받았다.

는 구절이 그것을 방증한다.

한편, 유성룡도 『징비록』에서

그 선조에 변이란 이는 벼슬이 판부사에 이르고 강직하다는 명성이 있었다. 그의 증조는 거琚니 성종을 섬겼다. 연산이 동궁에 있을 적에 거가 강관講官으로서 엄격하게 처신하자 (연산군으로부터) 미움을 받았다. 일찍이 장령掌令이 되어 탄핵하기를 회피치 않았으니, 백관들이 두려워하여 '호랑이 장령'이란 칭호가 있었다.

라고 하여, 이순신 집안의 강직한 기풍을 전하고 있다.

3 출중한 무예 실력과 가계

及長에 從武學하여 騎射絶倫하다.

성장하여서는 무인의 학문을 좇았는데, 달리는 말 위에서 활 쏘는 솜씨는 견줄 자가 없었다.

해설

이순신이 형들과 함께 하던 유학 공부를 접고, 무학을 본격적으로 공부하기 시작한 것은 병인년(1566)인 22세 때 겨울부터였다.

당시 「행록」은

그의 팔심과 말 위에서 활 쏘는 솜씨는 동료들 중에서 아무도 따를 자가 없었다.

고 기록하고 있다. 이순신의 타고난 기운과 재주는 처음부터 타의 추종을 불허하였다. 특히, '기사'騎射는 이순신의 장기였다. 이순신의 말을 타고 활을 쏘는 솜씨가 당시 동료들 중 최고였다는 사실은 그가 큰 장수로서의 자질을 혈통적으로 타고 났음을 말해 준다.

이순신의 가계에는 무인의 피가 강하게 흐르고 있었다. 덕수 이씨 1세조인 돈수敦守는 고려조 정5품 무관직인 중랑장中郎將, 2세조 양준陽俊은 정4품 무관직인 보승장군保勝將軍, 6세조 공진公晉은 사재시 잡직 장교였던 수사재시사守司宰寺事 등을 역임하였다.

이 밖에도 문무에 걸친 양반가로서의 면모를 꾸준히 유지해 갔다. 고려 고종(1213-1259) 때 과거에 급제하여 전법판서典法判書, 지삼사사知三司事 등을 지내고 상장군上將軍에 증직된 3세조 소劭를 시작으로 조선조에 들어와 7세조인 변邊이 정2품인 홍문관弘文館 대제학大提學을 역임하고 영중추부사에 오름으로써 문반으로도 최고의 가문이 되었다. 8세조 효조孝祖가 정4품 통례원通禮院 봉례奉禮, 9세조 거琚[6]가 정3품 병조兵曹 참의參議에 올랐다.

김육金堉[7]의 『해동명신록』海東名臣錄은 이순신의 가계에 대해서

공은 덕수인이다. 고려 합문지후지삼사사閤門祗候知三司事 소劭의 후 5세인 정정공貞靖公 변邊에 이르러 우리(조선) 성종成宗을 섬겼다. 벼슬이 영중추領中樞에 이르렀는데 뜻이 굳고 곧아서 칭송을 받았다. 공의 고조[8]이다. 9세에 걸쳐 고관[簪纓]들이 잇달아 나왔는데, 공에 이르러 비로소 크게 드러났다."[9]

6 소劭는 이순신의 증조부이다. 증조모는 임피臨陂 진씨陳氏로 그 아버지는 현령을 지낸 세번世蕃이다.

7 1580(선조 13)-1658(효종 9). 1651년(효종 2)에 영의정에 올랐다. 민생의 안정을 위해 대동법을 시행하였고, 수차水車, 용차用車, 주전통화鑄錢通貨의 제도 등을 주장함으로써 실학의 선구자로 꼽힌다.

8 5대조의 착오이다.

9 金堉, 『海東名臣錄』, "至貞靖公邊 事我成宗 官至領中樞 以鯁直稱…."

고 기록하였다.

이순신의 할아버지 백록百祿은 생원 출신이었다. 이순신의 할머니는 초계草溪 변씨卞氏로 그녀의 아버지는 생원인 함諴이었다. 생원은 진사와 더불어 문과 대과大科를 보기 위한 초시 합격자에 불과하였지만, 이 무렵에는 이미 과거 시험 자체가 권세가들에 의해 농락되면서 생원, 진사시에 만족하고 대과에 응시하는 것을 단념하는 기풍이 생기게 되었다. 대과에 응시하지 않는 것을 오히려 청렴한 것으로 여김에 따라, 조선 사회에서는 문과 장원을 그다지 중요하게 생각하지 않았고, 오히려 생원과 진사를 뽑는 사마장원司馬壯元을 중요시하는 사회적 분위기가 형성되었다. 사마司馬는 문장의 고하를 불문하고 10여 명의 이름을 1 · 2등으로 나누어 결정한 후 그 인물됨을 기준으로 장원을 선발하였다. 그러므로 한 번 사마시에 합격하였다는 방이 붙으면 종신토록 사람들의 존경을 받았다.[10]

「세보」世譜에 의하면 할아버지 백록은 참봉參奉(종9品)과 평시서平市署 봉사奉事(종8品)에 제수되었으나, 모두 나아가지 않았다.[11] 그 후 백록은 중종 때 급진적인 개혁을 시도하다가 사약을 받고 죽은 조광조 일파에 연루되어 세상을 떠났다. 선비의 기개를 품었던 인물이었음을 알 수 있다. 후에 호조 판서를 증직받았지만, 이순신의 집안은 백록의 대에서부터 몰락하기 시작하였다.

이순신의 아버지 정貞은 이순신의 할아버지 백록이 기묘사화로 세상을 떠났기 때문에, 평생 책만 읽고 벼슬에는 뜻을 두지 않았다.

10 許筠, 『惺所覆瓿稿』 권22, "國俗不重文科壯元 而重司馬壯元 司馬則不問文之高下 折一二等十餘人名 擇其人物爲之 故一榜終身敬之."

11 『李忠武公全書』, 「世譜」, "十代 子百祿 生員除參奉奉事皆不就."

역적의 자손이라는 멍에 때문이었다. 사후에 이순신이 세운 공적 덕분에 순충적덕병의보조공신 좌의정 덕연부원군純忠積德秉義補祚功臣左議政 德淵府院君에 증직되었다. 이순신의 어머니는 초계 변씨로, 수림守琳의 따님이었다. 이순신이 태어날 무렵부터 집안이 아주 가난하였기 때문에 변씨가 삯바느질 같은 것을 하여 살림을 꾸려 나갔다. 그러다 더이상 가난한 살림을 서울에서 꾸려 나가기가 어려워지자, 이순신의 가족은 어머니 변씨의 친정집이 있는 충청남도 아산군 염치읍 백암리로 이사하였다.[12]

이순신을 낳기 전에 그의 어머니가 태몽을 꾸었는데, 이순신의 할아버지 백록이 꿈에 나타나

> 이 아이가 반드시 귀하게 될 것이니, 이름을 순신舜臣으로 하라.

고 말씀하셨다고 한다. 이순신의 이름은 물론 그의 부친이 지어 준 것이지만, 태몽이나 기타 이순신의 이름과 관련된 내용을 종합해 볼 때 이순신 집안은 여전히 유교 명문가로서의 자의식을 유지하고 있었다.

이순신의 4형제 이름은, 첫째가 복희씨의 이름을 딴 희신羲臣, 둘째가 요임금의 이름을 딴 요신堯臣, 셋째가 순임금의 이름을 딴 순신

12 이순신이 언제 서울에서 아산으로 이사하였는지를 정확하게 알려 주는 자료는 없다. 다만, 순조 11년(1811)에 엮은 것으로 추정되는 「충무공행장」에 나오는 '참외밭 일화'에 근거하여 대체로 8세쯤에 아산으로 이사하였을 것이라는 견해가 보편적으로 수용되고 있다. 한편, 이장희 교수는 『한국민족문화대백과사전』에서 "시골 본가(외가의 착오-역자)는 충청남도 아산군 염치면 백암리이나 어린 시절의 대부분은 생가인 서울 건천동에서 자란 듯하다."고 하여, 이순신이 유년 시절을 서울에서 보냈을 것이라고 추정하였다.

舜臣, 넷째가 우임금의 이름을 딴 우신禹臣이었다. 이순신의 아버지 정貞은 비록 기묘사화에 연좌되어 숨죽여 지내던 백면서생이었지만, 자식들만은 존경받는 임금을 만나 그의 충성스런 신하가 되라는 뜻을 품고 있었다. 그래서 아들들의 이름을 모두 '신'臣자로 돌림자를 삼고, 중국 상고 시대 제왕들의 이름을 넣어 작명한 것이다.

이순신의 아호 '여해'汝諧 또한 『서전』書傳 「순전」舜典에 나오는 말이다. 공업과 산택山澤을 다스리는 부문에서 탁월한 실력을 발휘하여, 세상 사람들에 의해서 순제舜帝의 후계자로 지목되던 수垂와 익益에게 순제舜帝가 "가서 너의 직분을 잘 완수하라"고 한 당부의 말에서 유래한다.[13] 이순신은 여해라는 아호를 통해서 어려서부터 순임금의 사업을 대신할 만한 창의성, 주도면밀함, 책임감 등에 대해서 무의식적인 단련을 받았을 것이다.

그러나 유학적 이념에 근거하여 문신으로서의 현달을 바라던 집안의 기대와는 달리, 이순신은 어려서부터 병정놀이를 좋아하였다. 그는 마치 전형적인 무인으로서의 운명을 지니고 태어난 것처럼 보였다. 이순신이 태어나자, 그의 사주를 점친 점쟁이가

> 나이 50이 되면, 북방에서 대장이 되리라.

고 예언한 적이 있다.

조선 사회는 무신보다는 문신이 더 대우받는 사회였기 때문에

13 『書傳』 권1, 「虞書」 舜典. "帝曰疇若予工 僉曰垂哉 帝曰俞 咨垂 汝共工 垂拜稽首 讓于殳斨暨伯與 帝曰俞 往哉汝諧. 帝曰疇若予上下草木鳥獸 僉曰益哉 帝曰俞 咨益 汝作朕虞 益拜稽首 讓于朱虎熊羆 帝曰俞 往哉汝諧."

중요한 대장 직책은 문신이 겸직하는 경우가 허다하였다. 그래서 일반적으로 대장은 임금을 측근에서 모실 수 있는 영예직에 속하였다. 그러나 점쟁이는 이순신이 '북방의 대장'이 될 것이라고 못 박았다. 이는 곧 영예와는 거리가 먼, 병사들과 함께 풍찬노숙風餐露宿해야 하는 야전 사령관의 운명을 타고났다는 예언이었다.

점쟁이의 말은 신기하게도 적중하였다. 무과 시험을 통해 관직에 진출한 이순신이 맨 처음 발령을 받은 것은 사람들이 꺼리는 함경도 최북쪽 변방이었다. 그 곳에서 여진족과 혈전을 치르면서 생사의 고비를 넘었던 이순신은 점쟁이가 말한 나이 50세 때에는 남해 바닷가에서 왜적을 맞아 싸우는 수군 최고, 조선 최초 관직인 삼도 수군통제사로서 2년차 근무를 수행하고 있었다. 명실상부한 야전 사령관이 된 것이다.

4 고매한 인품

雖遊於武人이나 高簡靜默하며 口無褻言하니 儕流ㅣ咸憚之러라.

비록 무인들과 교유하였으나, 고상하고 솔직하며 조용하고 과묵하였고, 입에 천한 말을 담지 않았으므로 동료들이 모두 어려워하였다.

해설

완력을 쓰는 사람들이 대개 그러하듯 괄괄하고 거친 성격이 되기 쉬었겠지만, 이순신은 담력과 완력이 있으면서도 매우 절제된 언동을 하였다. 이순신의 중후한 성품은 비록 당대에는 빈한하였지만, 양반 명문가로서 품격을 유지해 오던 그의 가풍과 본인의 노력에 의해서 형성된 것이다. 무인들과 교제하면서 고상한 인품을 유지한다는 것이 얼마나 힘든 일인지는 당시의 상황을 모르면 이해하기 어렵다. 조선 사회에서 도박장과 창가娼家를 제집처럼 드나들고 스스럼없이 사람들에게 폭력을 행사하였던 왈자패들의 주축이 바로 무반직 인사들이었기 때문이다. 이분이 쓴 「행록」에 공의 성품이 높고 늠름하여, 같이 있는 무사들이 종일 농하는 말로 서로 희롱하면서도, 공에게 대해서만은 감히 너 나 하지도 못하고 언제나 높이고 공경하였다.

라고 하였으니, 이순신이 동료들 사이에서도 경외의 대상이 되고 있었음을 알 수 있다. 그런데 무뢰배들이나 다름없는 이들 하급 무사들 사이에서 경외의 대상이 되는 것이 어디 쉬운 일이었겠는가? 우선 담력과 힘으로 그들을 제압하지 않으면 안 되었다. 그럼에도 불구하고 이순신이 그와 같은 자신의 힘을 함부로 사용하지 않았다는 점은 매우 높이 평가해야 한다. 이순신은 "힘만 세고 배움이 없으면 만용에 불과하다."는 공자의 가르침을 실천에 옮긴 문무겸전의 전형적 인물이었다.

유성룡은 『징비록』에서

이순신의 사람됨은 말과 웃음이 적고 용모가 단아하여, 조심스럽게 몸을 닦는 선비와 같았다. 그러나 그의 속에는 담력과 용기가 있어 몸을 잊고 순국하였으니, 이것은 평소의 축적한 바이었다.

라고 기록하였다. 후대에 빛을 발하는 지장·용장·덕장으로서의 이순신의 풍모는 20대 청년 시절부터 차곡차곡 쌓여진 것이다.

평소 수양으로 다져진 이순신의 초극적超克的 자기 절제력은 28세 되던 임신년(1572)에 훈련원訓鍊院[14]에서 개최한 별과別科 시험에서 유감 없이 발휘되었다. 기사騎射 시험 도중 말이 거꾸러지면서 그 위에 타고 있던 이순신이 떨어졌다. 왼편 다리뼈가 부러지는 사고를 당한 것이다. 당시 이순신이 당한 사고는 요즈음으로 치면 심각한 교통사고에 해당한다. 달리는 말이 발을 헛디뎌 앞으로 고꾸라지는 경우에는 타고 있던 사람의 목숨을 위협하는 치명상으로 연결되기 십상이다. 영화 「슈퍼맨」으로 유명하였던 배우 크리스토퍼 리브가 낙마 사고 이후 평생 반신불수가 되었고, 2006년 제15회 도하 아시안 게임에서 마장마술 경기에 출전한 김형칠 선수가 같은 사고로 목숨을 잃었다.

쓰러진 말에서 튕겨져 내동댕이처진 이순신은 한동안 시체처럼 쓰러져 있었다. 시험장에서 참관하던 이들은 모두 이순신이 죽을 줄로만 알았다. 그러나 잠시 후 이순신은 한쪽 다리로 우뚝 일어섰다. 그리고 부러진 다리에 부목을 대고 버드나무 가지 껍질로 싸맨 후 시험장을 빠져 나갔다. 구경하던 사람들이 경탄을 금치 못하였다.

14 조선 시대 군사 훈련 기관으로서 태조 원년(1392)에 설치되어 고종 30년(1894)에 폐하였다.

5 등과登科

宣廟丙子에 中弟나 不事干謁하다.

선조 병자년(1576)에 무과 시험에 급제하였으나, 권세가를 찾아다니지 않았다.

해설

이순신은 병자년, 즉 그가 32세 되던 해 봄에 치러진 식년시式年試[15]에서 병과에 합격하였다. 뛰어난 무재武才를 자랑하던 이순신이 서른이 넘은 나이에 병과에 합격하였다는 점에 대한 해명이 필요할 듯하다.

조선의 무과 시험은 크게 보아 활쏘기와 말타기 능력 시험 위주로 실시되었다. 활쏘기는 고대로부터 중국인들이 우리를 큰[大] 활[弓]을 잘 쏘는 동쪽 사람들이라는 의미로 '동이족'東夷族이라 불렀을 만큼 우리 민족을 대표하는 무예이다. 조선의 무과 실기에는 여기에 무인의 기본 소양인 말타기가 더해졌다. 비록 조선의 전법은 주로

15 3년마다 치러지던 정기 시험.

성 안에서 적을 막는 수성전守城戰을 위주로 하였지만, 무과 시험 선발 요강에서 기마술은 가장 중요한 무인의 기본 요건이었다.

활쏘기와 기마술을 동시에 종합 평가하는 것이 '기사' 騎射, 즉 말을 타고 달리며 활을 쏘는 것이다. 기사가 우리 민족의 대표적인 전통 무예였음은 고구려 고분 벽화인 「수렵도」나, 고려 공민왕이 그린 「천산대렵도」 등에서 쉽게 확인된다. 변방 출신의 이성계가 짧은 시간 안에 일약 고려국의 젊은 영웅으로 급부상할 수 있었던 것도 백발백중의 활솜씨와 거의 기예 수준에 가까운 기마술 때문이었다.

무과 시험에서는 성적에 따라 최종적으로 갑과 3인, 을과 5인(문과는 7인), 병과 20인(문과는 23인), 도합 28인을 뽑아서, 갑과는 종7품, 을과는 종8품, 병과는 종9품의 품계를 주었다. 따라서 이순신이 얻은 병과 4등은 사실 썩 좋은 시험 성적이라고 말 할 수 없다. 그래서 어떤 사람들은 이순신이 28세 때 치른 훈련원 별시에서 낙마한 것 등을 지적하면서, 이순신이 본래 무예에는 소질이 없는 용렬한 재주를 지닌 사람이었나 하고 의심하기도 한다. 그렇지만 이러한 해석은 사실과 다른 억측일 뿐이다. 특히, 이순신이 한평생 보여 준 그의 지략과 담력을 생각하면 더더욱 그러하다.

이순신이 28세 때 말을 달리다 낙마한 것은 그야말로 운이 없었기 때문이다. 앞서 언급한 것처럼 2006년 도하 아시안 게임 마장마술 경기에 출전하였던 김형칠 선수가 낙마하는 불의의 사고를 당하였다고 해서 어느 누구도 김형칠 선수의 승마 실력을 의심하지는 않을 것이다. 김형칠 선수는 승마 실력에서는 타의 추종을 불허하는 대한민국의 국가대표 선수였다. 그런 그도 타던 말이 실수로 고꾸라지는 것을 어찌하지는 못하였던 것이다.

이순신의 경우도 마찬가지이다. 특히, 그가 낙마한 과목은 당시 그를 따를 만한 사람이 없었다던 기사騎射 과목이었다. 그런 점에서 그의 낙마 사건은 더욱 안타까운 측면이 있다. 중요한 사실은 낙마한 이후에 이순신이 보여 준 놀라운 침착함과 대담함이다. 「행록」에 의하면, 낙마 후 스스로 일어나 부러진 다리를 응급 처치한 이순신의 행동에

> 사람들이 그것을 보고 장하게 여겼다.

고 기록하고 있다.

「행록」에 이순신의 지혜와 용력을 전해 주는 일화가 하나 더 있다.

> 이순신이 처음 과거에 급제한 경사로 선영에 성묘하러 갔다. 무덤 앞에 세웠던 석인石人이 넘어져 있는 것을 보았다. 하인 수십 명을 시켜 일으켜 세우도록 하였다. 돌이 무거워 일으켜 세우지 못하였다. 공이 꾸짖어 물리치고 웃옷을 벗지 않은 채 등으로 떠밀어 석인을 일으켜 세웠다. 보는 이들이 "힘으로만 되는 것이 아니다."라고들 하였다.

그렇다면 지혜와 용력을 갖춘 이순신이 서른이 넘은 나이에 겨우 무과 병과에 합격하였다는 사실을 어떻게 해석하는 것이 합리적일까? 비록 중종 때 이순신의 할아버지 백록이 연루되었던 기묘사림이 신원되기는 하였지만, 그것은 국왕 중종의 정치적 고려에서 나온

은전이었을 뿐이었다. 이때부터 사림파를 자처하던 이순신의 집안이 당시의 실세들인 훈구 세력들에게 미운털이 박혔을 것이라는 점은 불문가지의 일이다. 이러한 사실은 이제 이순신의 집안 사람들이 과거를 통해 출사하는 일이 매우 힘들어졌다는 점을 암시한다. 이순신의 부친이 아예 과거를 포기한 것도 그러한 이유 때문이었다.

조선의 과거 제도에서는 응시자 당사자의 실력이 가장 중시되어야 할 요소였지만, 실제로는 많은 부정이 개입되었다. 그 중에서도 가문의 배경이 큰 영향을 끼쳤다. 시험 전에 응시자의 부 · 조 · 증조 · 외조의 사조四祖를 확인한 것은 응시자의 집안 배경을 확인하기 위한 조치였다.

과거 시험 응시자들은 시험 보기 열흘 전에 녹명소錄名所에 구비서류를 먼저 제출해야 하였다. 본인의 인적 사항과 부 · 조 · 증조 · 외조의 인적과 관직을 적은 사조단자四祖單子와 보증인의 신원보증서인 보단자保單子였다. 그리고 본인의 인적 사항과 4조의 인적 사항은 시험지의 오른편 윗부분 또는 끝 부분에 기재해야 하였다. 시험의 공정을 기하기 위해서 응시자의 이름을 종이로 가리거나 원통처럼 말아 올려 '피봉'皮封하였지만, 실제로는 응시자에 대한 사전 정보 유출 의혹이 끊이지 않고 제기되었다.

더욱이 무과의 이론 시험은 제술製述이 아닌 강서講書 시험을 치른 관계로, 답안지를 따로 쓰지 않고 구술 시험으로 치러졌다. 채점을 위하여 답안지를 본인이 들고 다니다가 시험이 끝나면 제출하였으므로 실제로는 문과보다도 더 응시자 본인의 집안 배경과 안면 관계가 큰 영향을 미쳤다.

그렇다면 이순신의 병과 합격은 오히려 역설적으로 시험관들이 애초부터 합격시키지 않으려던 사람이 너무나 출중한 실력을 보이므로 여론을 의식하여 억지로 합격시킨 것이라는 추측도 가능하다.

그것이 사실이었음을 방증하는 일화가 역시 「행록」에 전해진다. 병자년(1576) 당시의 무과 시험장으로 돌아가 보자. 당시의 무과 시험은 강서講書와 무예武藝의 두 종류로 치러졌다. 이론 시험인 강서는 『사서오경』四書五經(택일), 『통감』通鑑 · 『병요』兵要[16] · 『장감박의』將鑑博議[17] · 『무경』武經 · 『소학』小學(택일) 및 『경국대전』經國大典을 임문고강臨文考講(본문을 보고, 물음에 답하는 것)하고, 무예는 목전木箭 · 철전鐵箭 · 편전片箭 · 기사騎射 · 기창騎槍 · 격구擊毬 등을 시험하였다.

목전은 240보 거리의 표적을 화살 3개를 쏘아 다 맞히면 9푼(分), 더 멀리서 쏘면 5보마다 1푼을 가산하였다. 철전은 80보 거리의 표적에 6냥중兩重 화살을 명중시키면 7푼, 넘으면 5보마다 1푼을 가산하였다. 편전은 130보 거리의 표적을 명중시키면 15푼, 표적의 중앙 흑점을 맞히면 두 배의 점수를 주었다.

기사는 말을 달리면서 활을 쏘는 것으로 활을 쏠 때의 왼손잡이와 오른손잡이를 각각 구분하여 시험하였으며, 과녁에서 50보나 180보 또는 200보 떨어진 거리를 말을 가로질러 달리면서 활을 쏘도록 하였다. 표적을 좌 · 우로 갈라 세우고 말을 몰아 두 번 왕복하면서 5

16 『역대병요』歷代兵要를 가리킨다. 이석형李石亨(1415-1477) 등이 편찬한 군담집軍談集으로 중국 고대로부터 조선 태조에 이르기까지의 흥미 있는 전쟁언사戰爭言事를 뽑아 모은 것인데, 수양대군首陽大君의 서序가 있다.

17 중국 전국 시대의 손무孫武로부터 오대五代의 곽숭도郭崇韜에 이르기까지 역대 명장에 대하여 재품才品의 고하, 기량器量의 대소, 지계智計의 장단을 논한 책으로, 송재계宋載溪가 지었으며 모두 10권으로 되어 있다.

차례 활을 쏘아 맞히도록 하였다. 이때 말을 천천히 몰거나 활을 가득 당기지 않는 자, 말 채찍을 놓치는 자는 점수를 주지 않았다. 팔을 바꾸어 화살을 쏘아 과녁을 맞힌 경우에는 점수를 인정하였다.

기창은 3개의 허수아비를 각각 25보 거리에 세워놓고 말을 달리면서 15척 5촌짜리 창으로 찌르게 하여 맞출 때마다 5푼씩을 주었다. 격구는 말을 달리면서 숟가락 모양의 지팡이로 50보 거리에 놓여 있는 공을 쳐서 200보 전방에 있는 넓이 5보의 구문毬門에 넣으면 15푼, 옆으로 지나치면 10푼을 주었다. 이상을 무예 6기技라 하였다.

「행록」에

> 병자년(1576) 봄 식년시 병과에 급제하였는데, 『무경』을 강론하여 모두 '통'通을 받았다.[18]

라 하였으므로, 이때 이순신이 이론 과목으로 『무경』을 선택하였고, 『무경』 안에 들어 있는 여러 병서들을 고르게 섭렵하고 있었음을 알 수 있다. 강서講書 시험의 채점 방법은 대개 대통大通・통通・약略・조粗・불不로 표시하였다. 구두口讀(토를 달아 끊어 읽는 것)와 훈석訓釋(해석하는 것)이 완벽한 자를 대통, 구두와 훈석이 모두 분명하고 대의에 통하나 변설에 의심할 여지가 있는 자를 통, 구두와 훈석이 틀린 데가 없고 강론에 통달하지는 못하나 일장의 대의를 대강 아는 자를 약, 불합격자를 불이라 하였고, 점수는 대통이 3.5푼, 통이 2푼, 약이 1푼, 조가 0.5푼이었다.

18 李芬, 「行錄」, "丙子春 中式年丙科 講武經皆通."

「행록」에 '개통'皆通이라 씌어 있는 것은 이순신이 『무경』의 내용에 두루 막힘이 없었다는 뜻이다. 『무경』이란 7종의 병서를 총칭하는 것으로, 『육도』六韜 · 『손자』孫子 · 『오자』吳子 · 『사마법』司馬法 · 『황석공삼략』黃石公三略 · 『위료자』尉繚子 · 『이위공문대』李衛公文對를 가리킨다. 이와 같이 『무경』은 역대 제가諸家의 병법을 총합해 놓은 명실상부한 무인의 경서로서, 실제로 무장에게 가장 필요한 핵심 과목이었다. 그렇지만 『무경』은 워낙 양이 방대하고 내용이 심오하여 '대통'大通을 받기가 어려웠으므로, 대다수 응시자들은 그 대신 흔히 접할 수 있는 『사서』四書 중에서 택일하여 무과 이론 시험에 응하는 경우가 일반적이었다. 조정에서도 무반을 하찮게 여겼으므로, 무과 시험에서 『무경』 대신 『사서』(『대학』 · 『논어』 · 『맹자』 · 『중용』)에서 택일할 수 있도록 허용하였다.

그렇지만 이순신은 자신에게 익숙한 유교 경전 대신 『무경』을 선택하는 정공법을 택하였다. 조선이 유교 사회라는 점에 편승하여 유교 경전이나 대충 읽고 무과 시험에 합격하여 얼치기 무장 노릇을 할 수도 있었다. 그렇지만 그는 정통 무장으로서 갖추어야 될 병법에 통달하려고 노력하였다. 최고위직의 무장도 실제로는 문신이 장악하고 있던 당시의 풍토에서, 이순신은 남들과는 다르게 처음부터 정통 무인으로서의 자격과 소양을 착실하게 쌓은 것이다.

사실 이 점은 지금까지의 수많은 이순신 논의에서도 제대로 강조되지 못한 부분이다. 이순신의 리더십을 분석한 이제까지의 수많은 서적들도 이순신이 장수로서 기본이 되는 병학을 젊은 시절부터 정통으로 공부한 전문가였다는 '전문가 정신'을 보지 못하고 있다.

이것을 모르는 많은 사람들은 이순신이 지닌 성실함 · 인정 · 사랑 같은 인성적 덕목들이 수많은 전투에서 성공하는 중요한 요소였다는 다소 동떨어진 진단을 내리기도 한다. 덕성이 장수의 중요한 덕목이긴 하지만, 그것이 전투의 승리를 담보하는 것은 아니다. 그런 논리라면 평소 인성을 함양한 철학자나 유생들이야말로 최고의 지휘자가 아니겠는가? 덕성이라면 늘 최고의 반열에 추대되던 유비가 조조를 누르고 최종 승리를 달성하였어야 옳지 않았겠는가? 그러나 결과는 모두 그 반대였다.

이순신이 실제 전투를 승리로 이끄는 데 필요한 병학의 귀재였다는 점을 모르면, 그가 많은 전투에서 거둔 승리의 원인을 인성과 같은 추상적 덕목이나 그의 운으로 돌리는 우를 범할 수밖에 없게 된다. 그렇지만 이순신이 단순히 운이 좋아서 왜적과의 싸움에서 연전연승의 신화를 쌓은 것으로 보아 넘기면 곤란하다.

더욱이 오늘날의 역사 연구에서는 영웅사관을 지양한 나머지 구조적인 면을 부각시키느라, 이순신이 무장으로서 쏟아 부은 노력을 과소평가하는 측면이 있다. 예를 들면, 조선 수군이 개전 초에 왜적과 싸워 10전 10승의 완승을 거둘 수 있었던 것은 조선 수군이 보유한 함선의 견고함에 비해 왜선은 주로 전투용이 아닌 수송선으로 선단 진용이 꾸며져 있었다는 점, 조선 수군의 함대에는 각종 함포 무기가 장착된 데 반해 왜선은 주로 조총 · 창검 · 궁시 정도의 경무기 밖에 없었다는 점, 또 조선 수군에는 해안 지역에 존재하였던 포작鮑作 · 토병土兵과 같은 특수군이 존재함으로써 강한 전력을 구성할 수 있었다는 주장 등이 그것이다. 이와 같은 구조적인 관점에 의

하면, 이순신이라는 인물이 없었어도 조선 수군은 절로 승리할 수밖에 없는 조건을 갖추고 있었던 것으로 결론지을 수도 있다.

그러나 개전 초 부산 방어를 책임진 경상 좌수사 박홍은 왜선의 규모를 보고 지레 겁을 먹고 달아났으며, 원균도 통제사가 된 이후 이순신이 인계해 준 조선 수군의 최강 전력을 그대로 물 속에 수장시키고 말았다. 반면 이순신은 통제사에 복귀한 후 단 12척의 배로 100여 척이 넘는 왜선과 싸워 이기는 전과를 올렸다. 전쟁에서 장비와 제반 조건의 우월함은 승패의 기본 요건임에 틀림없다. 그렇지만 무엇보다도 중요한 것은 병력을 통솔 운용하는 지휘관의 자질이다. 이순신은 그것을 극명하게 보여 준 인물이다. 다만 안타까운 것은 이순신의 승리가 평소 그가 갈고 닦은 학습과 단련의 산물이라는 점이 제대로 주목되지 못하는 오늘의 현실이다.

무인으로서의 길을 선택한 이순신은 애초부터 『무경』을 연구, 습득하여 제갈량을 능가하는 해박한 병법 운용의 묘수들을 체득하였다. 그것이 임진왜란의 수많은 전투에서 극적으로 발현된 것이다. 이순신을 제갈량에 비교하는 것 자체를 황송해 하는 사람들이 있을 수도 있겠다. 그러나 사실을 알고 보면, 실제에 있어서 이순신은 제갈량보다 몇 수 위였다. 2006년부터 중국 CCTV의 '백가강단'이라는 프로그램에서 『삼국지』를 강의하면서, 중국 대륙에서 『삼국지』에 관한 한 가장 유명한 학자이자 베스트셀러 작가로 군림하고 있는 샤먼대학厦門大學 이중톈[易中天] 교수는 제갈량과 관련된 여러 가지 전설은 완전히 허구라고 단언한다.

제갈량이 구사한 것으로 알려진 공성계空城計, 신야新野에 불을 지른 이야기나 풀배로 화살을 구한 이야기, 박망博望에 불을 놓은 일, 적벽에 불을 놓은 일, 목욕재계하고 도사의 옷을 입고 동풍을 빌린 일 등 사람들이 알고 있는 많은 것이 제갈량과 관계가 없거나 오히려 다른 사람들의 공로라는 것이다. 제갈량은 문학 작품과 민간 전설 속에서 말하는 것처럼 그렇게 여러 차례 기막힌 계책을 낸 것도 아닐뿐더러, 군사적 재능 또한 후세의 전설처럼 그렇게 심오하지 않았다는 것이다. 역사 속과 소설 속의 제갈량은 완전히 다른 인물이었다.[19]

그러나 이순신은 임진왜란이라는 미증유의 전란에서 아무런 조정의 지원도 받지 못한 채 혼자의 지략과 능력으로 왜적들을 막아내었다. 그것은 이순신이 정통으로 군사학을 전공한 병학 전문가였기에 가능한 일이었다. 거기에 부하들을 혼연일체로 만들 수 있는 덕성과 진실성이 결합된 것이다. 이순신이 무인의 길을 선택하면서 『무경』을 전문적으로 공부한 사실에서 두 가지 교훈을 얻을 수 있다. 첫째는 모두가 문과 시험을 선망하는 편향된 사회적 분위기 속에서 처음부터 결연히 무인의 길을 선택한 혜안과 용기, 둘째는 얼치기 무사가 아닌 최고의 장수가 되기 위한 꿈을 이루기 위해서 그에 필요한 실질적인 공부를 묵묵히 학습한 성실성과 전문가 정신을 꼽을 수 있다.

이순신이 『무경』의 강독 시험에서 모두 '통'을 맞았다는 것은 그가 방대한 내용의 역대 병법을 자유자재로 구사할 수 있는 소양을 갖추고 있었음을 웅변해 준다. 그가 임진왜란에서 거북선을 응용하

19 이중텐 저, 김성배 · 양휘웅 역, 『삼국지 강의』, 김영사, 2007, 42-47쪽.

였다거나, 지형과 물살의 빠르기 등을 이용하여 절대적으로 열세인 전력으로 수많은 왜선을 수장시켰다거나, 또 후퇴하는 듯하다가 갑자기 배를 돌려 학익진鶴翼陣을 구사하였다거나 하는 그 신출귀몰한 전법들이 모두 이순신이 젊은 날부터 갈고 닦은 병학 공부를 기반으로 발현되었던 것이다.

무과 시험 중 이순신의 뛰어난 학습의 내공을 보여 주는 에피소드가 한 토막 전해진다. 『무경』 시험 중 「황석공」黃石公 부분에 이르러 시험관이 문제를 내었는데, 그 내용이

"장량張良이 적송자赤松子를 따라가 놀았다 하였으니, 장량이 과연 죽지 않았을까?"

라는 것이었다. 이에 이순신이

"사람이 나면 반드시 죽는 것이요, 『강목』綱目에도 '임자壬子 6년에 유후留侯 장량張良이 죽었다.' 고 하였으니, 어찌 신선을 따라가 죽지 않았을 리가 있습니까? 그것은 다만 가탁하여서 한 말이었을 따름입니다."

라고 대답하였다. 이 대답을 들은 시험관들은 그 자리에서 서로를 돌아보며

"이것은 무사로서는 알 수 없는 것인데."

라고 감탄하였다고 한다.

황석공은 진秦나라 때의 숨은 선비였다. 장량을 기수가(圯上)에서 만나 「황석공삼략」黃石公三略이라는 글 한 편을 주면서 이것을 읽으면 제왕의 스승이 되리라 말한 장본인이다. 이 책을 공부한 장량은 한고조漢高祖를 도와 천하를 평정하고, 장자방張子房이란 별명으

로 이름을 떨쳤다. 만년에는 신선을 공부하였다고 전해진다. 『강목』은 송나라 사마광司馬光이 중국 전국 시대부터 수隋·당唐·오대五代까지의 역사를 기술한 『자치통감』資治通鑑을 송대 주희朱熹가 공자의 춘추필법에 따라 강목체綱目體로 편찬한 『통감강목』通鑑綱目을 가리킨다.

그러니까 이순신은 『황석공삼략』의 내용에 대한 변증을 묻는 시험관들에게 『통감강목』의 장량에 대한 기사까지 원용하면서 『황석공삼략』의 내용을 변증하였던 것이다. 가뜩이나 무인을 낮추어 보던 시험관들이 어찌 놀라지 않을 수 있었겠는가. 이로 보면 이순신은 『무경』 강독에서도 충분이 대통의 점수를 받아 갑과 장원도 차지할 수 있는 실력이었음을 능히 짐작할 수 있다. 그렇지만 현실은 그렇지 못하였으니, 이는 이순신의 무능력 때문이 아니라 한미寒微해진 가문 탓이라고 해야 옳을 것이다.

이순신은 등과 후에도 높은 사람들을 찾아다니지 않았다. 위 『해동명장전』 원문의 '불사우알'不事于謁이란, 옛 기록에서 많이 보이는 말로서, 특히 어떤 인물의 강직한 성품을 형용할 때 주로 쓰이는 관용어구이다. 이 말을 직역하면 "(지체 높은 사람들) 배알하는 것을 일삼지 않다."라는 뜻이다. 즉, 이순신이 벼슬길에 나간 이후에도 자신의 출세를 위한 사교 생활을 도외시하고 살았음을 보여 주는 문장이다.

사람은 누구나 벼슬길에 나아가면 유력자들과 교유를 하고, 이를 통해서 자신이 성장할 수 있는 사회적 배경을 만들려고 하는 것이 인지상정人之常情이다. 그러나 이순신은 전혀 이런 것에는 관심을 기울이지 않았다. 『난중일기』를 보면, 이순신과 교유하였던 인사들이 등장하기는 하나, 그가 전적으로 믿고 의지하였던 사람은 오직 어릴 적 동무인 유성룡 한 사람뿐이었다. 유성룡도 일찍부터 이순신의 곧은 성품을 알아온지라, 그가 쓴 『징비록』에서

이순신이 벼슬길에 들어서고도 출세하지 못하는 것은 그를 알고 끌어 주는 사람이 없기 때문

이라는 안타까운 소회를 피력하였다.

사교보다는 실력을 통해서 승부하고자 하였던 이순신의 태도는 자기 자신에 대한 자긍심과 자신감에서 발휘되는 긍정적인 가치관이라 할 수 있다. 그러나 이것이 지나치면 오만함이나 당돌함으로 비쳐질 수 있는 것이 세상사다. 실제로 이순신은 강직한 성품 때문에 관직을 시작한 초창기부터 이름을 떨칠 수 있었으나, 그것은 또한 주변의 모함과 시기를 불러오는 중대한 원인이 되었다.

6 권세가를 멀리하다

權知訓鍊院奉事에 兵曹判書金貴榮이 有庶女하여 欲與爲妾일새

권지 훈련원 봉사 때 병조 판서 김귀영이 서녀가 있어 (이순신에게) 주어 첩을 삼게 하고자 하였는데

舜臣이 辭謝曰 初出仕路에 豈宜託跡權門耶아 하니라.

이순신이 사양하여 말하되, "처음 벼슬길에 나아가면서 어찌 권세가의 집에 발을 들여놓겠습니까?" 하였다.

해설

이 부분, 즉 병조 판서 김귀영[20]과 관련된 기사는 다른 자료에는

20 자가 현향顯鄕, 호는 동원東園, 상주尙州 사람이다. 중종 15년(1520)에 태어나 이조 판서를 여덟 번, 연경燕京 사행 아홉 번, 문형文衡(대제학大提學, 정2품)을 여섯 번이나 지낸 정치계의 거물. 임진왜란 때에는 왕자 임해군臨海君을 모시고 관북으로 갔었고, 순화군順和君은 황정욱黃廷彧이 모시고 관동으로 갔다가 그 뒤 두 왕자가 모두 회령會寧으로 갔는데, 거기서 부사府使 국경인鞠景仁의 모반으로 두 왕자와 김귀영, 황정욱이 모두 왜장 가토 기요마사[加藤清正]에게 포박당하였다. 가토 기요마사가 김귀영을 의주義州에 있는 선조宣祖에게 화친하는 심부름을 보냈더니 선조가 귀영을 보고 죽음으로써 신하의 도리를 지키지 못한 것을 책망하

전하지 않고 유독 「행록」과 『징비록』에만 실려 있다. 그런데 「행록」의 기사는 이 역주본의 원문인 『해동명장전』의 기록과 시간 순서상 약간의 차이가 보인다. 보는 바와 같이 『해동명장전』에는 김귀영과 얽힌 고사가 이순신이 병자년(1576) 식년 문과에 급제한 직후에 벌어진 일로 기술되어 있지만, 「행록」에는 이 기사가 기묘년(1579)조에 서술되어 있다. 그런데 두 기사 중 시간 순서상 어느 것이 맞는가를 판가름하기가 애매한 것은 양 사료 모두가 그 일이 이순신의 훈련원 시절에 있었던 일로 되어 있기 때문이다.

이순신은 무과 시험에 급제한 후 도합 세 차례 훈련원 근무를 하였다. 그것은 병자년(1576) 2월에 식년 무과 시험에 합격하고 그해 12월에 함경도 동구비보董仇非堡의 권관權管으로 나아가기 직전까지의 수습 기간이고, 두 번째는 기묘년(1579) 2월 동구비보 권관에서 임기를 마치고 돌아와 충청 병마절도사忠淸兵馬節度使의 군관이 되는 1579년 10월 사이 잠깐 훈련원 봉사奉事(종8품)로 있던 시기이다. 세 번째는 신사년(1581, 37세) 1월 발포鉢浦 만호萬戶에서 부당하게 파직당하고, 그해 5월에 다시 훈련원 봉사로 복귀하여 계미년(1583) 7월 함경남도 절도사 이용李戢의 막료로 들어가기 전까지의 기간이다.

「행록」에서는 김귀영 관련 기사가 기묘년(1579), 즉 이순신의 두 번째 훈련원 근무 기간을 다루는 기사 속에서 나오고 있다. 그런데 자세히 보면, 기묘년 기사를 '봄 · 겨울' 같은 시간적 순서에 따라 서술하는 도중에 갑자기 '공(이순신)이 훈련원에 있었을 때'(公在訓鍊院

고 죽이려 하자 유성룡 등이 간하여 희천熙川으로 귀양갔다가 거기서 75세의 나이로 영면하였다. 숙종 때에 신원되었다.

時)라는 장면 전환 문장을 삽입하고 있음이 눈에 띈다. 이 김귀영 관련 기사를 다른 문장들 사이에 끼워 언급하고 있는 것이다. 이것은 그 전후 문맥상 이순신의 강직함을 설명하는 과정에서, 기묘년 이외에 훈련원에서 있었던 에피소드 하나를 더 끼워 넣어 설명하고자 한 데 따른 것이다.

그것은 이순신의 「행록」이나 「연표」 등에서 이순신이 무과 시험 합격 뒤에 거쳤던 훈련원 수습 기간을 따로 언급하고 있지 않다는 점에서 미루어 짐작할 수 있다. 최소한 이순신에 관한 모든 사항이 기재되어야 마땅한 「연표」에서조차 이순신이 식년 무과에 합격한 이후에 수습직으로 훈련원에 있던 일을 기록하지 않고, 실직實職인 함경도 동구비보 권관에 임명된 것만 기록하고 있다. 따라서 「행록」에서도 실직을 얻지 못한 훈련원 수습 기간을 따로 지면을 내어 언급하기가 번거롭게 여겨졌을 것이다.

반면에 이 역주서의 대본으로 삼은 『해동명장전』에는 이순신과 김귀영의 고사가 훈련원 수습 기간에 있었던 일임을 분명히 밝히고 있다. 원문 중 '권지 훈련원 봉사'權知訓鍊院奉事에서 보여지는 '권지'權知라는 용어가 바로 그것이다. '권지'는 조선 시대에 흔히 관직 앞에 붙이어 임시직임을 나타냈던 용어이다. 무과 합격자는 별시위別侍衛와 훈련원訓鍊院의 권지로 나누어 임명하여 일정한 기간 동안 일을 배우게 하였으므로, 여기에서는 일종의 수습직修習職인 훈련원 권지를 가리킨다. 이와 같이 『해동명장전』에서는 김귀영 고사가 분명하게 이순신의 훈련원 권지 때 있었던 일임을 명시하고 있는 것이다. 또한 유성룡이 쓴 『징비록』에 '김귀영 고사'가 권지 훈련원 봉사

때의 일로 기록된 것으로 보아, 『해동명장전』의 기사가 정확한 것임을 방증하고 있다.

당시 이순신은 이제 막 시험에 통과되어 훈련원에서 수습직으로 근무하던 최말단 장교 후보생이었다. 그런데 지금의 국방부 장관격인 병조 판서 김귀영이 직접 매파를 통해 자신의 서녀를 첩으로 주겠다는 뜻을 밝힌 것이다. 그 이유는 무엇이었을까? 그것은 아마도 이순신이 무과 시험에서 보여 준 자질을 높이 평가하였기 때문으로 추측된다. 실제로 이순신의 『무경』 해석을 보고 시험관들이 "이것은 무사로서는 알 수 없는 것인데"라고 놀랐던 일은 당시 세간에 화제가 되었음이 분명하다. 그리고 이런 소문은 식년 무과 시험의 실질적 주관자인 병조 판서의 귀에 들어가지 않았을 리가 없다.

한미한 가문의 이순신에게 그의 실력과 인품만을 보고 선뜻 자신의 딸을 주려고 하였던 김귀영은 나름대로 인물을 알아보는 담박한 성품의 소유자였던 듯하다. 그렇지만 이순신은 병조 판서의 제의를 일언지하에 거절하였다. 그것은 "벼슬길에 처음 나온 사람으로서 권세가의 집에 발을 들여놓을 수 없다."는 이유에서였다. 보통 사람들 같으면 아마도 자신의 생사여탈권을 쥔 소속 장관의 위압에 눌려서라도 그러한 청을 단호하게 거절하지는 못하였을 것이다.

김귀영 서녀 이야기가 나왔을 때 이순신은 이미 전남 보성寶城 군수 방진方震의 따님인 상주尙州 방씨方氏와 혼인한 상태였다. 조선시대에는 대부가 1처 3첩, 일반 선비가 1처 1첩을 거느리는 것이 법제적으로 허용되는 사회였다. 그렇기 때문에 이순신이 병조 판서 김귀영의 마음을 받아들여 그의 서녀를 첩으로 맞아들인다고 해서 도덕적으로 비난받을 일은 아니었다. 그러나 이순신이 김귀영의 청을 거절한 것은 결국 권세가와 결탁한다는 혐의를 싫어한 이순신의 강직한 성품 탓이었다. 이순신은 오직 자신의 힘으로 정정당당한 길을 걷고자 하였고, 주변의 혐의를 받는 일은 죽기보다도 꺼려하였다. 그러나 나중에 이순신이 권력과 결탁하지 않는다는 것을 알자, 세상은 그를 끊임없이 시기하고 모함하였다.

이순신의 부인 방씨는 충북 영동永同 현감 방중규方中規의 손녀이며, 강원도 평창平昌 군수 방홍지方弘之의 증손녀요, 장사랑將仕郎 홍윤필洪胤弼의 외손녀였다. 이순신은 1565년(명종 20)에 방씨 부인과 혼례를 치러 1567년(명종 22, 이순신의 나이 23세) 2월에 첫째 아들인 회를 낳았다. 방씨 부인은 이순신의 사후 정경부인貞敬夫人[21]에 봉해졌으며 80이 넘도록 생존하였다. 방씨 부인과의 사이에서는 아들 셋, 딸 하나를 두었는데 장남은 첨정僉正[22] 회薈, 둘째는 형조刑曹 정랑正郎[23] 열莅, 막내는 면葂이었다. 면은 정유년(1597)에 아산牙山에서 왜적과 싸우다 죽었고, 딸은 선비 홍비洪棐[24]에게 시집갔다.

이순신의 부인 방씨는 남편 못지않은 지혜와 담략과 절도를 갖춘 여걸이었다. 「방부인전」方夫人傳에 다음과 같은 이야기가 전한다.

그의 나이 겨우 12살 때 화적火賊들이 집 안마당에까지 들어왔다. 부친 보성공寶城公 진震이 화살로 도둑들을 쏘다가 화살이 떨어지자 방 안에 있는 화살

21 정1품, 종1품 종친이나 문무 관리의 부인에 대한 품계.
22 병조 종4품.
23 정5품.
24 본관은 남양南陽으로 아버지는 판서判書 문장공文莊公 가신可臣이다. 뒤에 참판으로 추증하였다.

을 가져오라고 명하였다. 그러나 불행히도 이 집에 있던 계집종이 도둑들과 내통하여 화살을 몰래 훔쳐 가지고 나갔으므로 남은 화살이 없었다. 그러자 어린 방씨 부인이 "여기 있습니다." 하고 급히 베 짜는 데 쓰는 대나무를 한 아름 안아다 다락에서 던졌다. 그 소리가 마치 화살을 쏟아 붓는 것 같았다. 도둑들은 본래 보성공이 활 잘 쏘는 것을 두려워하고 있었다. 대나무 쏟아지는 소리에 화살이 아직 많이 있는 것으로 알고 곧 놀라 도망갔다.

이순신이 서거하였을 때 통제사 이운룡李雲龍이 부하로 있었던 옛 의리를 생각하고, 충무공의 사당에 참배하고자 하였다. 그래서 지나는 길에 굉장한 위의威儀를 갖추고 들어가 먼저 부인께 문안하는 예단을 올렸다. 이운룡은 원래 원균의 막하에 있었으나, 이순신의 인격에 감화되어 그를 따랐다. 이순신도 자신의 뒤를 이을 사람은 이운룡이라 하였을 만큼 무척이나 아끼던 인물이었다. 그가 마침내 이순신의 뒤를 이어 통제사가 되어 이순신의 영전에 참배하러 온 것이다. 그러나 이순신의 부인은 이운룡이 올린 예단을 받지 않았다. 그리고 말을 전하기를

"대장과 막하의 신분은 본시 한계가 엄연한데, 저승과 이승이 비록 다르다 할망정 예의에는 사이가 없거늘, 집 어른의 사당을 지척에 두고 호각을 불며 곧장 들어오는 것은 미안하지 않은가."

하였다. 통제사 이운룡은 마침내 자기가 크게 실수하였음을 깨달았다. 그가 그 자리에 한동안을 선 채로 진심으로 사죄하자, 그때에서야 부인도 그 예단을 받았다.[25]

25 「행록」.

7 율곡 이이의 면담 요청을 거절하다

李文成公珥ㅣ 判吏部하여 聞其名曰 是我同宗也라 하고 因人求見하니

문성공 이이가 이조 판서로 있었는데 이순신의 명성을 듣고 말하길, "이는 나와 같은 종씨이다."라 하고, 사람을 통해 만나기를 구하니,

舜臣이 不肯曰 同宗則可相見이로되 銓地則不可見이라 하더라.

이순신이 청을 거절하면서 말하길, "종씨라서 서로 만날 수도 있지만, 인사를 담당하고 있는 사람이라서 만날 수 없다." 하였다.

해설

이 부분도 이순신이 병자년(1576) 식년 무과 시험에 합격한 후 아직 실직인 동구비보의 권관직을 얻지 못하고 있을 때의 일이다. 이순신은 성품이 본시 권세가의 집을 찾아다니는 것을 좋아하지 않아서 서울에서 나고 유년 시절을 생활하였지만 알아 주는 이가 드물었

다. 유성룡만이 같은 동네에서 살던 소싯적 친구라 늘 장수의 재목이라고 알아 주었다. 그러던 중 당시 이조 판서로 있던 이이李珥가 이순신의 명성을 듣고, 유성룡을 통해서 한 번 만나보기를 청하였던 것이다. 이이는 이순신과 19촌 정도 되었으나, 두 집안 간에는 교류가 없었다.

이이는 같이 조정에서 일하던 병조 판서 김귀영이 이순신에게 매파를 보냈다가 보기 좋게 거절당하였다는 소식을 듣고, 이순신에 대한 호감도가 상승하였던 것 같다. 왜냐하면 당시 이이와 김귀영의 사이가 좋지 않았기 때문이다.

이이는 처음에 동인과 서인으로 갈라지기 시작할 때 중립을 지켜 그 어느 쪽에도 기울지 않았다. 그러나 점차 서인들을 지지하면서 차츰 동인들의 미움을 샀다. 김귀영도 평소에

"이이가 소인인가?"

라는 선조의 질문에

"이이를 소인이라고는 할 수 없어도, 그렇다고 덕을 갖춘 사람이라고 인증할 수 없사옵니다."

라고 대답하였다. 이이에 대한 불편한 마음을 숨기지 않은 것이다. 그리고 이이와는 끝내 대립하였다. 두 사람의 대립은 얼마 뒤인 계미년(1583)에 폭발하였다.

이때에 북쪽의 오랑캐 니탕개尼湯介가 국경을 침범하자, 선조는 이이를 병조 판서에 임명하였다. 이이는 선조의 신임을 입어 모든 일을 자의로 처리하고 사후에 보고하기도 하였다. 이이가 하루는 선조의 부름을 받고 궐 안에 들어갔는데, 현기증으로 병조에 누워 있

다가 임금에게 나아가지 못하였다. 선조는 이 사실을 알고 의원을 보내 진찰을 하게 하였다. 이를 두고 사헌부, 사간원, 홍문관의 송응개宋應漑, 이발李潑, 허봉許篈 등이 이이가 제멋대로 일하며 교만하다고 탄핵하였다. 이이가 자신에게 죄를 물어 줄 것을 국왕에게 청하였지만, 선조는 오히려 이이를 지극히 위로하였다.

이에 삼사三司에서는 다시

"이이가 아랫사람들을 누르고 윗사람의 눈을 가린다."

고 탄핵하였다. 그렇지만 영의정 박순朴淳과 호군護軍[26] 성혼成渾은 오히려 이이를 두둔하였다. 그들은 삼사에서 이이를 탄핵한 인물들을 찾아 내어 죄를 물어야 한다고 역공세를 펼쳤다. 이때 좌상 김귀영과 우상 정지연鄭芝衍이 나서서

"지금 대각臺閣(사헌부, 사간원, 홍문관)을 꺾고 또 그 말을 한 뿌리까지 캐내려고 한다면 다른 날에 비록 권신權臣이나 간신奸臣이 나라일을 제 멋대로 하더라도 누가 감히 말하겠습니까?"

라고 말하면서, 박순과 성혼의 주장을 반대하였다.

그런데 선조는 오히려 김귀영과 정지연을 꾸짖어 파면시켰다. 그러자 선조의 처사를 비난하는 여론이 비등하였다. 실제로 승정원과 홍문관 등에서는 소를 올려 김귀영을 파면한 선조의 처사가 잘못된 것이라는 점을 크게 지적하였다. 도승지로 있던 박근원朴謹元이 소를 올려 좌상 김귀영과 우상 정지연을 머물러 있도록 하고, 이이와 박순과 성혼을 배척하라고 청한 것도 당시의 여론을 반영한 것이었다. 그렇지만 선조는 이들의 의견을 무시하고, 박근원과 송응개,

---

26 병조 오위五衛 소속 정4품직.

허봉을 귀양보냈다. 이것을 '계미삼찬'癸未三竄이라고 한다.

이순신이 처음 무과에 합격하였을 때 김귀영과 이이 두 사람이 모두 이순신의 인품에 관심을 기울였다. 그러나 일국의 이조 판서 자리는 그 권위와 책임이 지엄하므로 사사로이 말단 관원을 만나 보는 것에 대한 혐의가 생길 수가 있었다. 그렇기 때문에 이이는 자신이 이순신과 같은 종씨라는 점을 내세워 일가끼리 만나는 사적인 자리임을 표명하였다. 그러나 천하의 이조 판서 율곡 이이도 결국 병조 판서 김귀영의 모양으로 이순신에게 퇴짜를 맞았다.

이순신은 그의 공적 생활에 있어서 조금이라도 사적인 관계를 개입시키는 것을 싫어하였다. 또 자신의 상관이라 할지라도, 지위를 이용하여 공적 질서를 해치는 일에 대해서 결코 좌시하지 않았다. 이 때문에 그는 관직 생활 동안 그의 상관들에게 미움을 많이 받았다. 장차 그를 고난의 구렁텅이로 내몰게 되는 원균과의 불화도 원균이 원인 제공을 한 것은 사실이지만, 그것을 보아 넘기지 못하는 이순신의 강직한 성품도 한 몫을 한 것이 사실이었다. 요컨대, 이순신의 사전에 '불의와의 타협'이란 존재하지 않았다.

병자년(1576) 겨울(12월) 이순신이 동구비보 권관(종9품)이 되었을 때에도 감사 이후백李後白[27]에게 올린 직언이 그를 유명하게 만들었다. 이순신이 함경도 동구비보 권관이 되었을 때 이후백이 함경도 감사監司[28]가 되어 각 진鎭을 순행하며 변방 장수들에게 활쏘기 시험

27 자는 계진季眞. 호는 청연青蓮. 연안延安 사람. 중종 15년(1520) 생으로 이순신보다 25세 위다. 36세에 급제하여 호조와 이조의 판서, 대제학을 지냈다. 선조 11년(1578)에 호조 판서로 있다가 병사하였다.

28 종2품.

을 치르게 하였다. 이때 변방 장수들로서 벌을 면한 자가 적었다. 최유해가 쓴 「(이순신) 행장」에는 이후백이 여러 진을 순시하면서 변방 장수로서 불충실한 자들을 직접 매질하였다고 기술되어 있다. 그런데 이후백이 동구비보에 와서는 평소부터 이순신의 이름을 들은 바라 매우 친절히 대해 주었다. 그래서 이순신은 이 기회를 이용하여

"사또의 형벌이 너무 엄해서, 변방 장수들이 손발 둘 곳을 모릅니다."

라고 간언하였다. 이에 감사가 웃으며

"그대 말이 옳다. 그러나 난들 어찌 옳고 그른 것을 가리지 않고 하랴."

하고 변명하였다. 그렇지만 이순신의 간언을 받아들여 전과 같이 무장들에게 무례하게 굴지 않았다. 장수들을 함부로 다루는 이후백의 거친 행동을 이순신이 기품 있는 말 한 마디로 그치게 한 것이다.

이순신이 강직한 성품으로 더욱 유명해진 것은 동구비보 근무를 마치고 기묘년(1579) 봄(2월)부터 훈련원에 돌아와 근무할 때였다. 훈련원에서 인사 업무를 담당하고 있었는데, 상관인 병부랑兵部郎[29] 서익徐益이 순서를 건너뛰어 자기와 친한 사람을 참군參軍[30]으로 승진시키려고 하였다. 그러나 이순신은 이를 허락하지 않았다. 아래 있는 자를 순서를 건너뛰어 올리면 당연히 승진해야 할 사람이 승진하지 못하게 되는 일이라 공평하지 못할뿐더러, 또 법규도 고칠 수가 없다는 것이 이유였다. 서익은 크게 성을 내었지만, 어찌할 도리

29 병조 정랑兵曹正郎, 정5품.
30 훈련원 정7품 무관직.

가 없었다. 이를 두고 훈련원 사람들은 모두

"아무는 병부랑이면서도 훈련원의 일개 봉사(종8품)에게 굴복하였다."

고 수근거렸다. 톡톡히 망신을 당한 서익은 이 일을 계기로 이순신에 대한 보복을 다짐한다. 발포 만호 시절 이순신이 당한 첫 번째 부당 파면이 그것이다.

서익과 관련된 일을 『징비록』에서는 보다 구체적으로 묘사하고 있다.

병조 정랑 서익이 자기 친근한 사람이 훈련원에 있었는데, 차례를 무시하고 추천 보고하고자 하였다. 이순신이 원중院中 장무관掌務官으로서 옳지 않다고 버텼다. 익이 이순신을 불러 뜰 밑에 세우고 힐문하였다. 그러나 이순신은 말과 표정이 조금도 변치 않고 곧게 변명하여 굴함이 없었다. 익은 크게 노하여 성난 기색으로써 대하였다. 이순신은 조용히 대답하고 끝내 굴하지 않았다. 서익은 본래 기가 세고 사람을 업신여겼다. 비록 동료 간이라도 그를 꺼려서 말다툼을 어렵게 여겼던 터였다. 이날 하리下吏들이 계단 아래에 있다가 모두 서로 돌아보고 혓바닥을 내밀면서 "이 분(이순신)이 감히 정랑에게 항거하다니 앞길을 생각지 않을 것인가." 하였다. 날이 저물매 익이 계면쩍게 굴복하여 이순신을 돌려보냈다. 지식층들은 이 일로써 차츰 이순신을 알게 되었다.

8 충청 병사를 깨우쳐 주다

調北邊權管하여 秩滿에 爲忠淸兵使軍官하되 未嘗屈意徇人하다.

북변(함경도 동구비보) 권관에 임명되었다가 임기가 차서 (훈련원 봉사가 되었다가) 충청 병사의 군관이 되었으되, 한 번도 뜻을 굽혀 다른 사람에게 아첨하지 않았다.

해설

기묘년(1579) 겨울(10월)에, 훈련원에서 근무하던 이순신은 충청 병사忠淸兵使[31]의 군관이 되었다. 이때에도 그의 청렴과 강직함을 알려 주는 이야기가 「행록」에 전해져 온다.

해미현海美縣에서 충청 병사의 막하 군관으로 생활하던 이순신의 거처에는 오직 옷과 이불뿐이었다. 그리고 부모님을 뵈러 집에

31 충청도忠淸道 병마절도사兵馬節度使를 말함. 종2품. 정원은 2인으로서 하나는 관찰사觀察使가 겸하고, 다른 하나는 태조 17년(1408)에 처음으로 덕산현德山縣에 두었다가 태종 18년(1418)에는 해미현으로 옮겼으며 효종 2년(1651)에 청주목淸州牧으로 옮겼다. 그러므로 이순신이 충청 병사의 군관으로 있던 곳은 해미가 된다.

가게 되는 때면 반드시 남은 양식을 주관자에게 돌려주었다. 병사兵使가 이 사실을 듣고 경의를 표하였다.

어느 날 저녁 충청 병사는 평소 아끼던 이순신과 함께 술을 마시게 되었다. 이윽고 병사가 술에 취해서 이순신의 손을 끌고 어느 군관의 방으로 가자고 하였다. 그런데 그 사람은 병사와 평소부터 친한 사이로 군관이 되어 와 있는 사람이었다. 이순신은 대장으로서 군관을 사사로이 가 본다는 것은 마땅하지 않다고 생각하였다. 짐짓 취한 척 병사의 손을 붙잡고

"사또 어디로 가자 하오."

하고 말하면서 충청 병사의 행동을 막았다. 그러자 병사도 자신을 말리는 이순신의 의도를 깨닫고 주저앉으며

"내가 취하였군, 취하였군."

하였다. 취중에도 공과 사를 구분하려는 이순신의 절제력이나, 이순신의 충심을 알아채고 더 이상 보채지 않은 병사의 인품도 모두가 훌륭하였다.

9 첫 번째 파면

爲鉢浦萬戶에 水使成鏄이 欲伐館舍桐木하여 爲琴이어늘 舜臣이 拒之不許하다.

발포 만호가 되었는데, 수사 성박이 관사의 오동나무를 베어 거문고를 만들고자 하거늘, 이순신이 거절하고 허락하지 않았다.

해설

경진년(1580, 36세) 가을(7월)에 이순신은 전라도 발포 수군水軍 만호萬戶(종4품)[32]가 되었다. 이때는 이미 이순신이 강직한 언행으로 이름을 날리고 있었으므로 그를 시험해 보려는 사람들이 많았다. 감사監司(종2품) 손식孫軾도 그 중 한 사람이었다. 그는 이순신을 참소하는 말을 듣고 그에게 벌을 주려고 별렀다. 일부러 순행을 핑계로 능성綾城에 와서 이순신더러 마중오라고 불렀다. 감사 손식은 이순신의 인물됨을 살피기 위하여 이순신에게 진서陣書에 대한 강독과 함께 진

32 전라도 수군 만호는 종4품직이라고는 하나 외관직外官職으로서 경관직京官職과는 다른 기준이 적용되고 있었기 때문에 실제로는 7품 정도에 해당하는 하위직이었다. 이하 같음.

도陣圖를 그려 보게 하였다. 당시에는 무장이라 하더라도 병법에 무지한 얼치기들이 많았던지라, 손식도 이순신을 그런 부류의 인물로 의심하였다. 그러나 손식의 명이 떨어지기가 무섭게 이순신은 붓을 들고 정묘하게 진도를 그려 냈다.

감사 손식이 꾸부리고 한참 동안 이순신이 그린 진도를 들여다 보다가

"어쩌면 이렇게 정묘하게 그리는고?"

하고 놀라 감탄하였다. 그리고 이순신의 조상을 물어 보고는

"내가 진작 몰랐던 것이 한이다."

라고 하며, 그 후로는 이순신을 정중하게 대우하였다.

어릴 적부터 군진을 만들면서 동네 아이들을 지휘하던 이순신이었다. 커서는 무과 시험장에서도 시험관들을 놀라게 하였던 이순신의 병학兵學 실력이었다. 감사 손식은 이때에서야 이순신의 병학 실력을 알아보았다. 더욱이 이순신이 뼈대 있는 명문가의 후손이라는 점을 알고는 그의 비범함에 호감을 갖게 되었다.

좌수사 성박成鎛이 발포로 사람을 보내 객사 뜰에 있는 오동나무를 베어 거문고를 만들려다 이순신의 반대로 낭패를 본 것도 이 무렵의 일이다. 이순신은 오동나무를 베라는 성박의 명령에

"이것은 관청 물건이요, 또 여러 해 길러 온 것을 하루아침에 베어 버릴 수 없소."

라면서 일언지하에 거절하였다. 성박이 크게 성내었으나 감히 베어 가지는 못하였다.

이용李戫이 새로운 수사水使(종2품)가 되어 부임하였다. 이순신이

고분고분하지 않는 것을 미워해서 일을 꾸며 벌을 주려고 하였다. 원래 용렬한 인품을 지닌 신임 기관장들은 자신에게 고분고분하지 않는 사람들을 곱게 보지 않는다. 어떻게 하면 자신의 무소불위한 권위를 각인시킬 것인가를 가지고 고민한다. 이것을 시중에서는 대개 '신관 사또와 아전 간의 싸움'이라는 말로 풍자한다.

원래 이 속담은 새로 부임하는 사또를 농락하던 아전 토호배들의 조직적 힘을 빗대어 생겨난 말이다. 그렇지만 역으로 이 말을 너무 의식한 나머지 새로 부임한 기관장이 직원들과 유치한 세력 다툼에 골몰하여 정도正道로 기관을 다스릴 생각은 안 하고, 비선秘線 체계를 운용하다가 결국 조직을 아주 망쳐 버리는 경우가 비일비재하다. 어떤 조직이든 원래 성품이 강직하고 과묵하면서도 그 기관의 동량이 되는 인재들이 있다. 그러나 인품이 떨어지는 신임 기관장들의 눈에는 그들이 일차 숙청 대상이 되곤 한다. 이유는 단순하다. 아첨을 잘 안하고 뻣뻣해서 기분이 나쁜 것이다. 이순신이 바로 그런 인물이었다.

수사 이용은 이순신을 잡기 위해서 소속 포구 다섯 곳을 불시에 점검하였다. 네 곳에는 결원된 수효가 많았으나, 이순신이 지휘하는 발포에는 결원이 세 사람뿐이었다. 수사는 지휘 감독 부실을 이유로 이순신을 죄줄 것을 청하는 장계를 올렸다. 그러나 이순신은 태연하였다. 왜냐하면 이순신은 그것을 미리 알고 먼저 네 곳 결원 명단을 확보하고 있었기 때문이다. 그러자 본영本營의 부하 장령들이 수사에게

"발포의 결원이 제일 적을뿐더러 이 아무(이순신)가 또 네 포구의 결원 명단을 쥐고 있습니다. 이제 만일 장계를 올렸다가는 뒷날 후

회할 일이 있을지도 모르겠습니다."
라고 말하면서 수사를 말렸다. 수사도 그렇게 생각하고 급히 뒤쫓아 보내어 장계를 회수하였다.

위기를 넘기긴 하였지만, 아첨할 줄 모르고 강직한 이순신은 상급 지휘관들에게 질시의 대상이 되어 갔다. 관리의 근무 성적을 평가하는 전최殿最에서 수사水使와 감사監司가 모두 이순신의 성적을 최하 점수인 전殿에 두려고 모의한 것이다. 그러나 그들의 치졸한 음모는 도사都事[33] 조헌趙憲에 의해 만류되었다.

"이 아무(이순신)의 군사를 다루는 법이 이 도道에서는 제일이라는 말을 들어 왔는데, 다른 여러 진鎭을 모두 아래 아래에다 둘망정 이 아무는 폄할 수 없을 것이오."
라고 조헌이 쐐기를 박았다. 그의 말에 수사와 감사는 이순신의 공적에 대한 폄하 기도를 포기할 수밖에 없었다.

그렇지만 이순신에게 큰 곤경이 닥쳐왔다. 신사년(1581, 37세) 1월에[34] 서익徐益이 군기軍器 경차관敬差官[35]이 되어 발포에 온 것이다. 서익은 훈련원의 병부랑으로 있을 때 자기가 아는 인물을 참군으로 부당 승진시키려다가 인사 담당자였던 이순신의 반대로 뜻을 이루지 못하였던 적이 있었다. 서익은 그에 대한 복수를 위해서 이순신

---

33 종5품직으로 중앙에는 충훈부忠勳府 · 의빈부儀賓府 · 충익부忠翊府 · 의금부義禁府 · 개성부開城府의 속관屬官으로 서무를 주관하였다. 외관外官으로는 원래 관찰사觀察使의 보좌관으로 파견되었으나, 세조 12년 경력經歷이 혁파된 이후부터는 도사가 감사監司와 같이 일도一道의 순력巡歷과 규찰糾察을 분담하고, 감사監司 유고시에는 그의 임무를 대행하는 등 실제 품계보다 높은 권한을 행사하였다. 그래서 도사를 아감사亞監司라고도 한다.

34 「행록」에는 임오년(1582, 38세) 봄으로 되어 있으나, 『이충무공전서』 「연표」에 의거하여 정정하였다.

35 특명으로 지방에 파견되어 실무를 검사하던 벼슬. 오늘날 특별 감사관에 해당.

이 군기軍器를 잘 관리하지 않았다고 장계하여 이순신이 파직당하도록 만들었다. 이순신이 파직되자 모두들

"공(이순신)의 군기를 보수 관리함이 저렇게도 정밀한데 벌을 만나게 된 것은 공이 지난날 훈련원에서 굽히지 않았던 묵은 감정 때문이다."

라고 말하였다.

그해 여름(5월)에 이순신의 죄가 풀렸으나 다시 훈련원 봉사(종8품)로 좌천되었다. 이때 정승 유전柳琠이 이순신에게 좋은 화살통이 있다는 말을 듣고 그것을 탐냈다. 활쏘기 시합을 열고 이순신을 불러 그것을 달라고 요구하였다. 정승이면 신하들 중에서는 최고의 벼슬아치였다. 그가 원하는 물건을 선물로 바친다면 그의 환심을 살 수 있을 것이다. 이런 기회를 보통 사람 같으면 자신의 실세를 만회할 수 있는 호기로 여기기 마련이다. 그러나 이순신은 오히려

"화살통은 드리기 어렵지 않으나 대감이 이것을 받으면 남들이 무어라 할 것이며, 소인이 바치는 것을 무어라 하오리까? 화살통 하나로 대감과 소인이 함께 더러운 지탄을 받게 되는 것이 미안합니다."

라고 공손히 거절하였다. 이에 유 정승도

"그대 말이 옳다."

고 하면서 계면쩍어 하였다.

계미년(1583, 39세) 가을(7월)에 함경남도 병마절도사(종2품)가 된 이용이 조정에 아뢰어 이순신을 자신의 군관으로 삼았다. 어느 날 병사兵使가 북쪽으로 행군해 나가고자 하였다. 그러나 병방 군관兵房

軍官이었던 이순신이 그것을 만류하면서 행군을 서쪽 문으로부터 시작하게 하였다. 병사兵使가 성을 내며

"내가 서쪽 문으로 나가려는 게 아닌데 어째서 서쪽 문으로 나가라는 것이냐."

라고 책망하였다. 그러자 이순신은 차분하게

"서쪽은 방위상 금金이 되며 절기로는 가을에 속하고, 뜻으로는 살기를 주장하는 것이므로 서쪽 문으로 나가는 것이 옛 법입니다."

라고 설명하였다.

병학에 정통한 이순신의 실력이 다시 한 번 발휘되는 순간이었다. 그러나 이용은 그가 병마절도사라는 높은 직함에도 불구하고 얼마나 병법의 기초 지식에 무지한가를 드러낸 수치스러운 순간이기도 하였다. 이 일이 있은 직후 이순신은 갑자기 함경북도 경원군 건원보의 최말단 장교로 좌천되었다.

10 '울지내'를 생포하다

轉乾原堡權管이라.

건원보 권관으로 전출하였다.

有賊胡亏乙只乃하여 久爲邊患일새 舜臣이 設奇誘致하여 生縛以獻이나

오랑캐 도적 '우을지내'가 있어서 오래도록 변경의 근심이 되고 있었는데, 이순신이 기이한 방책으로 유인하여 사로잡아 바쳤으나

兵使ㅣ 嫌其事不由己하여 反以擅兵으로 請罪하다.

병사가 그 일이 자기로부터 말미암지 않은 것을 시기하여, 오히려 병졸들을 마음대로 움직였다는 죄목으로 (이순신의) 죄를 청하였다.

해설

계미년(1583, 39세) 겨울(10월)에 건원보(함경북도 慶源郡) 권관(종9품)이 되었다. 그때 오랑캐 울지내鬱只乃(우을지내)가 변방의 큰 근심이 되었지만, 조정에서는 걱정만 하였지 잡을 도리가 없었다. 그러던

차에 이순신이 여기에 도임하여 방책을 써서 꾀어 내었다. 이에 울지내가 오랑캐들을 데리고 오자 이순신이 복병을 배치하였다가 그들을 사로잡았다.

그렇지만 병사兵使 김우서金禹瑞는 이순신이 혼자서 크게 성공한 것을 시기하였다. 그래서 이순신이 주관하는 대장에게 고하지 않고 함부로 큰 일을 하였다는 거짓 장계를 올렸다. 조정에서는 곧 이순신에게 큰 상을 내리려 하다가 그 장계 때문에 중지하고 말았다.

'울지내'라는 여진족 추장의 이름은 자료마다 상이하게 표기되어 있다. 『해동명장전』 원문과 승지 최유해崔有海가 쓴 「행장」에는 '우을지내'亐乙只乃로 되어 있고, 「행록」과 「연표」에는 '울지내'鬱只乃로 되어 있다. 이는 여진어 '울지내'를 음사音寫하는 과정에서 생긴 차이로 보이며, 동일 인물을 가리키는 것으로 보아 무방하다. 한편, 유성룡의 『징비록』과 『선조수정실록』에는 '우을기내'于乙其乃로 표기되어 있는데, 이는 그 인명과 사건 날짜가 모두 착오를 일으킨 것으로 판단된다. 뒤에서 상술하겠다.

한편, 이순신은 건원乾原에 있으면서 훈련원 벼슬이 만기가 되어 참군參軍(정7품)으로 승진하였다. 그러나 「행록」에서는

> 이 당시에 이순신의 명성이 자자하면서도 권세가의 집에 드나들지 않았기 때문에 벼슬이 뛰어오르지 못하자 사람들이 애석하게 여겼다.

라고 기록하고 있다. 유성룡의 『징비록』도 같은 견해를 피력하였다.

경진년(1580, 36세) 가을(7월)에 전라도 발포 수군 만호(종4품)[36]가 될 때까지 이순신의 진급은 그럭저럭 순탄한 편이었다. 그러나 신사년(1581, 37세) 1월에 이순신에게 원망을 품은 서익徐益의 보복으로 파직당한 후부터 이순신에게는 계속해서 곤경이 이어졌다. 그해 5월에 훈련원 봉사(종8품)로 좌천되었고, 계미년(1583, 39세) 10월에 역시 이순신과 관계가 좋지 않던 이용의 보복에 의해서 건원보 군관(종9품)으로 좌천되었다. 이순신은 더 이상 갈 곳이 없는 나락으로 떨어졌다.

36 외관직 종4품. 경관직 7품 정도에 해당.

11 부친상

丁父憂하다. 服闋에 陞司僕寺主簿하고 選授造山萬戶하다.

부친의 상을 당하였다. 상을 마친 후에 사복시 주부(종6품)로 승진하고, 조산 만호(종4품)로 발탁되었다.

해설

계미년(1583, 39세) 10월에 건원보 권관에 임명되어 당시 변방의 큰 근심거리였던 울지내를 생포한 이순신은 그해 11월 훈련원 참군(정7품)으로 승진하였다. 그러나 불행하게도 11월 15일에 아버지 덕연군德淵君이 아산 땅에서 세상을 떠났다. 당시에는 교통이 불편하였으므로 이순신은 이듬해 정월에야 비로소 부음을 들었다. 이순신은 새벽부터 저녁까지 쉬지 않고 아산을 향해 달렸다. 그때 순찰사[37] 정언신鄭彦信[38]이 함경도를 순시하다가 이순신이 부친상을 치르기

37 이분이 쓴 「행록」에는 '재상'으로 되어 있다. 그러나 정언신이 우의정이 된 것은 선조 22년(1589)의 일로 이 당시에는 함경도 순찰사의 직책을 갖고 있었다.

38 자는 입부立夫. 호는 나암懶庵. 동래인東萊人이며 예조 좌랑 진振의 아들이다. 명종 21년 병

위해서 달려간다는 소식을 들었다. 혹시 이순신이 몸을 상할까 염려하여 도중에 여러 번 사람을 보내어 이순신에게 상복으로 갈아입고 천천히 가라고 타일렀다. 그러나 이순신은 한 시각이라도 지체할 수 없었다. 밤낮을 달려 집에 가서야 상복을 갖추어 입었다. 이때 조정에서는 이순신을 크게 기용하려고 의논하던 터였다. 겨우 소상小祥[39]이 지났는데 언제쯤 상복을 벗을 것이냐고 두 번 세 번 재촉하여 물었다.

병술년(1586, 42세) 정월에 3년상을 마치고 곧 사복시司僕寺 주부主簿[40]로 임명되었다. 그러나 임명을 한 지 겨우 16일 만에 조정에서는 이순신을 조산造山 병마만호兵馬萬戶(종4품)[41]로 다시 임명하였다. 북쪽 오랑캐들의 장난이 심할 뿐만 아니라, 조산은 오랑캐 땅에 바짝 가까운 곳이라 능력 있는 사람을 엄선해서 보내야 하였기 때문이다.

인(1566)에 등과하여 선조 12년 기묘(1579)에는 우부승지에서 함경도 절제사가 되고 동 16년 계미(1583)에 니탕개尼湯介의 난이 발생함에 우찬성으로서 함경도 순찰사에 임명되었다. 인재를 잘 알아봤기 때문에 이순신 · 신립申砬 · 김시민金時敏 · 이억기李億祺 등이 모두 그 막하에 있었다. 선조 22년 기축에 우의정이 되었는데 이때에 정여립鄭汝立의 옥사에 연좌되어 남해南海에 귀양가서 그 익년에 65세를 일기로 적소謫所에서 졸하였다.

39 사람이 죽은 지 돌 만에 지내는 제사.

40 사복시는 궁중의 거마車馬에 관한 일을 맡은 관청으로 태조 원년(1392)에 설치되었다. 주부는 종6품 관원이다.

41 함경도 병마만호는 병조 소속 외관직으로서 실제로는 경관직 7품 정도의 하위직에 불과하였다.

12 녹둔도 전투

方伯이 建議하여 設鹿屯島屯田하고 使之兼管이어늘

방백[42]이 건의하여 녹둔도 둔전을 설치하고, 그로 하여금 겸하여 관할케 하였는데

舜臣이 以地遠兵少로 屢請添兵이로되 兵使李鎰이 不許하다.

이순신이 땅이 멀고 병사가 적어 여러 차례 병력을 증원해 줄 것을 청하였으되, 병사 이일이 불허하였다.

及秋熟에 虜果擧兵擣寨라.

가을 수확기에 오랑캐가 과연 거병하여 목책을 공격하였다.

舜臣이 挺身拒戰하여 射仆其酋하고 追擊하여 奪被擄屯卒六十餘人이라.

42 병조 판서 정언신鄭彦信을 방백으로 잘못 썼다.

이순신이 앞장서 맞서 싸워 활을 쏴 그 추장을 거꾸러뜨리고, 추격하여 포로로 잡혀 간 둔전병 60여 명을 탈환하였다.

해설

녹둔도의 둔전을 처음 실시할 적에 남도南道의 궐액군闕額軍을 예속시켜 경부耕夫로 삼았는데, 마침 흉년이 들어 수확이 없었다. 이해(1587)에 조산 만호 이순신에게 그 일을 전담하여 관장하게 하였는데 가을에 풍년이 들었다. 부사 이경록李慶祿이 군리軍吏를 거느리고 이순신과 추수를 감독하였다. 추도楸島의 오랑캐 추장 마니응개亇尼應介가 경원慶源 지역에 있는 오랑캐 촌락에 화살을 전달하고서 군사를 숨겨 놓고 몰래 엿보았다. 그러다가 농민들이 들판에 나가고 책루柵壘가 빈 것을 보았다. 갑자기 들어와 에워싸고 군사를 놓아 크게 노략질하였다. 수호장守護將 오형吳亨·임경번林景藩 등이 포위를 뚫고 책루로 들어가다가 모두 화살을 맞아 죽었다. 마니응개는 참루를 뛰어넘어 들어오다가 수장戍將 이몽서李夢瑞에게 사살되었다. 적 오랑캐가 10여 인을 살해하고 160명을 사로잡아 갔다.[43]

『선조수정실록』 선조 20년(1587) 9월 1일 기사에는 이경록·이순신이 군사를 거느리고 추격하여 적 3인의 머리를 베고, 포로된 사람 50여 명을 빼앗아 돌아왔다고 기록되어 있다. 그러므로 되찾아온 포로의 숫자에 대해서 『해동명장전』의 기록과 『실록』 사이에 10여 명의 차이가 보인다.

「행록」에는 당시의 상황을 다음과 같이 기록하였다.

43 『선조수정실록』 선조 20년 9월 1일.

정해년(1587, 43세) 가을에 이순신은 녹둔도 둔전의 소임을 겸하게 되었다. 그런데 이 섬이 외롭고 멀리 있으며 또 수비하는 군사가 적은 것이 걱정스러워 여러 번 병사兵使 이일李鎰에게 보고하여 군사를 증원시켜 달라고 청하였으나, 이일이 듣지 않았다. 그러자 8월에 적이 과연 군사를 데리고 와서 이순신의 울타리를 에워싸는데, 붉은 모전을 입은 자 몇 명이 앞장서서 지휘하며 달려오므로, 이순신이 활을 당겨 연달아 쏘아 맞혔다. 붉은 옷 입은 자들이 모두 땅에 쓰러지자 적들이 달아났다. 이순신이 이운룡李雲龍과 함께 추격하여 사로잡힌 우리 군사 60여 명을 도로 빼앗아 돌아왔다. 그날 이순신도 오랑캐의 화살에 맞아 왼쪽 다리를 상하였으나, 여러 부하들이 놀랄까 하여 몰래 화살을 뽑아 버렸다.

최유해가 쓴 「행장」도 위의 내용과 거의 같다. 정리하면, 『실록』에서는 이순신이 탈환해 온 포로의 숫자가 50명이었지만, 「행록」, 「행장」, 『해동명장전』에서는 그 숫자가 60명으로 되어 있는 것이 차이점이다. 한편, 『실록』에서는 이 날의 피해 상황을 구체적으로 조선 군사 11명 전사, 군민 160여 명[44] 피랍, 15필의 말이 약탈되었으며, 11명의 희생자들이 매우 처참한 모습으로 전사하였음을 기록하고 있다.

『실록』이 다른 기록들과 또 차이가 나는 것은 이순신과 함께 반격에 나섰던 인물이다. 「행록」과 「행장」에는 모두 이운룡으로 되어 있지만, 『실록』에는 부사府使 이경록으로 되어 있다. 당시 녹둔도는 행정과 방수防戍가 함경도 경흥부의 관할로서 부사 이경록, 방수 책

44 『선조실록』 선조 20년 10월 10일자 북병사 이일의 치계에는 106명으로 되어 있으나, 『선조실록』 선조 20년 9월 1일자 기사와 동 11월 21일자 선조의 비망기에는 160명으로 되어 있다.

임은 조산 만호 이순신이었다. 그러므로 이순신과 함께 추격전을 펼친 인물은 『실록』에 실린 이경록이었을 가능성이 높다.

이운룡(1562-1610)은 1585년(선조 18)에 무과에 올라 1587년에 선전관宣傳官에 임명되고, 1589년 정월에 옥포 만호로 임명되었다. 그는 원래 임진왜란 당시 옥포 만호로서 원균의 휘하에 있었다. 개전 초에 겁을 집어먹고 도망가는 원균을 막고 달래어 이순신에게 구원을 청한 끝에 1592년 5월 7일 옥포 싸움에서 승리를 거둘 때 선봉장으로 활약하였다. 그 후 이순신의 신임을 받아 1596년 이순신의 천거로 경상 좌수사에 승진되었다. 이와 같이 이운룡은 임진왜란 때 공훈을 세운 인물로서, 그를 소개하는 글 중에 녹둔도에서 이순신을 도와 공을 세웠다는 기사는 보이지 않는다.

한편, 『징비록』에서는 이날 마니응개의 무리가 녹둔도를 습격하였을 당시를

> 어느 날 안개가 많이 낀 속에서 군사들은 모두 나가서 곡식을 거두느라고 목책 안에는 겨우 십여 인이 남아 있는데, 갑자기 적의 기병騎兵이 사면으로 쳐들어 왔다. 이순신이 급히 책문柵門을 닫고 활을 쏘아서 적 수십 명을 말에서 떨어뜨리니 적이 놀라서 달아나거늘, 이순신이 책문을 열고 혼자서 크게 고함치며 쫓아가니, 적의 무리가 크게 패한지라 빼앗겼던 물건을 모조리 도로 찾아가지고 돌아왔다.

라고 기술하였다.

13 이일의 모함

兵使ㅣ 欲以挑釁으로 殺以自解하여 陳刑具하고 將斬之할새

병사(李鎰)가 이순신의 허물을 들추어 죽여서 자기는 죄에서 벗어나려고 형구를 펼쳐 놓고 장차 [이순신을] 베려 하였는데

軍管等이 環視泣訣하고 勸之酒어늘

군관 등이 빙 둘러서서 바라보고 울며 작별의 인사를 하고 술을 권하거늘

舜臣이 正色日 死生은 命也라 飮醉何爲오 하고 卽就庭抗辨하고 不肯署狀이어늘

이순신이 정색을 하고 말하길, "죽고 사는 것은 천명이다. 술 마시고 취한들 무엇하겠는가." 하고, 곧바로 형장에 나아가 항변하고 심문 조서에 서명하기를 거부하거늘

兵使意沮하여 囚而聞한대

병사의 뜻이 가로 막히자, 옥에 가두어 놓고 조정에 보고하였다.

해설

이 부분은 『해동명장전』의 기록이 다른 자료들과 가장 차이를 보이는 부분 중 한 대목이다. 『해동명장전』의 원문에서는 이순신이 장차 형장으로 끌려 나가기 전에 여러 명의 군관들이 그를 송별한 것으로 되어 있으나, 실제 다른 기록들에서는 이순신과 친분이 있었던 선거이宣居怡만이 이순신을 보내면서 위로하였던 것으로 되어 있다.

「행록」의 기사는 다음과 같다.

병사兵使가 이순신을 죽여서 입을 막아 자기의 죄[45]를 면하려고 이순신을 구속하여 형벌을 가하려 하였다. 그래서 이순신이 형장에 들어가게 되었을 때, 병사兵使의 군관 선거이가 본시 이순신과 친한 사이라 손을 잡고 눈물을 흘리며

"술을 마시고 들어가는 것이 좋겠소."

하니, 이순신이 정색을 하며

"죽고 사는 것이 천명인데, 술은 마셔 무엇하오."

하자, 선거이가 다시 말하되

"그럼 술은 마시지 않더라도 물이나 마시오."

하였으나, 이순신은

"목이 마르지 않은데, 물은 무엇 때문에 마시겠소."

45 증원군 파병을 요청하던 이순신의 요구를 묵살하고, 마니응개에게 녹둔도의 둔전을 습격당한 일.

하고 그대로 들어갔다.

『해동명신록』에는 다음과 같이 기록되어 있다.

이때 주장主將이 이순신을 잡아 영문營門에 이르러 장차 심문을 하러 들어갈 때, 우인友人 선거이가 죄를 면하지 못할까 두려워하여 이순신의 손을 잡고 눈물을 흘리고 술을 권하며 놀람을 진정시키려고 하였다. 이순신이 정색을 하며 말하길, "사생유명死生有命이니 술을 마셔 무엇하리오." 하고 심문을 받았다.

『선조수정실록』 선조 20년 9월 1일자 기사에는

병사 이일이 오랑캐에게 둔전을 습격당한 죄를 이순신에게 돌리고 자신은 벗어나기 위하여 형구를 설치하고 그를 베려 하였다. 이순신이 스스로 변명하기를 "전에 군사가 적은 것을 보고 보고서를 올려 더 보태 주기를 청하였으나 병사가 따르지 않았는데 그에 대한 공첩公牒(관계 공문서)이 있소이다."

라고 기록되어 있다.

「행록」은 이 장면을 다음과 같이 묘사하고 있다.

이일이 패군한 심문서를 받으려 하였다. 이순신은 거절하며 "내가 병력이 약하기 때문에 여러 번 군사를 증원해 주기를 청하였으나 병사兵使가 들어 주지 않았는데 그 공문이 여기 있으니, 조정에서 만일 이것을 알면 죄가 내게 있지 않을 것이요. 또 내가 힘껏 싸워서 적을 물리치고 추격하여 우리 사람들을 탈환해 왔는데, 패군으로 따지려는 것이 옳단 말이요?" 하며 조금도 말소리나 동작을 떨지 않았다. 이일이 대답하지 못하고 한참만에 가두기만 하였다.

『해동명신록』에는

이순신이 자복하지 않고 말하길, "내가 병사가 적다는 것을 누차 보고하고 증원을 요청하였다."

고 기록되어 있다.

일찍이 여진족의 녹둔도 습격을 예상하고 군병을 증원해 달라는 이순신의 요청을 거부해 오던 북병사 이일은 마니응개 무리의 습격으로 녹둔도 둔전이 초토화되자, 그 죄를 이경록과 이순신에게 덮어씌우려 하였다. 그런데 이순신이 완강하게 저항하자 우선 그들을 하옥시키고 조정에 치계를 올렸다. 그 내용은 다음과 같다.

적호賊胡가 녹둔도의 목책을 포위하였을 때, 경흥 부사慶興府使 이경록李慶祿과 조산 만호造山萬戶 이순신李舜臣이 군기를 그르쳐 전사戰士 10여 명이 피살되고 106명의 인명과 15필의 말이 잡혀 갔습니다. 국가에 욕을 끼쳤으므로 이경록 등을 수금囚禁하였습니다.[46]

그러나 『선조수정실록』 선조 20년 9월 1일자 기사에는 당시의 정황을

46 『선조실록』 선조 20년 10월 10일.

병사 이일이 이순신에게 죄를 돌림으로써 자신은 벗어나기 위하여 형구를 설치하고 그를 베려 한 것

이라고 기술하고 있다.

14 첫 번째 백의종군

宣祖ㅣ 察其無罪하고 令從軍自效러니 俄以擊反胡獻級으로 宥還하니라.

선조가 그의 무죄임을 살펴 알고 종군하여 스스로 공을 세우도록 명하니, 얼마 후 배반한 오랑캐를 쳐서 수급을 바치고 죄에서 풀려났다.

해설

이일의 보고에 대해서 선조는

"이 아무(이순신)는 패군한 사람이 아니다."

라 하고, 평복으로 종군하여 공을 세우도록 하였다.[47]

『해동명신록』에서도 이 사건이 임금께 보고되자, 임금이 말하길

아무(이순신)는 패군의 무리가 아니니 백의종군함이 가하다.

47 「행록」.

하였다고 기록되어 있다.

한편, 백의종군의 처분을 받은 이순신은 그해 겨울에 공로가 있어 특사를 입게 되었다.[48] 『해동명신록』에서도 그해 겨울에 이순신이 '시전지역'時錢之役에 따라나서서 공을 세우고 방환되었다라고 좀 더 자세히 기록되어 있다. 여기에서 '시전지역'이란 녹둔도에서 난을 일으킨 여진족 시전 부락時錢部落에 대한 토벌 작전을 말한다.

『선조수정실록』 선조 20년 9월 1일 기사에서는 이순신이 백의종군 처분을 받은 그해 겨울에 조정으로부터 입은 특사의 배경을 보다 구체적으로 기술하고 있다. 즉, 이순신이 순변사巡邊使의 휘하에 종군하여 배반한 오랑캐 '우을기내'于乙其乃를 꾀어내어 잡아서 드디어 죄를 사면받았다는 것이다. 그리고 이 일로 인해서 이순신이 유명해졌다고 적고 있다.

그런데 이 기사는 전반적으로 착오가 있는 듯하다. 『실록』에서 보여지는 우을기내는 앞서 이순신이 건원보 권관 시절에 생포한 울지내, 즉 우을지내를 가리키는 것으로 보인다. 그것은 울지내를 이순신이 신기한 계략으로 꾀어내어 사로잡았다는 「행록」·「행장」 등의 기록과 『실록』에서 보여지는 정황이 일치하고 있기 때문이다.

더욱이 『이충무공전서』의 「연표」에서는 이순신이 꾀를 내어 울지내를 생포한 것은 건원보 권관 시절의 일이며, 조산 만호 시절에는 녹둔도 둔전관을 겸하다가 여진족의 침입을 받고 그 추장을 쏘아 죽였음에도 불구하고, 이일의 모함으로 백의종군하게 되었다고만 기술되어 있다. 그것으로 보아, 울지내를 생포한 것은 건원보 권관

48 「행록」.

시절의 일로 보는 것이 타당하다.

따라서 이순신이 백의종군에서 사면될 때 세웠던 공훈은 울지내 생포가 아니라, 『해동명신록』에 기록된 대로 시전 부락에 대한 토벌 작전의 성공이었다고 보아야 옳다. 그리고 배반한 오랑캐 '우을기내'를 이순신이 조산 만호 시절에 꾀로써 유인하여 병영에 묶어 보내어 죽인 뒤로는 오랑캐의 근심이 없어졌다고 쓴 유성룡의 『징비록』 기사도 『실록』과 같은 착오를 범한 것으로 이해할 수 있다.

또 『실록』에서는 이순신이 백의종군한 것이 순변사 휘하라고 되어 있으나, 이 당시 시전 부락을 습격할 때 총지휘를 맡은 이일의 신분은 북병사였다. 조정에서는 녹둔도를 습격당한 이듬해인 무자년(1588, 선조 21) 1월 14일을 기해 전격적인 여진족 토벌을 단행하였다. 북병사 이일은 우후虞候 김우추金遇秋 등과 400여 명의 군사를 이끌고 추도楸島를 습격하여 적 33명을 죽였다. 그리고 길을 나누어 길주 이북의 여러 진병鎭兵과 중앙의 장수가 합세하여 2,500여 기騎의 군대로 여진족의 시전 부락을 향해 3경(밤 12시경)에 두만강을 건너 다음날 15일 새벽에 일제히 기습 공격을 감행하였다. 이 정벌에서 여진 부락 200여 호를 불태우고 적 380명을 죽였으며, 말 9필, 소 20두를 획득하는 큰 전과를 올렸다. 특기할 만한 사실은 아군의 희생자가 단 한 사람도 없었다는 점이다. 당시 백의종군한 이경록과 이순신은 큰 전공을 세워 사면을 받았다.

그런데 위에서 살펴본 바와 같이 『해동명장전』이나 「행록」 등의 기록만을 보면, 마치 이순신이 이일의 거짓 보고에도 불구하고 선조의 관대한 은혜를 입어 백의종군한 것처럼 생각하기 쉽다. 그러나 사실은 그렇지가 않았다. 선조는 이순신을 참소하는 이일의 보고를 받은 후 이일로 하여금 장형杖刑을 집행하게 한 다음 백의종군으로 공을 세울 것을 명한 것이다.[49] 선조의 입장에서는 이순신에게 곤장을 치게 함으로써 이일의 감정도 해소시키고, 또 이순신을 백의종군케 하여 군기를 세우려고 하였던 것이었다. 이래저래 이순신은 공을 세우고도 억울한 죄인으로서의 온갖 수모를 다 겪었다.

이순신은 아직 백의종군의 명이 풀리지 않아 직책이 없었으므로 집으로 돌아와 쉬고 있었다. 이듬해 무자년(1588, 44세) 윤5월에 마침 조정에서 쓸 만한 무사를 '불차탁용'[50]하라는 명령이 내렸다. 이때 이순신이 많은 사람들의 추천을 받아 서열 2위에 올랐으나, 벼슬을 얻지는 못하였다.

49 『선조실록』 선조 20년 10월 16일.
50 차례를 밟지 않고 뽑아 쓸 만한 사람을 천거하도록 하는 것.

15 전라도 조방장

全羅巡察使李洸이 辟爲軍官曰 以君之才로 何抱屈至此오 하고 奏爲本道助防將하다.

전라 순찰사 이광[51]이 불러 군관을 삼고 말하기를, "그대의 재주로 써 포부를 굽힘이 어찌 이에 이르렀는가?" 하고, 조정에 아뢰어 전라도 조방장을 삼았다.

해설

기축년(1589, 45세) 봄(2월) 전라 순찰사 이광이 이순신을 불러 군관으로 삼았다. 이순신이 재주를 가지고도 펴지 못하는 것을 안타깝게 여겨 조정에 아뢰어 전라도 겸조방장兼助防將을 삼은 것이다.

이순신이 순천에 이르렀다. 부사府使 권준權俊이 같이 술을 마시다가 이순신에게

51 자는 사무士武, 호는 양계兩溪로 덕수인德水人이다. 좌의정 행荇의 손자이다. 중종 36년 신축辛丑(1541)에 태어났다. 임진년에 전라감사로서 충청 감사 윤선각尹先覺과 경상 감사 김수金睟와 함께 군사를 합하여 수원에 진주하였다가 용인에서 전군이 패배하고 인하여 파면되어 벽동碧童으로 귀양갔다가 갑오년에 특사를 입어 고향으로 돌아가 살았다. 선조 40년(1607)에 죽으니 67세였다.

"이 고을이 아주 좋은데 그대가 한 번 나를 대신해 보겠소?"
하며 자못 자랑하고 거만스런 빛을 보였다. 이순신은 다만 웃고 말았다.[52]

권준은 이순신이 출중한 능력에도 불구하고 진급은커녕 자꾸 좌천되는 것을 비꼬았다. 출중한 실력에 강직하다고 소문난 이순신이 벼슬아치들 사이에서는 최고의 불명예인 백의종군까지 당하였으니 이순신이 얼마나 한심해 보였겠는가. 권준은 출세의 첩경은 실력이 아니라 폭넓은 인간적 유대라는 점을 이순신이 모르고 있다고 파악한 듯하다. 그렇지만 이순신의 눈에 비친 권준은 대세를 추종하면서 적당히 자신의 잇속이나 챙기는 부평초 같은 경박지사輕薄之士에 지나지 않았다. 그래서 그는 아무런 대꾸도 하지 않고 그냥 웃기만 하였다. 이순신을 조롱하던 자들과 이순신 사이에는 근본적으로 사생관이 달랐다.

52 「행록」.

16 정읍 현감

己丑에 拜井邑縣監하다.

기축년(1589, 선조 22)에 정읍 현감에 임명되었다.

해설

「행록」에 의하면, 11월에 무신 겸 선전관武臣兼宣傳官으로 상경하였다가 12월에 정읍 현감井邑縣監[53]이 되었다. 이순신이 겸관兼官의 자격으로 태인현泰仁縣에 이르렀다. 당시 태인은 오랫동안 수령이 없어 공문 서류가 쌓여 있었다. 그러나 이순신은 척척 판결을 내려 잠깐 새에 끝을 내었다. 그곳 백성들이 둘러서서 듣고 또 옆에서 보다가 탄복하지 않는 자가 없었다. 그래서 어사御史에게 글을 올려 이순신을 태인 현감으로 보내 주도록 청하는 자까지 있었다.

당시 이순신의 두 형, 희신羲臣과 요신堯臣이 일찍이 죽고 그 자녀가 모두 어리므로 이순신의 어머님 손에 자라나는 터였다. 이순신은 정읍 현감이 되자 시골에 계신 홀어머니를 임지로 모셨다. 조카

53 종6품 참상관.

들도 보호자가 없음을 염려하여 임지로 데려갔다. 그러자 이순신의 사정을 아랑곳하지 않는 어떤 이가 이순신이 관리로서 식구를 너무 많이 데리고 있다고 비난하는 일이 있었다. 이에 이순신은 눈물을 흘리며,

"내가 식구를 많이 데리고 온 죄를 질지언정, 이 의지할 데 없는 것들을 차마 버리지는 못하겠다."

하였다.

17 조대중 옥사

都事曹大中이 辭連鄭汝立逆獄하여 被追詣理할새

도사[54] 조대중[55]이 정여립 역옥에 연루되었음을 부인하여, 잡혀가 심리를 당할 때

金吾郎이 搜取文書라가 見舜臣其答問書하고 密語欲去之하니

금오랑[56]이 문서를 조사하다가, 이순신이 그에게 답장한 글을 보고 그것을 없애 버리고자 하는 뜻을 비밀리에 말하니,

舜臣曰 吾書는 無他語요 且已在搜中하여 不可不上이라 하더니 竟無所座하다.

이순신이 말하길, "내 글에는 다른 말이 없고, 또 이미 수사 중에 있

54 종5품.

55 자는 화령和寧이요 옥천玉川 사람이다. 선조 15년 임오(1582)에 과거하고 전라 도사全羅都事가 되어 관내를 순회하던 중 보성寶城에서 기생과 놀다가 작별할 때 울었더니 사람들이 그것을 역적죄로 몰렸던 정여립鄭汝立의 자살을 슬퍼해서 운 것이라고 몰게 되자 대간臺諫들 중에서도 말썽이 되어 결국 무서운 국문 아래 죽었다.

56 종5품 의금부 도사義禁府都事를 별칭으로 부르는 말.

으므로 올리지 않을 수 없다." 하더니, 필경 연좌된 바가 없었다.

大中之柩ㅣ 過邑前에 舜臣이 具尊哭送日 彼旣不服而死하니 其罪를 不可知요 纔經本道使客하니 未可恝視也라 하다.

조대중의 관이 읍 앞을 지남에, 이순신이 예를 갖추고 곡하여 영구를 보내며 말하길, "그가 죄를 자복하지 않고 이미 죽어 버렸으니 그 죄(의 진위)를 알 길이 없고, 다만 본도를 지나가는 나그네 신세가 되었으니 마음 편히 쳐다볼 수가 없구나."라고 하였다.

해설

「행록」에 의하면, 그때 조대중이 도사로 있어 편지로 이순신에게 안부를 묻기도 하고, 또 이순신도 본도(전라북도) 도사의 편지라 답장하지 않을 수 없어 글월을 보내기도 하였다. 그 뒤 조대중이 역적 죄목에 걸리어 그 집 서적들을 모두 압수당하게 되었다. 이순신이 마침 차원差員[57]으로 상경하다가 길에서 금오랑金吾郎(수사관)을 만났다. 그는 본시 이순신과 서로 아는 사이라 이순신에게

"공의 편지가 수색물 가운데 들었소. 공을 위해서 뽑아 버릴까 하는데 어떻소?"

라고 도와 줄 뜻을 보였다. 그러나 이순신은

"아니오. 지난날 도사가 내게 편지를 보냈기에 답장을 하였지만, 또 그건 다만 서로 안부를 묻는 것뿐이었소. 이미 수색물 속에 들어

57 중요한 사무로 임시 파견되는 관원으로, 차사원差使員이라고도 한다.

있는 것을 사사로이 뽑아 버리는 것은 온당한 일이 아니오."

라고 사양하면서, 공사 구분에 엄정한 태도를 보였다. 그 뒤 얼마 안 되어서 이순신에게 만포 첨사滿浦僉使[58]의 벼슬이 제수되었다. 그러나 급작스럽게 이순신이 승진하는 것을 꺼린 대간들의 반대로 실제로 취임하지는 못하였다.

58 평안북도 만포 병첨절제사를 이름. 외관직 종3품직. 절도사가 있는 곳은 주진主鎭, 절제사·첨절제사가 있는 곳은 거진巨鎭, 첨절제사·만호·도위가 있는 곳은 제진諸鎭이라고 하였다. 당시 만포는 거진에 속하였다. 첨절제사와 만호는 반드시 무예 시험을 거쳐 인정받은 자만을 임명하였다. 만포는 평북 강계군江界郡에 위치해서 압록강을 사이에 두고 여진족을 마주보고 있는 방어의 요충이었다. 그래서 건주위建州衛 야인 등의 출입을 막기 위해 목책을 석성石城으로 개축하고 만호(종4품)를 두었다가(세종 25), 다시 진鎭으로 승격시켜 병마첨절제사(종3품)를 두었다(세조 6).

18 이순신의 의리

鄭相彦信이 亦繫獄에 舜臣이 適隨牒至京하니 以其爲舊帥也라.

재상 정언신이 또한 정여립 옥에 연루되었음에, 이순신이 마침 공문서 수발에 맞추어 한양(감옥)에 당도하니, 그가 옛날 대장이었기 때문이다.

詣獄門候問하니 聞者義之러라.

옥문에 이르러 안부를 여쭈니, 듣는 자들이 의롭게 여겼다.

해설

「행록」에 의하면, 이순신은 차사원差使員으로서 서울에 들어오자마자 우상 정언신이 방금 옥중에 갇혀 들어갔다는 말을 들었다. 이순신이 즉시 찾아가 옥문 밖에서 문안하였다. 그때 오늘날의 수사관 격인 금오랑들이 당상堂上에 모여 앉아 술을 마시며 노래를 부르고 있었다. 이것을 보고 이순신은 금오랑들에게

"죄가 있고 없는 것은 막론하고 일국의 대신이 옥중에 있는데 이렇게 당상에서 풍류를 잡히고 논다는 것은 미안한 일이 아니오."
라고 질책하였다. 이순신의 당당한 태도에 금오랑들도 얼굴빛을 고치고 사과하였다.

정언신은 이순신이 하급 장교 시절부터 그의 재능을 인정해 준 몇 안 되는 인물 중 한 사람이었다. 우의정에까지 승진하였지만, 당쟁의 화를 입어 고초를 당하게 된 것이다. 이순신은 그가 혐의를 입어 옥에 갇히자, 곧바로 감옥으로 찾아갔다. 보통 사람들 같으면 반역죄인과 연루될까봐 오히려 이런 상황에서는 모르는 척하였을 것이다. 그러나 이순신은 그렇게 행동하지 않았다. 이순신은 여기에서 그치지 않고, 수사관들이 피의사실이 확정되지도 않은 상황에서 정언신을 함부로 대하자, 그들의 방자함을 질책까지 하였다. 여기에서도 남들과 다른 이순신의 당당한 풍모가 잘 드러난다.

19 유성룡의 천거와 대간의 견제

備局이 選武臣可合擢用者할새 柳文忠成龍이 與之同閈하여 知其賢하고 力薦于朝하다.

비변사가 발탁하여 쓸 만한 무신을 선발하였는데, 문충공 유성룡이 이순신과 더불어 한 동네에 살았기 때문에 그의 현명함을 알고 힘써 조정에 천거하였다.

陞高沙里僉使하니 臺諫이 論其亟遷하고 尋進階堂上하여 除滿浦僉使하니 又論其驟陞하니라.

고사리 첨사에 오르니 대간이 그가 빠르게 옮겨짐을 논핵하였고, 갑자기 당상의 품계에까지 올라 만포 첨사에 제수되니 또 그 빠른 승진을 논핵하였다.

해설

경인년(1590, 46세) 7월에 고사리진高沙里鎭 병마첨절제사兵馬僉節制使로 임명되었으나 대간[59]들이 수령 옮기는 것에 대한 논란이 있어 그대로 그 고을에 눌러 있게 되었다. 또 8월에는 당상 계급(절충장군折衝將軍)으로 올려 만포[60] 첨사로 임명하였지만, 대간이 또다시 너무 빨리 승진시킨다고 항의하여 임명을 취소하고 그대로 정읍 현감에 유임되고 말았다.[61]

이 무렵 일본에서는 오랜 내란의 시대가 끝나고 도요토미 히데요시[豊臣秀吉]에 의한 통일 정권이 성립되면서 반대 세력의 군사력을 소모시키기 위해, 또 자유로운 대외 통상의 길을 열기 위해 대륙 침략을 준비하고 있었다. 우연한 기회에 포르투갈 상인들로부터 조총을 손에 넣은 일본은 '뎃포'[鐵砲](조총) 기술을 향상시키고 이를 이용한 전술을 발전시켰다. 전국 시대의 다이묘 가운데 뎃포의 제작과 활용에 가장 적극적이었던 오다 노부나가[織田信長]는 조총수 3,000명을 이용하여 철갑으로 중무장한 다케다 가츠요리[武田勝頼]의 부대를 나가시노[長篠] 전투에서 손쉽게 격파하였다. 이때 구사된 전법은 15년 뒤 조선에서도 그대로 재현되었다.

'뎃포'를 가진 풍신수길은 당시 동아시아 세계의 생명선이나 다름없는 조공무역 체제에서 일본을 소외시키고 있던 명나라와 그에 붙어 2인자 노릇을 하고 있던 조선에 대한 침략의 뜻을 공공연히 천명하고 있었다. 일본이 곧 명나라에 대한 무력 침공을 감행할 것이라는 소문은 삽시간에 사방으로 퍼져 나갔다. 이 소문은 당시에 알 만한 사람은 다 아는 정보에 속하였다.

59 사헌부 · 사간원 관원들을 총칭.
60 평안북도 강계도호부江界都護府 소속으로 부의 서쪽 128리에 있었다.
61 「행록」.

그러므로 이때 유성룡이 이순신을 천거한 것은 당시의 상황에서는 매우 절박한 심정에서 나온 행동이었다. 유성룡은 이순신의 인품을 너무나도 잘 알고 있었기에 미구에 닥쳐올 위기 상황을 극복하려면 이순신 같은 재목이 그 능력을 제대로 발휘할 수 있는 위치에 있어야 한다고 생각하였다. 그렇지만 조정의 여론은 왜국의 동향에 대한 유비무환의 정신보다는 이순신이라는 비사교적인 인물이 갑자기 급부상하는 데에 대한 경계에 주력하였다.

『징비록』에는 당시의 상황을 다음과 같이 기록하고 있다.

> 조정에서 아무도 그를 추천해 주는 사람이 없어서 무과에 급제한 지 10여 년이 되도록 벼슬이 옮기지 않고 겨우 정읍 현감이 되었었는데, 이때에 왜가 동병動兵한다는 소식이 날로 급하게 전하니 임금께서 비변사備邊司[62]에 명하여 제각기 장수될 만한 인재를 천거하라 하였다. 내가 이순신을 천거하여 정읍 현감에서 수사水使로 초배超拜[63]하니 사람들이 혹시 그 갑작스레 승진된 것을 의심하는 이도 있었다.

---

62 군국기무軍國機務를 총령總領하는 기구로서 비국備局 혹은 주사籌司라고도 한다. 도제조, 제조 등의 임원이 있는데 도제조는 시원임 의정이 맡고 제조는 육조 판서 양국兩局 대장 등이 겸하였다. 중종 5년 경오(1510) 삼포왜란三浦倭亂에 임시 군사 보강 기구로 창설되었던 것이 명종 10년(1555) 을묘왜변乙卯倭變시에는 상설 군사 기구로 성립되었으며 임진왜란시에는 전시의 군사, 정치 통합 기구가 되었다. 이것이 인조반정 이후부터는 군사, 정치의 양권을 통할한 정부적 기구로서 의정부의 권한을 농단하게 되었는데 이것이 뒷날 대원군의 군제 개혁시까지 그대로 계속되었다.

63 몇 단계의 관직을 건너뛰어 임명하는 것.

20 전라 좌도 수군절도사

辛卯에 遷珍島郡守하고 除加里浦僉使하고 尋擢拜 全羅左道水軍節度使하다.

신묘년(1591, 선조 24)에 진도 군수로 옮겨졌다가 가리포[64] 첨사에 제수되었고, 전라 좌도 수군절도사(정3품)에 발탁 임명되었다.

해설

신묘년(1591, 47세) 2월에 진도珍島 군수(종4품)로 전임 발령을 받았으나 부임하기도 전에 가리포 첨사(종4품)로 임명되었고, 또 부임하기 전인 같은 달 13일에 전라 좌도 수군절도사[65]로 승진 임명되어 정

64 전라남도 완도莞島에 있던 관방關防으로 중종 16년(1521)에 왜구를 막는 요해목이라 하여 세웠다.

65 수군절도사는 정원 16인이었다. 당시 충청 수사는 2인으로서 하나는 관찰사가 겸하고 다른 하나는 보령부保寧府에 그 영문이 있었다. 경상도 수사는 3인인데 하나는 관찰사가 겸하고 다른 하나는 좌수사로서 처음에는 울산부蔚山府 개운포開雲浦에 수영을 설치하였다가 뒤에 동래부東萊府로 옮겼다. 또 하나는 우수사로서 거제현巨濟縣 오아포吾兒浦에 영문을 설치하였다가 임진란 뒤에 통제영統制營에 합하였다. 전라도 수사도 3인인데, 하나는 역시 관찰사가 겸하고 다른 하나는 좌수사로서 성종 10년(1479) 이래로 예포 만호禮浦萬戶를 승진시켜 수사로 만들었는데 순천부順天府(그 관할 구역 안의 여수麗水)에 영을 설치하였다. 또 하나는 우수사로서 처음에는 무안현務安縣에 있다가 세종 22년(1440)에 해남현海南縣으로 옮기고 세조 11년(1466)에 와서야 수사水使란 이름으로 승격시켰다.

읍으로부터 부임하였다. 유성룡의 『징비록』은 이때를

> 정읍 현감 이순신을 발탁하여 전라 좌도 수군절도사를 삼았다. 이순신은 담략膽略이 있고 말 타고 활 쏘는 것을 잘하였다.

라고 기록하고 있다.

조선을 구할 영웅의 탄생은 당시 「행록」의 기사에 암시되어 있다.

> 이순신이 처음 수사水使로 임명되던 때 이순신의 친구가 꿈을 꾸었는데, 큰 나무가 있어 높이는 하늘을 찌를 만하고 가지는 그 사이에 가득 퍼졌으며 위에 올라가 몸을 기대고 있는 자가 몇천만 명인지 몰랐다. 그 무게 때문에 결국 그 나무가 뿌리째 뽑혀 쓰러지려는 판에 웬 사람이 몸으로 그것을 떠받들어 세웠다. 자세히 보니 그가 바로 이순신이었다. 그래서 뒷사람들이 그것을 송나라 문천상文天祥[66]이 하늘을 떠받들던 꿈에 비기었다.

66 남송南宋 말기의 충신. 자는 송서宋瑞, 호는 문산文山. 원병元兵이 쳐들어 왔을 때 포로가 되었으나 굴하지 않고 정기正氣의 노래를 지어서 그 충절을 보이고 죽었음.

21 조선의 위기를 대비하다

是時에 後釁已啓而朝野晏然이어늘 臣이 獨深憂之하여 日修備禦하다.

이때에 뒷날의 흔단釁端(서로 다투는 시초)이 이미 열렸는데도 조야가 태평하거늘, 이순신이 홀로 깊이 근심하여 날마다 방어 준비를 갖추었다.

해설

정부는 15세기 중에 계해약조癸亥約條에 의한 삼포三浦의 개항, 세사미歲賜米 지급 등의 회유 정책과 대마도 정벌 등의 토벌 정책을 겸행함으로써 왜구 대책에 일단 성공하였다. 그러나 16세기에 들어오면서 삼포왜란三浦倭亂(1510)을 출발점으로 하여 왜구 대책에 차질이 나타나기 시작하였다. 삼포왜란 이후 일본과의 교섭을 재개하면서 세사미와 세견선을 절반으로 줄였지만, 이후 일본측은 나빠진 무역조건에 불만을 품고 계속 분쟁을 일으켰다. 조선 정부는 그때마다 또 세사미와 세견선을 줄이는 조처를 반복하다가 임진왜란 직전에 이르러서는 교섭이 끊어지다시피 하였다.

이런 와중에 일본에서는 도요토미 히데요시[豊臣秀吉]가 내란을 종식시키고 대외 침략의 야욕을 키워 가고 있었다. 그에 반해 조선은 16세기에 들어와 점차 사족 지배 체제가 확립되면서 당쟁이 끊이지 않았다. 더욱이 15세기에 확립되었던 농병 일치의 군사 제도가 사실상 무너짐으로써 외침에 대해 거의 무방비 상태가 되고 말았다.

이 무렵 조선과 일본과의 관계를 『징비록』은 다음과 같이 묘사하고 있다.

풍신수길이 이미 귤강광橘康廣을 죽이고 평의지平義智[67]를 사신으로 보내어 통신사通信使 파견을 청하였다. 의지義智는 왜국의 주병대장主兵大將 평행장平行長[68]의 사위인데 수길秀吉의 심복이 되었다. 대마도주 종성장宗盛長은 대대로 섬을 지키고 조선을 섬겨 왔는데, 이때 수길이 종씨宗氏를 내쫓고 의지로 하여금 도무島務를 대신 주관하게 하던 차, 조선이 수로水路에 익숙지 못함을 핑계하여 통신하기를 거절하였으므로 수길이 거짓 말하되 "의지는 도주島主의 아들로서 해로에 익숙하니 더불어 함께 오라."고 하여 조선으로 하여금 거절할 구실이 없도록 하였다. 또 조선의 허실을 엿보려고 평조신平調信과 중 현소玄蘇[69] 등을

67 소 요시토시[宗義智]를 말함. 대마도주對馬島主 소 모리나가[宗盛長]의 7세손으로 대마도주가 되었는데 수길이 명하여 조선에 사신으로 보내었고 그 뒤 임진왜란에는 고니시 유키나가[小西行長]와 같이 선봉으로 조선에 쳐들어왔다.

68 고니시 유키나가를 말함. 그는 도요토미 히데요시의 부하 명장으로 임진왜란에 가토 기요마사[加藤清正]와 함께 조선을 쳐들어온 선봉장이었다.

69 일본 하카타[博多] 쇼호쿠지[聖福寺]의 중으로 호는 센스[仙巢]이다. 대마도 소씨[宗]氏를 따라 여러 번 조선에 사신으로 와서 정탐해 간 자로서 임진왜란 때는 역시 군중에 같이 섞여 왔다. 강화講和 문제가 있을 적마다 거기에 참여하여 1595년 명나라로부터 본광선사本光禪師란 칭호까지 받았고 전쟁이 끝난 뒤 갑진년(1604)에 일본의 도쿠가와[德川]가 강화를 청할 때에도 역시 참여하였다.

데리고 왔다. …(중략)

『징비록』의 기사는 다음과 같이 계속된다.

임금께서 왜사倭使 일행을 인견引見하고 잔치를 내리시니 의지義智와 현소玄蘇 등이 모두 내전에 들어 와서 차례로 임금께 술잔을 올렸다. 그때 내(유성룡)가 예조 판서로서 또한 왜사를 대접하였다. 그러나 그때까지 통신에 대한 의논은 결정되지 않았다. 내가 대제학이 되어서 국서를 쓰려 할 적에 임금께 글을 올려 "이 일을 빨리 결정하시어 두 나라 사이에 틈이 생기지 않도록 하시옵소서."라고 청하였다. 이튿날 조강朝講,[70] 지사知事 변협邊協[71] 등이 또한 "마땅히 사신을 보내어 보답하게 하고 또 그들의 동정도 보고 오는 것이 실계失計될 것은 없사올까 하나이다."라고 말하였다. 이에 비로소 조정 의논이 결정되어 사신 보낼 만한 사람을 가리었다. 대신이 첨지僉知 황윤길黃允吉[72]과 사성司成 김성일金誠一[73]을 말하므로 이들을 상사上使와 부사副使로 삼고 전적典籍 허성許筬[74]으

70 임금에게 경전을 강의하는 아침 강의.

71 자는 화중和仲이요 호는 남호南湖이고 원주인原州人이고 중추경력中樞經歷 계윤季胤의 아들이다. 중종 23년(1528)에 생하여 선조 23년(1590)에 졸하다. 해남 현감海南縣監으로 있을 때에 왜구를 쳐서 전공으로 장흥 부사長興府使에 초배超拜되고 내외관직을 역임하여 관이 공조 판서 겸 도총관 포도대장工曹判書 兼 都摠管捕盜大將에 이르다.

72 자는 길재吉哉요 호는 우송당友松堂이요 장수인長水人이며 영상 희喜의 현손이다. 명종 신유에 등과하여 벼슬이 병조 참판에 이르다. 선조 경인에 통신사로 일본에 왕환往還하였다.

73 자는 사순士純이요 호는 학봉鶴峰이요 의성인義城人이며 퇴계 이황의 문인이다. 선조 무진에 등과하여 삼사제학三司提學을 역임하고 경인년에 통신사로 일본에 왕환하였다. 임진년에 경상 우도 병사가 되었는데 왜병이 범경함에 선조께서 성일의 전일 보고 부실이 죄를 국문하려다가 좌상 유성룡의 구해救解로 즉시 석방하여 경상 우도 초유사慶尙右道招諭使를 삼으니 성일이 임지에 와서 열읍에 격서를 보내어 의병 초모에 진력하다가 계사년 4월에 병으로 진주晋州 공관公館에서 졸하니 나이 56이다. 시호는 문충文忠이다.

74 자는 공언功彦이요 호는 병록兵麓이요 양천인陽川人이며 초당草堂 엽曄의 아들이다. 선조 계미에 등과하여 정언正言, 헌납獻納을 역임하고 벼슬이 이조 판서에 이르다. 광해군 4년 임자에 졸하였다.

로 서장관書狀官을 삼아 경인(1590, 선조 23) 3월에 왜사 의지와 함께 일본으로 떠나게 하였다. 그때에 의지가 공작孔雀 두 마리와 조총鳥銃, 창도槍刀 등을 바치거늘 명하여 공작은 남양 해도南陽海島에 날려 보내게 하고, 조총은 군기시軍器寺[75]에 두게 하였으니, 조선에 조총이 있기는 이때가 처음이었다.

왜국의 동정을 살피러 떠났던 통신사 일행의 행적을 『징비록』은 다음과 같이 서술하고 있다. 먼저 그 경로를 살펴보면 다음과 같다.

신묘년(1591) 봄에 통신사 황윤길, 김성일 등이 일본에서 돌아오는데 왜인 평조신과 현소도 같이 따라왔다. 윤길 등이 지난 해 4월 29일에 부산포에서 배를 타고 대마도에 이르러 한 달 동안을 머물고, 또 그곳에서 수로로 40여 리를 가서 일기도一岐島에 이르고 박다주博多州, 장문주長門州, 낭고야浪古耶(기타규슈[北九州]에 있는 지명)를 지나서 7월 22일에 비로소 그 국도[76]에 이르렀다. 이것은 왜인들이 고의로 길을 우회하고 또 곳곳에서 머물렀으므로 여러 달이 걸린 것이다. 대마도에 머물러 있을 때에 평의지가 사신을 청하여 산사山寺에서 잔치를 베풀어 사신이 이미 자리에 앉아 있는데, 의지가 교자轎子를 탄 채 문 안으로 들어와 뜰에 와서 겨우 내렸다. 이것을 본 김성일이 노하여 말하기를, "대마도는 우리나라의 번신藩臣[77]인데 우리가 이제 왕명을 받들고 왔거늘 어찌 감히 이토록 업신여기느냐. 나는 이 잔치를 받을 수 없다." 하고 즉시 일어나 나오고 허성 등도 따라서 나와 버렸다. 의지가 그 허물을 교군轎軍에게 돌려 그 사람을

75 병기와 깃발 등속을 보관하는 관청으로 태조 때에는 군기감軍器監이라고 하였으나 태종 14년(1414)에 이 이름으로 고쳤다.

76 이때의 일본 수도는 교토[京都]이다.

77 대마도는 세종 때 삼포三浦를 개항한 이후부터 조선에 세공歲貢을 바쳤으므로 조선에서 번신藩臣이라고 일컬었다.

죽이고 머리를 가져와서 사과하였다. 이 뒤로부터는 왜인들이 성일을 두려워하여 예를 극진히 하여 대접하고 멀리서 바라만 보아도 말에서 내리었다.

그러나 문화적으로 경제적으로 일본보다 우위에 있다고 자부하였던 통신사들은 도요토미 히데요시를 만나 여러 가지 수모를 겪었다. 그들이 본 도요토미 히데요시의 인상을 『징비록』은 다음과 같이 기록하였다.

국도에 이르니 큰 절에 유숙케 하였다. 이때 마침 평수길이 동산도東山道에 출전하였으므로 수개월 동안이나 머물러 있었는데, 수길이 돌아온 뒤에도 또 궁실을 수리한다고 핑계하고 즉시 국서를 받지 않아서 이럭저럭 전후 다섯 달 동안을 머물러 있다가 겨우 국명國命을 전하게 되었다. 그 나라는 천황天皇을 높여서 수길 이하 모두가 신하의 예로써 자처하고 수길은 자기 나라에서는 왕이라 칭하지 않고 다만 관백關白[78]이라 부르고 혹은 박륙후博陸侯[79]라고도 부른다. 이른바 관백이란 것은 옛날 곽광霍光[80]의 '범사凡事를 모두 먼저 관백한다.'는 말을 따서 지은 칭호인 것이다. 수길은 용모가 작고 추하며 낯빛이 검어서 보통 사람과 다른 위의威儀가 없으나, 다만 눈빛이 번쩍번쩍하여 사람을 쏘아보

78 876년 요제이 덴노[陽成天皇]가 어린 나이에 즉위하자 후지와라노 모토츠네[藤原基經]가 섭정하면서 시작되어 메이지 유신[明治維新] 때에 폐한 제도로서 『한서』漢書 「곽광전」霍光傳에 "선관백광先關白光 연후然後 주어奏御"라 한 데서 따온 문자다. 천황에게 가기 전에 먼저 이 사람에게 아뢴다는 뜻이다.

79 한漢나라 곽광에게 봉한 작명爵名이다.

80 한나라 평양平陽 사람인데 자는 자맹子孟이다. 소제昭帝가 즉위함에 겨우 8세인지라 광이 대사마대장군大司馬大將軍으로서 유조遺詔를 받들어 보정輔政하였으며, 소제가 붕하고 창읍왕昌邑王이 즉위함에 음행淫行이 많거늘 폐위하고 다시 선제宣帝를 영립迎立하였다. 뒤에 선제가 공신들이 얼굴을 기린각麒麟閣에 그릴 적에 오직 곽광만은 이름을 쓰지 않고 다만 대사마대장군박륙후성곽씨大司馬大將軍博陸侯姓霍氏라고 칭하여 그를 높이었다.

는 것 같은 것을 느꼈다고 한다.

다음은 통신사 행원들이 도요토미 히데요시와 대면하던 당시의 정황이다.

삼중석三重席을 베풀어 남쪽을 향하여 마루에 앉았고, 사모紗帽를 쓰고 검은 도포를 입었는데 신하 몇 사람이 옆에 벌려 앉아서 우리 사신을 인도하여 자리에 앉게 하였다. 자리에는 연구宴具는 설비하지 않고 탁자 하나를 놓았는데, 탁자의 한가운데는 떡 한 그릇을 놓았으며, 질그릇 사발로 술을 따르는데, 술도 또한 탁주濁酒로서 그 예가 극히 간략하여 두어 순배로써 그만 두고 절하고 읍하여 서로 수작하는 절차가 없었다. 조금 있다가 수길이 문득 일어나 안으로 들어가는데 자리에 있던 사람들은 모두 움직이지 않더니 조금 있다가 어느 사람이 편복便服을 입은 채로 어린애를 안고 나와서 당堂 안을 배회하므로 쳐다보니 이것이 수길인지라 좌중에 있던 사람들이 모두 부복俯伏하였다. 이윽고 수길이 난간에 나와 앉아서 우리나라 악공을 불러서 여러 가지 음악을 연주케 하고 듣고 있더니, 어린애가 오줌을 싸므로 수길이 웃으면서 시자를 부르니, 한 여왜가 달려 나오거늘 어린애는 주고 다른 옷을 갈아 입으며 모두 제멋대로 만족하게 여겨 방약무인傍若無人한 태도였다. 사신이 물러 나오자 그 뒤에는 다시 수길을 볼 수가 없었고, 다만 상사上使와 부사副使에게 은 400냥을 주고 서장관書狀官과 통사通事 이하까지도 차등 있게 주었다.

차마 국가 간의 외교 의식이라고 할 수 없는 분위기였다. 도요토미 히데요시는 조선에서부터 온 통신사들 앞에서 방약무인한 태도를 보인 것이다. 도요토미 히데요시는 통신사들에게 답서 증정의 예식도 파기하였다. 수차례의 개정 요구 끝에 받아 낸 답서의 내용도 거만하기 그지없었다.

조선 사신이 장차 돌아오려 함에 답서는 만들지 않고 먼저 가라고 하거늘, 성일이 말하기를 "내가 사신이 되어서 국서를 받들고 왔는데, 만약 답서가 없다면 이것은 국명國命을 풀밭에 버리는 것과 같은 것이다."라고 하였다. 윤길은 더 붙잡아 둘까 두려워하여 갑자기 출발하여 국경가에 가서 기다리니 답서가 왔으나, 글 내용이 거칠고 거만하여 우리가 바라던 바가 아니었다. 성일이 이것을 받지 않고 수차나 개정한 뒤에 받아 가지고 떠났다. 일행이 지나는 곳마다 왜인들이 물건을 선사하는 것을 성일은 모두 물리쳤다.

다음은 그 유명한 통신사들의 복명 장면이다. 잘 알려진 대로 일본에서 돌아온 통신사들의 의견은 두 갈래로 갈라졌다. 먼저 도요토미 히데요시가 곧 조선을 침략할 것이라는 정사 황윤길의 보고와, 그렇게 염려할 것이 못 된다는 부사 김성일의 주장이었다. 눈길을 끄는 것은 김성일이 왜 그와 같이 사실과 어긋나는 진술을 하게 되었는지를 『징비록』은 다음과 같이 전하고 있다.

윤길이 부산에 돌아와서 일본의 정세를 빨리 보고하되 반드시 병화가 있을 것이라 하였다. 서울에 와서 복명復命할 적에 임금께서 인견引見하시고 물으시매, 윤길은 그 전말대로 대답하고 성일은 "신은 그러한 정세가 있는 것을 보지 못하였습니다." 하고, 인하여 "윤길이 인심을 요동시키는 것은 옳지 못합니다."

하였다. 조정에서는 혹은 윤길의 말을 주장하고 혹은 성일의 말을 주장하거늘, 내가 성일에게 묻기를 "자네 말이 황사黃使와 같지 않으니 만일 병화가 있다면 어떻게 할 것인가." 하니, 그는 "나 역시 어찌 왜가 끝내 동병動兵 않을 것을 기필하겠는가마는 다만 황黃의 말이 너무 심하여 안팎 인심이 놀라 당황하겠기로 해명한 것이라." 하였다.

조정에서는 통신사들의 엇갈린 복명에 갈피를 잡지 못하였다. 더욱이 일본에서 가지고 온 답서의 처리 문제를 두고 고심에 고심을 더하였다. 왜냐하면 거기에는 도요토미 히데요시가 군사를 거느리고 명나라를 쳐들어가겠다는 내용이 담겨 있었기 때문이다. 다시 『징비록』의 기사를 살펴보자.

그때에 가지고 온 왜서倭書의 내용에 '군사를 거느리고 명나라에 뛰어 들어가겠다.'는 구절이 있었다. 유성룡은 말하기를 "이것은 마땅히 사유를 갖추어서 즉시 명나라에 보고하여야 될 것입니다." 하니, 수상首相[81]은 말하기를 "명나라에서 우리가 왜국과 사통私通하였다고 책망할까 하오니, 알리는 것이 숨겨두는 것만 못할 것 같소." 하였다. 유성룡은 다시 말하기를 "일이 있어서 이웃나라에 왕래하는 것은 나라로서 없을 수 없는 일인지라 성화成化[82] 연간에 일본도 또한 조선을 통해서 중국에 조공하기를 청하거늘, 즉시 사실대로 명나라에 보고하니 명나라에서는 조칙을 내려서 회유回諭하였던 일이 있었는데, 전에도 이러한 일이 있으니 비단 오늘에만 있는 일이 아니오며, 이제 만일 사실을

81 영의정 이산해李山海.
82 명나라 헌종 황제憲宗皇帝의 연호(1465-1487).

숨기고 알리지 않는다면 대의에도 옳지 않을 뿐 아니라, 적이 만약 침범할 계획이 있어서 이 사실을 다른 곳으로부터 알리게 된다면 명나라에서 도리어 우리나라가 왜국과 공모하여 숨기는 것으로 의심할 것이니, 그렇게 되면 죄가 통신하였다는 것에만 그치지 않을 것입니다." 하니, 조정에서 유성룡의 의논에 찬동하는 사람이 많아서 김응남金應南[83] 등을 보내서 사실을 알리게 하였다.

그러나 명나라에서는 이미 왜국의 동정을 꿰뚫고 있었다. 그리고 오히려 그러한 왜국의 동정을 조선이 신속히 보고해 주지 않는데 대한 의구심을 품고 있던 터였다.

이때 복건성福建省 사람 허의후許儀後, 진신陳申 등이 왜국에 잡혀 있다가 이미 왜의 이러한 정세를 비밀히 본국에 보고하였으며, 유구국琉球國[84] 세자 상령尙寧도 이어서 사신을 명나라에 보내어 소식을 보고하였는데 유독 우리나라 사신만이 명나라에 오지 않으니 명나라 조정에서는 우리가 왜에게 붙었는가 의심하여 의론이 떠들썩하였다. 각로閣老 허국許國[85]이 그 전에 우리나라에 사신 왔던 일이 있었으므로 두둔하여 말하기를 "조선은 성심으로 우리나라를 섬기고

83 자는 중숙重叔이요 호는 두엄斗嚴이며 충청 병사 말손末孫의 증손이요 형珩의 아들이다. 임진년에 임금을 모시고 서쪽으로 가서 부체찰사가 되었으며 이조 판서로 환도하여 갑오년에는 우의정, 을미년에는 좌의정이 되었다. 정유년에 안무사가 되어 영남으로 내려갔다가 풍기에서 병을 얻어 도로 올라와 정승 직분을 사임하고 무술년에 졸하니 나이가 53이다. 뒤에 호성공신扈聖功臣으로 책정하고 원성부원군原城府院君을 봉하였으며 시호는 충정忠靖이다.

84 일본 규슈[九州]의 남방, 대만臺灣의 동북방에 위치한 나라로 지금의 오키나와 제도[沖繩]諸島이다. 명나라 이후로부터 중국에 통하여 책봉을 받고 또한 일본에도 겸속兼屬되었다. 1875년경에 일본이 유구왕을 폐하고 오키나와현[沖繩]縣]을 만들었다.

85 명나라 흡주歙州 사람인데 세종 가정世宗嘉靖 연간(1522-1566)에 진사進士가 되어 신종神宗 때에 벼슬이 예부 상서禮部尙書에 이르고 동각대학사東閣大學士를 겸하였다. 시호는 문목文穆이다.

있으므로 반드시 왜와 함께 배반하지 않을 것입니다. 아직 기다려 봅시다." 하였다. 미구에 응남 등이 글을 가지고 도착하니, 허 공許公이 크게 기뻐하고 조정의 모든 의심이 풀어졌다 하더라.

조정에서는 왜가 명나라를 정벌할 것이라는 말을 공공연히 국서에 천명한 이상 그에 대한 대비책을 마련하느라 분주하였다. 그러나 오랫동안 태평과 안일에 젖은 백성들은 그 위기를 실감하지 못하였다. 그리고 조정의 방비책도 현실적이지 않았다. 군정軍政의 근본이라든지 장수를 쓰는 요목이라든지 군사를 조련하는 방법 같은 것은 백 가지 중에 한 가지도 정돈되지 않았었다고 『징비록』은 당시의 정황을 강하게 비판하고 있다.

조정에서는 왜의 동태를 걱정하여 국방 사무에 밝은 재신宰臣을 뽑아서 하삼도下三道[86]를 순찰하여 방비하게 하였다. 김수金睟로 경상 감사를 삼고, 이광李洸으로 전라 감사를 삼고, 윤선각尹先覺으로 충청 감사를 삼아서 병기를 준비하고 성지城池를 수축케 하였는데, 그 중에서도 경상도에는 성을 많이 쌓아서 영천永川 · 청도淸道 · 삼가三嘉 · 대구大丘 · 성주星州 · 부산釜山 · 동래東萊 · 진주晋州 · 안동安東 · 상주尙州의 좌우 병영을 혹은 신축 혹은 증수케 하였다. 이때 태평이 오랫동안 계속됨에 안팎이 편안에 젖어서 백성들은 노역을 꺼리어 원망하는 소리가 길거리에 자자하였다. 유성룡의 동년 친구인 합천陜川 사람 전 전적前典籍 이로李魯[87]가 유성룡에게 글을 보내어 말하되 "성을 쌓는 것이 좋은 계

86 경상, 전라, 충청도.
87 자는 여유汝唯요 호는 송암松巖이요 고성인固城人이다. 선조 19년 경인(1590)에 등과하고 임진란에는 김성일의 막하에 있으면서 의병을 창기하고 모획한 바가 많았다. 저술로는 임진

책이 아니라." 하고 또 말하기를 "삼가三嘉 고을은 정암鼎巖 나루가 앞에 막혔으니 왜가 어찌 날아서 건너리오. 무엇 때문에 공연히 성을 쌓느라고 백성만 괴롭힐 것인가." 하였다. 만 리나 되는 큰 바다를 가지고서도 오히려 왜를 막아 내지 못하였거늘 한 줄기의 작은 냇물로써 왜가 반드시 건너오지 못할 것이라고 단정하니, 그 사람의 계획이 소루하기도 하고, 그 당시의 다른 사람 의론도 이와 비슷하였다. 홍문관에서도 또한 글을 올려 이 일에 대하여 논의하였다. 그러나 그 당시에 수축한 성이 경상, 전라 양도의 것은 모두 올바른 형세(산형山形과 지세地勢)를 갖추지 못하였고 또 넓고 크게 만들었으니, 진주성晋州城 같은 것은 본래 험한 곳에 웅거하여 수비하기가 적합하였는데 이때에 이것을 작다고 하여 평지에 옮겨서 크게 쌓았기 때문에 뒤에 적이 성에 들어옴에 그만 지키지 못하고 함락되었다. 대체 성이란 작고 견고한 것을 위주로 하는 것인데 넓고 크게만 만들어 놓았으니 이것은 시론時論이 그리하였던 때문이요, 군정軍政의 근본이라든지 장수를 쓰는 요목이라든지 군사를 조련하는 방법 같은 것은 백 가지 중에 한 가지도 정돈되지 않았던 까닭에 그만 전쟁은 패하고 말았던 것이다.

이에 유성룡은 제승방략으로는 왜적의 침입을 막기가 곤란하다고 판단하고 농병일치제의 붕괴로 인해 유명무실해진 진관 체제의 회복을 역설하였으나, 경상 감사 김수의 반대로 묵살되었다. 김수는 홍의장군 곽재우가 왜군보다도 더 미워하였던 간신이었다.[88] 임진

란 관계의 중요 기록인『용사일기』龍蛇日記가 있다.

88 郭再祐,『忘憂集』,「通諭道內列邑文」. 거기에는 다음과 같이 기록되어 있다. "김수는 나라를 망친 적이니 누구든지 춘추의 의리로 그의 머리를 벨 수 있고, 이는 왜적 풍신수길의 머리를 베는 것보다 공이 더 크다. 만일 수령이 김수를 옹호하여 고을 사람들이 거의하지 못하도록 한다면 함께 목을 벨 것이다."

년 7월 28일 빈청賓廳에서 행재소行在所에 올린 장계에도 "경상 우도 감사 김수는 인심을 많이 잃어서 영令이 서지 않아 병졸 한 사람도 없이 헛되이 앉아 있으므로 양남兩南(호남 · 영남)에서의 근왕勤王의 희망은 기대할 수 없을 것 같아 매우 걱정스럽다."고 기록되어 있다.[89] 그러나 김수는 권력의 핵심에 끝까지 살아 남아서 유성룡의 전란 방비책에 제동을 걸었을 뿐만 아니라, 이후 이순신을 삼도 수군통제사에서 파직시키는 데에도 앞장섰다.

유성룡이 비변사에 나가서 여러 사람들과 의논하여 조종 때의 진관鎭管의 법을 수리하자고 계청하였다. 그 대략은 "국초에는 각 도의 군병이 모두 진관에 분속되어서 일이 있을 때에는 진관이 속읍屬邑을 통솔하여 차례로 정돈되어 주장主將의 호령을 기다리게 되어 있으니, 경상도로 말한다면 김해金海 · 대구大丘 · 상주尙州 · 경주慶州 · 안동安東 · 진주晋州가 여섯 진관으로 되어 있으니, 설사 적병이 쳐들어와서 한 진의 군사가 비록 실패하더라도 딴 진이 차례로 굳게 지킴으로써 한꺼번에 모두 허물어지지는 않았던 것입니다. 지난번 을묘왜변[90] 후에 김수문金秀文[91]이 전라도에 있어서 처음으로 분군법分軍法을 개정하였으니, 이것은 도내에 여러 읍을 쪼개어 모두 순변사巡邊使, 방어사防禦使, 조방장助防將, 도원수都元帥 및 본도本道 병사兵使, 수사水使에게 나누어 소속시켰는데, 이

89 鄭琢, 『藥圃龍蛇日記』, 壬辰年 7月 28日.

90 명종 10년 을묘(1555)에 전라도에 왜병이 침구하여 영암靈岩의 달량성達梁城, 어란포於蘭浦, 진도珍島의 금갑金甲, 남도南桃의 이보二堡가 분탕焚蕩을 당하고 병사兵使 원적元績 등이 살해당하였다.

91 자는 성장成章이요 고령인高靈人이며 진사 임鉦 의 아들. 중종조에 무과에 등과하고 명종 10년 을묘(1555)에 왜구가 전라도에 침입하거늘 수문이 이것을 맞아 쳐서 대파하였다. 이 공로로 발탁되어 한성 판윤이 되고 뒤에 평안 병사平安兵使로 세 번이나 임명되어 훈공이 널리 알려졌다.

것이 '제승방략'制勝方略이라는 것으로 여러 도에서 모두 본받았기 때문에 이에 진관이란 명칭은 있으나 실상은 서로 연결되지 않아, 한 번 경보警報가 있으면 원근이 한꺼번에 움직여 장수 없는 군사들이 먼저 들 가운데 모여서 1,000리 밖에서 장수 오기를 기다리다가, 장수는 그때에 오지 않고 적군은 이미 박두하고 보면 군심軍心이 놀랄 것이니 이것은 반드시 패하는 법입니다. 대중이 한 번 무너지면 다시는 수습하기 어려울 것이니, 이때에는 장수가 비록 오더라도 누구를 데리고 싸움을 하리요. 바라건대 조종祖宗의 진관의 제도를 수리하여 평시에는 훈련하기에 편리하고 유사시에는 집합하기가 용이하여 전후가 서로 응하고 내외가 서로 의지하여 갑자기 무너지고 흩어지는 폐단이 없도록 하는 것이 좋을 것입니다."라고 하였다. 이 일을 본도에 내렸더니, 경상 감사 김수는 말하기를 "제승방략은 써 온 지가 벌써 오래되었으니 졸지에 고칠 수가 없습니다." 하여 이 의론은 쓰이지 못하고 말았다.

한편, 전란을 앞둔 장수들에 대한 유성룡의 평도 볼 만하다. 탄금대에서 배수진을 쳤다가 중과부적으로 패배한 신립에 대해서 유성룡은 매우 졸렬한 인물로 평가하고 있다.

이때 조정에 있는 무장 중에는 신립申砬[92]과 이일李鎰[93]이 가장 유명하였

---

92 자는 입지立之요 평산인平山人이며 생원 화국華國의 아들이다. 인종 원년 병오(1546)에 생하다. 22세에 무과에 올라 선전관宣傳官 진주 판관晋州判官을 역임하고 온성 부사穩城府使로 있을 때에 야인 니탕개尼湯介의 난을 평정하여 무명을 떨쳤다. 임진왜란 때 도순변사都巡邊使로 충주忠州 달천㺚川에서 배수진背水陣을 치고 적을 막다가 그만 대패하여 전사하였다. 시호는 충장忠壯이다.

93 자는 중경重卿이요 용인인龍仁人이며 관찰사觀察使 백특伯特의 후손이다. 명종 13년 무오(1558)에 무과에 급제한 후 선조 16년(1583)에 니탕개의 난 때에 경원 부사慶源府使로서 적을 물리쳤다. 임진왜란 때에 순변사巡邊使로서 상주尙州, 충주忠州, 임진강臨津江 싸움에 연패하

다. …임진년(1592, 선조 25) 봄에 신립과 이일을 보내어 변방 군비를 순시케 하였는데 일은 충청, 전라도로 가고 립은 경기, 황해도에 가서 모두 한 달이 지난 뒤에 돌아왔는데, 점검한 것이란 겨우 활, 화살, 창, 칼 같은 것뿐이요, 군읍郡邑에서는 모두 문서만 가지고 법을 회피하고 다른 방비하는 승산勝算은 없었다. 립이 본시부터 성질이 잔인하고 사납다는 소문이 있는지라, 가는 곳마다 사람을 죽여 자기의 위엄을 세우니 수령들이 두려워하여 백성을 동원해서 길을 닦게 하고 대접하기를 너무 지나치게 하였다. 비록 대신들의 행차라도 이것만 못하더라. 이미 복명하고 4월 1일에 립이 나를 사제私第로 찾았기에 내가 묻기를 "우리나라에 머지않아 변이 있으면 그때에는 공이 마땅히 군사 일을 맡아야 할 터인데, 공의 생각에는 오늘날 적의 형세로 보아 그 방비 대책이 어떠하겠소." 하니, 립이 대단히 가벼이 여겨 "그것은 족히 걱정할 것이 없습니다." 하거늘, 나는 "그렇지 않고 그 전에는 왜가 칼, 창만 가지고 있었지만 이제는 조총과 같은 장기長技를 가지고 있으니 만만히 볼 수는 없을 것이요." 하였으나, 립이 갑자기 말하되 "비록 조총은 가졌지만 어떻게 쏠 적마다 맞는답니까." 하였다. 나는 말하기를 "국가가 태평이 이미 오래됨에 사졸들이 겁약怯弱하여 과연 급변이 생기고 보면 이것을 항거하기가 몹시 어려울 것이라, 내 생각에는 수년 뒤에는 사람들이 군사일에 익숙해져서 난을 수습할는지 알 수 없으나, 지금 같아서는 나는 매우 걱정이 됩니다." 하였으나, 립은 도무지 깨달음이 없이 가버렸다. 립이 계미년(1583)에 온성 부사穩城府使로 있을 때에 배반한 오랑캐들이 종성鍾城을 포위하거늘, 립이 달려가서 구원할 새 겨우 10여 기騎로써 돌격하니 오랑캐가 물러갔다. 조정에서는 립이 대장될 만한 재주가 있다 하여 북병사北兵使,

---

여 남북 각지에서 싸움하였으나 큰 공은 세우지 못하였다. 뒤에 정평定平에서 병사하였다. 시호는 장낭莊囊이다.

평안 병사平安兵使(종2품)로 승진시키고, 조금 뒤에는 자헌대부資憲大夫[94]에까지 올리어 병조 판서를 삼고자 하니, 의기가 날카로워져서 마치 옛날 조괄趙括[95]이 진秦나라를 업신여기던 것과 같이 조금도 일에 당하여 두려워하는 기색이 없었다. 그때 식자들은 이를 모두 근심하였었다.

94 문무 간에 공로가 있는 신하에게 내려주는 작위로서 정2품이다.

95 중국 전국 시대 조趙나라 사람으로 사奢의 아들인데 어려서부터 병법을 배우기는 하였으나 변통성이 없어서 장수다운 실력이 없었다. 그러나 사람이 경망하여 강한 진秦나라를 얕잡아 보고 싸우다가 결국 대패하였다.

22 치밀한 전쟁 대비

鑄鐵鎖하여 橫截海港하고 創作龜船하니 上覆以板하고 釘以錐刀하여 使敵人으로 不得登蹋하며 藏兵其底하여 八面放銃하고 燒撞賊船하여 常以取勝이러라.

철을 녹여 부어 쇠사슬을 만들어 연안 앞바다를 횡렬로 끊어놓고, 거북선을 만드니 위에는 판자로 덮고 송곳과 칼을 박아 적으로 하여금 올라와 밟지 못하게 하였으며, 그 밑에 병사를 숨겨 팔면으로 총을 쏘고, 적선을 불태우고 들이받아 항상 승리를 거두었다.

해설

이 부분과 관련하여 「행록」에는 다음과 같이 기술되어 있다.

이순신은 임진년(1592, 48세) 1월 본영과 각 진에서 활쏘기 시험을 행하였다. 2월 북쪽 산봉우리 연대烟臺 위로 올라가 새로 쌓은 것을 살펴보았다. 녹도鹿島로 가서 전선들을 점검하고, 그대로 떠나 발포鉢浦, 사도蛇渡, 여도呂島, 방답진防踏鎭 등을 순시하였다. 3월 배 위로 나가 경강선京江船을 점검하였다.

이순신이 수영에 있을 때에 왜적이 반드시 들어올 것을 알고, 본영과 소속 포구에 있는 무기와 기계들을 모조리 보수하고, 또 쇠사슬을 만들어 앞바다를 가로막았다. 그리고 또 전선을 창작하니, 크기는 판옥선만 하며 위에는 판자로 덮고 판자 위에 십자 모양의 좁은 길을 내어 사람들이 올라가 다닐 수 있게 하고, 그 나머지는 온통 칼과 송곳을 꽂아 사방으로 발붙일 곳이 없도록 하였으며, 앞에는 용의 머리를 만들었는데 입은 총구멍이 되고, 뒤는 거북의 꽁지처럼 되었는데 그 꽁지 밑에도 총구멍이 있고, 좌우에는 각각 여섯 개씩 총구멍이 있는데, 대개 그 모양이 거북 형상과 같기 때문에 이름을 거북선이라 하였다.

뒷날 전쟁할 때에는 거적으로 송곳 위를 덮고 선봉이 되어 나갔는데, 적이 배 위로 올라오려 들다가는 칼날과 송곳 끝에 찔려서 죽고, 또 에워싸고 엄습하려들다가는 좌우 앞뒤에서 한꺼번에 총알이 터지므로, 적선이 아무리 바다를 덮어 구름같이 모여들어도 이 배는 그 속을 마음대로 드나들며, 가는 곳마다 쓰러지지 않는 놈이 없기 때문에 전후 크고 작은 전투에 이것으로써 항상 승리한 것이었다.

조정이 신립의 장계로 인하여 함대(수군)를 파하고 육전에만 전력할 것을 청하자, 순신이 곧 장계하되 "바다로 오는 적을 막는 데 함대만한 것이 없으니, 수전과 육전 어느 한 가지도 폐할 수 없습니다."라고 하였다. 조정에서도 그 의견을 옳게 여겼다.

전란에 대비하여 이순신은 먼저 군 기강을 확립하였다. 임진년 1월 16일 『난중일기』를 보자.

맑음. 동헌에 나가 공무를 보았다. 각 고을 품관品官들과 색리色吏(아전)들이 인사차 왔다. 방답의 병선 군관과 색리들이 병선을 수선하지 않았기로 곤장을 때렸다. 우후虞候[96] 가수假守들도 역시 검칙하지 않기를 이렇게까지 하였으니 해괴하기 이를 데 없었다. 제 한 몸 살찌울 일만 하고 이런 일을 돌아보지 않으니, 앞날 일도 역시 짐작하겠다.

같은 날 쓴 다음과 같은 기사도 재미있다.

성 밑에 사는 토병土兵[97] 박몽세朴夢世가 석수랍시고, 돌 뜨는 데로 가서 그 폐해가 사방 이웃의 강아지에까지 미쳤으므로 곤장 80대를 때렸다.

앞서도 언급하였지만, 조선 사회에서 주색잡기를 거리낌 없이 자행하고 오만방자한 폭력을 행사하던 왈자패들의 주축 중 한 무리가 하급 무사층이었다. 박몽세라는 자도 토병으로서 그 왈자패거리의 전형적 인물이었던가 보다. 그 자가 돌산에 들어가 자행한 행패가 극심하여 이순신이 그 일을 빌미로 곤장을 쳤다. 『경국대전』에 보면, 장형杖刑은 60에서 100까지 5등으로 구분하였는데, 박몽세를 곤장 80대에 처한 것은 군기강을 확립하기 위해 군율을 매우 엄하게 적용하였음을 보여 준다.

사도蛇渡를 돌아보고 쓴 임진년 2월 25일 『난중일기』 기사에서도

96 지방 병사영兵使營이나 수영水營에서 첨사僉使 아래 있는 벼슬의 하나. 병마우후兵馬虞候는 종3품, 수군우후水軍虞候는 정4품이었다.

97 평상시에 수영이나 관내 수군진에 전속해 있었던 군사로서 해전에 능숙한 일종의 용병적 성격을 띤 특수군. 『경국대전』에 명문화되어 있지 않은 비정규군으로 국경지대의 각 진보鎭堡에만 설치되었던 특수군이었다.

흐림. 여러 가지 전쟁 방비의 결함이 많으므로, 군관과 색리들에게 벌을 주고 첨사를 잡아들이고 교수[98]는 내어 보냈다. 방비가 다섯 포구 중에서 가장 못하건만, 순찰사가 표창하는 장계를 올렸기 때문에 죄상을 검사하지 못하니, 참으로 기가 막혀 웃을 일이다.

라고 하여, 가장 먼저 군 기강 확립에 힘썼음을 보여 준다. 이 과정에서 거짓이 절대 통용되어서는 안 될 전장에서조차 부조리가 판을 치는 현실을 보고 안타까움을 피력하고 있다.

전란에 대한 대비책은 이순신이 전라좌수영에 부임하여 오로지 스스로 마련한 것들이 대부분이었다. 임진년 2월 20일 『난중일기』는 '온갖 방비와 전선을 모두 새로 만들었다.' 고 기록하고 있다.

이순신이 생애를 통틀어 절대적으로 믿고 의지한 이는 유성룡이었다. 유유상종類類相從이란 말이 있듯이, 조선의 위기를 직감한 유성룡과 이순신은 서로 서신 왕래를 지속하면서 전란에 대비한 준비에 만전을 기한다. 이순신은 임진년 3월 6일 『난중일기』에

맑음. 좌의정(유성룡)이 편지와 『증손전수방략』增損戰守方略이란 책을 보내왔다. 그것을 본즉 수전, 육전과 불로 공격하는 전술 등에 관한 것을 낱낱이 말하였다. 참으로 만고에 특이한 저술이다.

라고 기록하였다. 병학에 정통한 이순신이 유성룡이 지은 병서를 극찬한 것을 보면, 유성룡도 병법에 상당한 조예가 있었던 것 같다.

98 종6품.

그런데 임진왜란 전부터 이순신은 남모를 지병에 시달리고 있었다. 『난중일기』 임진년 4월 2일 기사에

맑음. 식후에 몸이 몹시 불편하더니 차츰 더 아파, 종일토록 또 밤새도록 신음하였다.

라는 기록이 보인다. 이 고통은 4일 아침에야 조금 가라앉았다. 그런데 이순신을 괴롭히는 이 고통은 좀처럼 사그라들지 않았다. 오히려 이후에는 더욱 기승하여 전쟁 기간 내내 이순신은 고통으로 잠들지 못하는 불면의 밤들을 보냈다. 이순신의 강한 정신력이 아니면 버텨내지 못할 고통이었다.

이순신을 그토록 괴롭힌 그 질병은 무엇이었을까? 건국대 신복룡 교수가 재미있는 이야기를 한 적이 있다. 이순신이 그랬다는 사실은 숨긴 채 신 교수가 그 증상만을 가지고 잘 아는 의사에게 물어봤더니 결핵이라는 판정을 내리더라는 것이다.

불편한 몸에도 아랑곳하지 않고, 이순신은 닥쳐올 전란에 대비하여 전선을 건조하고 온갖 방비를 갖추는 데 진력하였다. 그리고 세계 해전사에 빛나는 거북선도 이때 따로 준비해 두었다. 『난중일기』에 거북선과 관련된 기사는 그리 많지 않다.

임진년(1592) 2월 8일. 이 날 거북선에 쓸 돛베 29필을 받았다.

임진년 3월 27일. 아침을 일찍 먹은 뒤 배를 타고 소포召浦(여수 동쪽)에 이

르러 쇠사슬 가로 건너 매는 것을 감독하며 종일토록 기둥 나무 세우는 것을 보았다. 그리고 거북선에서 대포 쏘는 것도 시험하였다.

갑오년(1594) 2월 4일. 늦게 본영의 전선과 거북선이 들어왔다.

갑오년 2월 15일. 맑음. 새벽에 거북선 2척과 보성 배 1척을 멍에 쓸 재목 치는 곳(駕木所 伐處)으로 보내어 초저녁에 (재목을) 실어 왔다.

하는 정도의 기사가 눈에 띈다.

23 임진왜란의 발발

壬辰四月에 倭寇大至하여 先陷釜山東萊하고 由嶺南하여 直向京師하다.

임진 4월에 왜구가 크게 이르러, 먼저 부산과 동래를 함락시키고, 영남을 경유하여 서울로 직향하였다.

해설

임진왜란이 발생하자, 왜군은 부산을 함락시킨 지 불과 18일 만에 한양을 점령하였다. 왜군이 부산 영도에 상륙한 것이 1592년 4월 13일이었고, 부산진성과 동래성을 함락시킨 것이 4월 14일과 15일이다. 상륙한 지 이틀 만에 부산을 점령한 것이다.

그로부터 4월 25일 상주에서 이일李鎰의 군대를 패퇴시키고, 4월 26일에는 문경에서 현감 신길원申吉元의 결사대를, 4월 27일에는 충주 탄금대에서 신립申砬이 이끄는 8,000의 조선군을 전멸시켰다. 부하 20여 명을 이끌고 결사전을 펼쳤던 신길원은 최후까지 부상당한 몸으로 항전하다가 마침내 왜군에게 사지를 절단당하여 죽었다.

이와 같이 왜군은 마치 나는 듯이 하루 25km 이상씩을 행군하여 5월 3일 한양에 입성하였다. 이것은 왜군이 북상하는 동안 아무런 제지도 받지 않았다는 사실을 보여 준다. 이러한 결과는 정권을 담당하고 있던 사림파 정권의 무책임과 도덕적 해이에 근본적인 원인이 있었다.

조선 전기에는 현직 관료와 학생을 제외한 모든 남자들이 군역을 담당하는 양인개병 제도良人皆兵制度가 유지되었다. 16세 이상 60세 이하의 양인 남자는 정식 군인이 되거나, 그들의 식량 · 의복 등 경비를 대주는 보조원(奉足 또는 保人)이 되도록 하였다. 그리고 왕의 친척인 종실 · 척실과 공신 및 고급 관료의 자제들도 국왕의 호위와 시종, 왕궁의 경비를 담당하는 특수부대에 소속시켜 군역을 담당하도록 조치하였다.

조선 전기에는 이 의무 병역 제도를 유지하기 위해 계정법計丁法과 계전법計田法을 실행하여 인정人丁 수나 토지 면적을 기준으로 군역을 부과하였다. 따라서 인정이나 토지가 많을수록 군역 부담을 크게 함으로써, 사회적 강자가 사회적 약자보다 국가에 더 많은 봉사를 하도록 제도적인 장치를 마련하였다. 또 정병正兵은 되도록 부실호富實戶로 하고, 빈약자를 봉족奉足으로 한 것도 경제력이 뒷받침되면서도 높은 신분적 위치에 있는 사람이 국방의 주역이 되도록 한 것이다. 종친이나 공신 자제까지도 비록 특수군이지만, 일단 군역을 지운 것도 그런 취지였다.

그렇지만 16세기 중종대부터 보편화되기 시작한 대역제代役制와 수포방군收布放軍으로 양인개병제가 무너졌다. 이는 이 시기에 사족들이 군역을 기피하는 현상이 고조되는 것과 표리 관계를 맺고 있다. 16세기 초 이후 정병이 군포軍布를 대납代納하는 대상으로 변해 군역을 피하는 경향이 심해지면서, 세조 12년(1466)에 전국 방위망으로서 완성된 진관 체제鎭管體制는 더 이상 유지가 어렵게 되었다. 대역제와 수포방군이 횡행한 본질적인 이유는 사족 계층이 양인개병제의 법 취지를 배반하고, 그들의 특권과 재부를 이용하여 군역을 회피하려고 하였기 때문이다.

진관 체제가 무너지면서 이를 대체한 제승방략制勝方略이 1555년(명종 10) 무렵부터 도입되었다. 제승방략은 유사시에 각 고을의 수령이 그 지방에 소속된 군사를 이끌고 본진을 떠나 배정된 방어 지역으로 가는 분군법分軍法이었다. 따라서 후방 지역에는 더 이상 군사가 남아 있지 않기 때문에 1차 방어선이 무너지면 그 뒤는 막을 길이 없는 전법이었다. 또한 제승방략은 지방군의 지휘권이 병마절도사에서 벗어나 비변사를 중심으로 하는 중앙 정부에 직속된 관계로 그때그때 상황에 맞는 조치를 재빠르게 취할 수 없는 단점을 지닌 것이었다.

왜군이 임진왜란 때 부산을 함락시킨 후 그토록 빠르게 거침없이 한양을 향해 북상할 수 있었던 이유를 알 수 있을 것이다. 부산 방어선 이후부터 한양까지 조선에는 실질적으로 왜군의 침략을 방어해 낼 군대가 존재하지 않았던 것이다.[99]

『징비록』에서는 다음과 같이 개전의 상황을 묘사하고 있다.

99 박성순, 『선비의 배반』, 고즈윈, 2004, 119-124쪽.

4월 13일에 왜병이 국경을 침범해서 부산포를 함락시키니, 첨사 정발鄭撥[100]이 죽었다. 이보다 앞서 왜국 평조신平調信, 현소玄蘇 등이 통신사와 함께 와서 동평관東平館에 머물렀는데, 비변사에서 황윤길과 김성일 등으로 하여금 사사로이 술자리를 베풀어 그들을 위로하면서 조용히 그 나라의 내정을 물어 살핀 다음 방비할 계책을 마련하자 하거늘, 임금께서 허락하시었다. 성일이 동평관에 가니 현소가 과연 가만히 말하기를 "중국이 오랫동안 일본과 국교를 끊고 조공을 통하지 못하게 하므로 평수길平秀吉이 이 일로써 내심으로 분하고 부끄럽게 여겨서 이제 싸움을 일으키고자 하니, 조선이 이 말을 미리 중국에 알려서 조공할 길이 통하게 되면 별일이 없을 것이요, 일본 66주의 백성도 또한 전쟁의 고통을 면할 것이다." 하였다. 성일 등이 대의로써 그들을 책망하고 타이르니, 현소가 또 말하기를 "옛적에 고려가 원나라 군사를 인도해서 우리 일본을 친 까닭에 우리가 이 일로 해서 조선에게 원수를 갚으려 하는 것은 당연한 일이다." 하고, 그 말투가 점점 거칠어졌다. 이런 뒤로는 다시 물어보지도 않고 평조신, 현소 등도 돌아갔다.

신묘년(1591) 여름에 평의지平義智가 또 부산포에 와서 변장邊將에게 말하기를, "일본이 이제 명나라와 통하고자 하니 조선이 이 말을 전해 주면 다행한 일이거니와 그렇지 못하면 두 나라 사이에 화기和氣를 잃게 될 것이니 이것이 큰 일이므로 와서 알리는 것이다." 하였다. 변장이 이대로 위에 알리었으나 이때 조정 의론이 통신한 것을 후회하고, 또 그들의 거친 태도에 노하여 미적미적 회답하지 않으니, 의지는 10여 일 동안 배를 머물고 있다가 좋지 않은 마음으로

100 자는 자고子固요 경주인慶州人이며 군수 명선明善의 아들이다. 명종 8년 계축(1553)에 생하다. 나이 25에 무과에 올라 선전관이 되고 내외관을 역임하여 부산진 첨사釜山鎭僉使가 되었다. 임진 4월에 왜병이 범경함에 발이 전함 3척으로써 항거하다가 적이 상륙함에 힘껏 싸우다가 성이 함락되어 전사하였다. 뒤에 좌찬성을 증직하고 시호는 충장忠壯이다.

돌아가 버렸다. 그 뒤로는 왜인이 다시 오지 않았고, 부산포에 머물러 있던 왜인 수십 명도 점점 돌아가고 한 명도 남지 않으니, 보는 사람들이 이상하게 여겼었다.

이날(4월 13일)에 왜선이 대마도로부터 바다를 덮어 오는데, 바라다보아도 그 끝이 보이지 않았다. 부산 첨사 정발이 절영도絶影島에 사냥을 나갔다가 허둥지둥 성으로 들어오자 왜병은 벌써 상륙하여 4면으로 몰려들어 삽시간에 성을 함락하였다. 좌수사左水使 박홍朴泓[101]은 적의 세력이 너무도 큰 것을 보고 감히 군사를 움직이지도 못하고 달아났다. 왜군은 군사를 나누어 서평포西平浦, 다대포多大浦를 함락시켰다. 다대포 첨사 윤흥신尹興信은 힘껏 싸우다가 적에게 죽었고, 좌병사左兵使 이각李珏은 이 소식을 듣고 병영으로부터 동래에 들어갔는데, 부산이 함락되자 겁을 내어 어쩔 줄을 모르며, 말로는 밖에 나가서 적을 견제한다고 핑계하고 성에서 나와 소산역蘇山驛으로 퇴진하려 하였다. 부사府使 송상현宋象賢[102]이 자기와 같이 성을 지키자고 말하였으나 이각은 듣지 않았다. 15일에 왜병이 동래에 몰려오거늘 상현이 성 남문에 올라서 반일 동안이나 싸움을 독려하다가 성이 함락되었다. 상현이 움직이지 않고 버티고 앉아서 적의 칼에 죽으니, 왜인들도 그의 목숨을 걸고 지킴을 가상하게 여겨 시체를 관에 넣어 성 밖에 매장하고 말뚝을 세워서 표시하였다. 이에 군현이 풍문만 듣고 무너지기 시작하는 것이었다.

101 자는 청원淸源이요 울산인蔚山人이며 별제別提 영무英珷의 아들이다. 중종 29년 갑오(1534)에 생하다. 명종 11년 병진에 무과에 올라 선전관이 되고 내외관을 역임하여 경남 좌도 수군절도사가 되었다. 임진란에 왜병이 상륙함에 중과부적衆寡不敵으로 대항하지 못하고 임금이 탄 가마가 서쪽으로 가자 행재소에 달려가 우위대장右衛大將이 되었다. 여러 곳에서 싸웠으나 성공하지 못하였다. 뒤에 선무훈宣武勳에 기록하고 병조 참판을 증직하였다.

102 자는 덕구德求요 호는 천곡泉谷이요 여산인礪山人이며 현감 복흥復興의 아들이다. 명종 6년 신해(1551)에 생하다. 선조 9년 병자에 문과에 올라 호 · 예 · 공 3조 정랑正郎을 역임하고 동 24년 신묘에 동래 부사가 되었다. 익년 임진 4월에 왜병이 대거 침입하여 13일에 부산이 함락되고 15일에 동래부에 몰려오니 상현이 군사를 독전하여 끝까지 대항하다가 중과부적으로 성이 함락됨에 드디어 적병에게 죽었다. 나이 42, 시호는 충렬忠烈이다.

밀양 부사 박진朴晋[103]은 동래로부터 돌아와서 작원鵲院의 애로隘路를 막고 적을 방어하고자 하였다. 적이 양산梁山을 함락하고 작원으로 몰려오면서 수병守兵이 있는 것을 보고 산 뒤 높은 곳으로부터 개미처럼 흩어져 오니, 우리 군사들은 바라만 보고 모두 흩어져 버렸다. 이에 박진은 밀양으로 달려가서 군기와 창고를 불사르고 성을 버리고 산으로 도망하였다. 이각은 병영으로 돌아오자 먼저 자기의 첩을 피란보내니 성안 인심이 흉흉해서 군사가 하룻밤 동안에도 여러 번 놀랐다. 각은 새벽녘에 몸을 빼어 도망하니 많은 군사가 무너지고 말았다. 이때 적은 길을 나누어 휘몰아 와서 연달아 여러 고을을 함락시켰으나 우리는 한 사람도 감히 막는 사람이 없었다.

김해 부사 서예원徐禮元[104]은 문을 닫고 성을 지키는데, 적이 성 밖에 있는 보리를 베어서 호壕(성 밑에 있는 못)를 메우니 잠시 동안에 높이가 성과 같아졌다. 적이 성을 넘어 쳐들어 오니 초계 군수草溪郡守 이모李某는 먼저 도망해 버렸고, 예원도 뒤를 따라 도망하니 성이 이내 함락되고 말았다. 순찰사 김수金睟는 맨 처음 진주晋州에서 변을 듣고 동래로 달려오다가 중로中路에서 적이 가까이 왔다는 소문을 듣고는 더 앞으로 가지 못하고 우도右道로 도로 돌아와서 어쩔 줄을 모르고 다만 여러 고을에 격문을 보내어 백성들에게 피란가라고 효유하니, 이로 인하여 도내道內가 텅 비어 더구나 어찌할 수가 없게 되었다.

---

103 자는 명보明甫요 밀양인密陽人이다. 임진란에 밀양 부사로서 밀양에서 한때 실패하였으나 뒤에 경상 좌병사가 되어 영천永川 전쟁에 공로가 있었고, 특히 비격진천뢰飛擊震天雷로 경주성慶州城을 탈환함에 큰 공로를 거두었다. 임진란 때 폭탄의 일종인 비격진천뢰는 이장손李長孫의 발명이었다. 벼슬이 참판에 이르고 뒤에 좌찬성으로 증직하고 시호는 의열毅烈이다.

104 계사년(1593) 진주성晋州城이 함락되던 당시에는 진주 목사晋州牧使였다. 몇 번이나 성을 버리고 도망하려다가 의사義士들의 호령에 어찌하지 못했으며 마침내 몸을 숨기고 싸우지도 않았을뿐더러 성이 무너지자 숲속으로 도망가다가 잡혀 죽고 그 머리는 적들이 베어다가 오사카성[大阪]城에서 효수梟首하였다.

용궁 현감龍宮縣監 우복룡禹伏龍[105]은 그 고을에 있는 군사를 거느리고 병영으로 가는 도중 영천永川 길가에서 밥을 먹는데, 하양河陽 군사 수백 명이 방어사防禦使에 소속되어 상도上道로 갈 새 그 앞을 지나갔다. 복룡은 군사들이 말에서 내리지 않고 지나가는 것을 괘씸히 여겨 붙잡아서 반란한다고 꾸짖었다. 하양 군사들이 병사兵使의 공문을 내보이고 변명하려 하는데, 복룡이 자기 군사에게 눈짓하여 그들을 에워싸고 모두 쳐 죽여 시체가 들에 가득하게 되었다. 순찰사는 이것을 공功이라고 보고하여, 복룡이 통정대부通政大夫(정3품 당상)로 승진되고 정희적鄭熙績[106]에 대신하여 안동 부사가 되었다. 그 뒤에 하양 군사들의 가족인 고아와 과부들이 사신使臣을 만날 적마다 말머리를 가로막고 원통한 사정을 호소하였으나, 복룡이 이때에 명성이 있으므로 아무도 원통한 것을 말해 주는 사람이 없었다.

17일 이른 아침에 변보邊報가 처음 조정에 이르니, 이것은 좌수사 박홍의 장계였다. 얼마 안 되어 부산이 함락되었다는 보고가 또 이르렀다. 이때 부산은 적에게 포위되어 사람들이 통행할 수도 없었는데, 박홍의 장계에 말하기를 "높은 데 올라가 바라보니 붉은 깃발이 성중에 가득하므로 이것으로써 성이 함락된 줄 알았다." 하더라. 순변사巡邊使 이일李鎰이 서울에 있는 정병精兵 300명을 거느리고 가고자 하여 병조의 선병選兵한 문서를 가져와 보니 모두 여염이나 시정市井에 있는 백도白徒[107]들과 서리胥吏와 유생儒生이 반수나 되었다. 임시

105 자는 견길見吉이요 호는 구암懼庵이요 단양인丹陽人이며 현령縣令 효친孝親의 증손이다. 명종 2년 정미(1547)에 생하다. 선조 10년 정축에 학행으로 추천되어 소문전 참봉昭文殿參奉이 되고 동 22년 기축에는 용궁 현감이 되었다. 임진란에 사졸을 수합하여 용궁현을 지키었고 계사년에는 안동 부사가 되었다. 뒤에 홍주 목사, 충청 감사를 지내고 광해군 5년 계축에 죽었다.

106 자는 사훈士勛이요 하동인河東人이며 도사都事 기문起門의 아들이다. 선조 원년 무진에 등과하여 벼슬이 감사監司에 이르렀다.

107 군사의 소양이 없는 사람, 즉 군사 훈련을 받지 못한 사람을 말함.

점검을 해보니, 유생들은 관복冠服을 갖추고 시권試卷[108]을 들고 있으며, 서리들은 평정건平頂巾[109]을 쓰고 있어, 군사 뽑는 데 모면하기만 애쓰는 사람들만 뜰에 가득히 있을 뿐이고 데리고 갈 만한 사람이 없었다. 일鎰이 명령을 받은 지 3일이 되도록 떠나지 못하거늘, 조정에서는 할 수 없이 일을 혼자서 먼저 가게 하고, 별장 유옥兪沃을 시켜서 뒤따라 군사를 데리고 가도록 하였다.

대간臺諫[110]이 청하기를 "대신大臣으로 체찰사를 삼아 여러 장수들을 검독檢督해야 하겠습니다."라고 하여 유성룡이 체찰사體察使, 김응남金應南이 부사副使가 되었다. 급보가 연달아 들어와 적의 선봉이 벌써 밀양密陽, 대구大丘를 지나서 장차 조령鳥嶺 아래까지 가까이 온다 하였다. 유성룡이 대책을 묻자, 신립이 자기가 가서 먼저 떠난 이일을 응원하겠다고 하므로 이내 신립으로 도순변사都巡邊使를 삼았다. 신립이 궐문 밖에 나가서 자기가 직접 무사를 모집하였으나 따라가기를 원하는 사람이 없었다. 때마침 유성룡은 중추부中樞府[111]에서 떠날 일을 준비하고 있는데 신립이 유성룡 있는 곳에 들어왔다. 뜰 안에 모집된 군사가 빽빽이 서 있는 것을 보고 얼굴빛이 매우 노하여 김 판서(應南)를 가리키면서 유성룡에게 말하기를 "이런 분(김응남)을 대감이 같이 데리고 가서 무슨 일에 쓰겠습니까? 소인이 부사副使가 되어 같이 가기를 원합니다." 하였다. 유성룡은 신립의 노여움이 무사들이 자기를 따라가지 않는 데 있는 것으로 알고 웃으면서 말하기를, "다 같은 나라일인데 어찌 이것저것 구별할 것 있겠소. 공이 이미 가기가 급하니 내가 모아 둔 군관들(유성룡이 체찰사가 된 뒤 무사 중에 비

108 과거 시험에서 글을 지어 올리던 종이.
109 각사各司 서리가 쓰던 건 이름.
110 사헌부司憲府(臺)와 사간원司諫院(諫)을 합하여 대간臺諫이라 부른다. 두 기관이 언론을 관장하였으며, 홍문관弘文館을 합하여 삼사三司라고도 한다.
111 맡은 일은 없고 다만 문무 당상관의 무임無任한 사람의 대기소였다.

장裨將이 될 만한 사람을 모집하여 김여물 등 80여 명을 얻었다)을 먼저 데리고 떠나시오. 나는 따로 모집해 가지고 따라갈 것이니." 하고 군관 이름을 쓴 단자單子를 내어 주었다. 신립은 뜰 안에 모여 선 무사들을 돌아보면서 "이리 오너라." 하고 이에 이끌고 나가니, 여러 사람들이 모두 낙심하는 모양으로 따라갔다. 김여물金汝岉[112]이 또한 같이 갔는데, 속으로는 좋지 않게 생각하였었다. 립이 떠나려 함에 임금께서 불러 보시고 보검을 주면서 이르시기를 "이일 이하 그대의 명령을 거스리는 사람은 이 칼로 베이게 하라." 하시었다. 립이 하직하고 물러나와 다시 빈청賓廳에 와서 대신을 보고 막 뜰에 내려설 무렵 머리에 썼던 사모紗帽가 갑자기 땅에 떨어졌다. 보는 사람들이 실색失色하였으며, 립이 용인에 이르러서 임금께 글을 올리는데 자기의 이름을 쓰지 않은 까닭에 사람들이 혹시 그의 마음이 어지러운 것인가 의심하였다.

방리坊里의 백성들과 공사천인公私賤人과 서리胥吏와 삼의사三醫司[113]를 뽑아서 성첩城堞을 나누어 지키게 하였다. 지켜야 할 성가퀴[城堞]는 3만이 넘었으나 성을 지키는 인구는 겨우 7,000뿐이고, 그나마 모두 오합지중烏合之衆이라서 모두 성을 넘어서 도망갈 생각만 하고 있었다. 상번上番한 군사들도 비록 병조兵曹에 소속되어 있었지만, 이들도 하리下吏와 더불어 서로 결탁 농간하여 뇌물을 받고 사사로이 놓아 보내는 자가 매우 많았다. 관원들도 군사들이 가는가 남

112 자는 사수士秀요 호는 피구자披裘子요 순천인順天人이며 찰방察訪 훈壎의 아들이다. 명종 3년 무신(1548)에 생하다. 선조 10년(1577)에 문과에 장원하여 병조 낭관兵曹郎官이 되고 뒤에 의주 목사義州牧使가 되었다. 임진년 봄에 역인驛人의 죄에 연좌되어 옥에 갇혀 있었는데 때마침 변보邊報가 급함에 선조가 그 재략을 아끼어 스스로 공을 세우게 하여 도순변사都巡邊使의 부장副將으로 신립을 따라 충주에 출전하였다. 여물이 조령에 이르러 지세를 살펴보고 신립에게 험지에 웅거하여 적을 방어하자고 진언하였으나 립이 듣지 않고 충주 탄금대에서 배수진背水陣을 치고 적을 방어하다가 조선 군사가 크게 패하여 여물이 신립과 함께 전사하였다. 시호는 충의忠毅이다.

113 내의원內醫院, 전의감典醫監, 혜민서惠民署를 말함.

아 있는가를 묻지 않는 형편이므로 급한 일에 다다라서는 모두 쓸 수 없게 되었으니 군정軍政의 해이함이 이 지경에 이르렀다.

임진년 4월 13일 임란 개전 당시 조선 수군은 경상도와 전라도 연해 지역에 편성된 수군이 주력이었다. 조선 수군의 지휘권은 경상 좌수사 박홍朴泓과 우수사 원균元均, 전라 좌수사 이순신과 우수사 이억기李億祺에게 분장되어 있었다. 그런데 일본군이 부산진 앞바다에 쳐들어왔을 때, 관내인 동래에 본영을 둔 경상 좌수군은 가장 먼저 적선을 요격하였어야 함에도 불구하고, 수사 박홍이 성을 버리고 달아나 버림으로써 자멸하였다. 이순신이 일본군의 침공을 안 것은 개전 이틀 뒤인 4월 15일이었다.

이순신은 5월 4일 경상도 해역으로 출전하기 전까지 계속해서 경상도 지역의 적정을 탐지하면서 자체 방어 태세를 강화하고 있었다. 임진년 4월 19일 『난중일기』 기사를 보면

> 맑음. 품방品防에 해자 파고 쇠사슬 구멍 뚫는 일로 아침에 군관을 정해 보내고, 나도 일찍이 아침을 먹은 뒤에 동문 위로 나가 품방 역사를 직접 독려하였다. 오후에 상격대上隔臺를 순시하였다. 이날 분부군奔赴軍(입대하러 온 군사) 700명을 역사에 투입시켰다.

라고 되어 있다.

이순신이 영남 관찰사로부터 경상도 수영에 후원해 줄 것을 요청받은 것은 4월 20일이었다. 4월 20일 『난중일기』 기사에

영남 관찰사의 공문에 "거센 적들이 몰아치므로 그 앞을 당적해 낼 도리가 없고, 승리한 기세를 타고 마구 치달리는 품이 마치 무인지경에 들어온 것 같다." 하면서 내게 전선을 정비해 가지고 후원해 줄 것을 요청해 왔다.

라고 기록되어 있다.

24 오늘 할 일은 왜적을 치고 죽는 것이다

舜臣이 欲移兵擊之하니 麾下皆曰 我鎭左道하여 不可擅離而向右道라 하다.

이순신이 병사를 옮겨 (왜적을) 치려 하니, 휘하가 모두 말하길 "우리의 진영이 (전라) 좌도에 있기 때문에 마음대로 진을 떠나 (경상) 우도로 향하는 것은 불가합니다."라 하였다.

惟軍官宋希立과 萬戶鄭運이 議合하니 舜臣曰 今日之事는 惟常擊賊而死라 敢言不可者는 斬하리라 하다.

오직 군관 송희립과 만호 정운의 의론만이 합치하니, 이순신이 말하길, "오늘 할 일은 오로지 떳떳하게 적을 공격하고 죽는 것이다. 감히 불가하다고 말하는 자는 베리라." 하였다.

遂會諸鎭堡兵于前洋하여 戒期將發하다.

드디어 여러 진과 보의 병사를 앞바다에 모아 놓고, 장차 발진할 일을 엄숙히 기약하였다.

해설

「행록」에 의하면, 임진년(1592, 48세) 4월 16일에 왜적들이 부산을 함락하였다는 말을 듣고, 이순신은 급히 여러 장수들을 불러 본영에 모두 모으고 나가서 토벌할 것을 의논하였다. 이것이 사실이라면 이순신은 4월 20일에 도착한 영남 관찰사의 후원 요청에 앞서 경상도 해역으로의 출진을 심각하게 고려하였던 것으로 보인다. 그러나 그때 모두들 본도 함대는 본도를 지키는 것이 옳고, 영남으로 들어온 도적을 나가서 친다는 것은 우리 책임이 아니라고들 말하였다.

「행록」의 기사에

오직 군관 송희립[114]이 "큰 적들이 국경을 치고 들어와서 형세가 마구 뻗쳤는데, 가만히 앉아서 외로운 성만 지킨다고 혼자 보전되어질 리도 없으니 나가 싸우는 것만 같지 못합니다. 그래서 다행히 이기면 적들의 기운이 꺾일 것이고, 또 불행히 전쟁에서 죽는다 해도 신하된 도리에 부끄러움이 없을 것입니다."고 말하자, 녹도 만호鹿島萬戶 정운鄭運[115]도

114 자는 신중信仲이요 여산礪山 사람이다. 충강공忠剛公 간侃의 후손이며 증참판贈參判 관寬의 아들이다. 지혜와 생각이 범인과 다르더니 임진년에 지도 만호智島萬戶로서 형 대립大立(참의參議)과 아우 정립挺立(주부主簿)과 함께 3형제가 이순신의 부하가 되었다. 그때 홀어머님이 계셨건만 집안 일보다 국사를 먼저 돌보아야 한다 하고 나선 것이다. 처음 출전하게 될 때 모든 장수들 중에 특히 이 사람과 녹도 만호 정운 등이 출전을 주장한 의인들이다. 7년 전쟁에 이순신과 함께 시종을 같이 했으며 마지막 노량 전투에서 진 도독陳都督이 적의 포위를 당하자 달려가 구하다가 자기가 도리어 탄환에 맞아 넘어졌다. 배에 있던 모든 이들이 크게 외치자 그는 다시 일어나 상처를 붙들고 계속해 싸웠다. 『이충무공전서』에는 이순신이 마지막 죽음을 회薈와 완莞밖에 몰랐다고 하였으나 「호남동순록」湖南同殉錄에 의하면 송희립이 북채를 받아 쳤다고 적혀 있다. 뒤에 전라 좌수사가 되었으며 승주昇州 충무사忠武祠에 배향되었다.

115 자는 창진昌辰이고 본관은 하동河東이며 훈련참군訓練參軍 응정應禎의 아들로 중종 38년(1543)에 나니 이순신보다 두 살 위다. 어려서부터 의협심이 강하고 언제나 절개 아래서 정의로 죽는 것을 스스로 기약하였다. 무과에 올라 거산居山 찰방察訪이 되었을 때 감사監司

"신하로서 평소에 국은을 입고 국록을 먹다가, 이런 때에 죽지 않고 어떻게 감히 앉아서 보고만 있을 것이오."

하니, 이순신이 크게 기뻐하며 소리를 높여

"적의 기세가 마구 뻗쳐서 국가가 위급하게 된 이때 어찌 다른 도의 장수라고 핑계하고 물러나 제 경계만 지키고 있을 것이냐. 내가 시험삼아 물어 본 것은 우선 여러 장수들의 의견을 들어 보자는 것이었다. 오늘 우리 할 일은 다만 나가서 싸우다가 죽는 것밖에 없다. 감히 반대하는 자가 있다면 목을 베리라."

하니 온 군중이 모두 떨고 무서워하며, 그 뒤로는 죽기를 맹세하면서 분격해 하는 자가 많았다.

라고 기록되어 있다.

5월 초1일 원근 여러 장수들이 모두 본영 앞바다에 모이니, 전선은 24척이었다. 여도呂島(전남 高興郡) 수군 황옥천黃玉千이 도망해 달아나려 하였다. 목을 베어 조리를 돌렸다.[116]

수행인이 불의한 장난을 하고 돌아다니므로 잡아다가 매를 때렸던 관계로 감사에게 미움을 받게 되어 벼슬을 버리고 낙향하였다. 얼마 뒤 해주海州 판관判官이 되었을 때도 역시 목사牧使의 미움을 받아 파직되었다. 임진년에 녹도 만호로 복귀하여 전쟁이 일어나자 이순신에게 달려가 전라도 여러 장수들과 같이 회의하는 석상에서 위수지를 고려치 말고 나가 싸울 것을 극력으로 주장하였다. 그는 매양 선봉을 서서 큰 공로를 세웠는데 마침내 부산 전투에서 적탄에 맞아 순국하였다. 일생을 정의로써 시종하여 이순신의 동지가 되기에 충분했다. 사후 조정에서 병마절도사를 추증하고 병조 참판을 가증하였으며 충장忠壯이라는 시호를 내렸다.

116 「행록」.

25 원균의 구원 요청

會에 慶尙右水使元均이 盡喪舟師하고 遣人請援하니 舜臣이 卽引兵往赴하다.

이때 경상 우수사 원균[117]이 함대를 모두 잃고 사람을 보내 원병을 청하니, 이순신이 곧 병사를 이끌고 달려갔다.

해설

「행록」에 다음과 같이 기록되어 있다.

초4일에 여러 장수들을 거느리고 당포唐浦(統營郡 山陽面)에 이르러 사람을 시켜 경상 우수사 원균이 있는 곳을 찾았다. 그때 원균은 전선 73척을 모조리

117 자는 평중平仲이요 원주인原州人이다. 젊어서 무과에 급제한 후 처음에는 함경도 조산보 만호造山堡萬戶가 되어 오랑캐를 치는 데 공로가 있었고 뒤에 임진왜란 때에는 경상 우수사로 있어 이순신에게 구원을 청하였다. 이순신이 삼도 수군통제사가 되자 선배로서 뒤떨어지고 또 그에게 절제받는 것을 꺼려 마침내 이순신을 시기 모략함에까지 이르렀다. 정유년에 대신 통제사가 되었다가 두 번째의 왜란에 크게 패하여 거제도에 내려 도망가던 길에 왜적에게 살해당하였다. 죽은 뒤에는 좌찬성을 증직하고 원릉군原陵君으로 봉하였고 선무공신宣武功臣 1등으로 책정되었다.

적에게 패해 버리고 다만 남은 것이라고는 옥포玉浦(巨濟島) 만호 이운룡李雲龍[118]과 영등포永登浦(巨濟島) 만호 우치적禹致績이 타고 있는 배가 각각 한 척씩이요, 원균은 작은 배 한 척을 타고 걸망포傑望浦에 있었다.

『징비록』에는 다음과 같이 기록되어 있다.

전라 수군절도사 이순신이 경상 우수사 원균과 전라 우수사 이억기李億祺 등과 함께 거제 바다 가운데서 적병을 대파하였다. 처음에 적병이 이미 상륙하매 원균은 적의 형세가 거대한 것을 보고 감히 나가 싸우지 못하고 전선 100여 척과 화포, 군기 등을 모조리 바닷속에 버린 다음 수하 비장 이영남李英男, 이운룡 등만 데리고 배 네 척에 나누어 타고 곤양昆陽 해구로 도망하여 화서 육지에 내려가서 적군을 피하고자 하니, 이에 그가 거느린 수군 만여 인은 모두 무너지게 되었다.

이영남이 말하기를 "공은 왕명을 받아 수군절도사가 되었는데, 이제 군사를 버리고 육지에 내려가게 되면 후일 조정에서 죄를 물을 적에 무슨 말로 해명하려 하시오. 그러니 전라도에 구원병을 청해 가지고 적과 한 번 싸워 본 다음에 이기지 못하거든 그때에 도망하여도 늦지는 않을 것입니다." 하였다. 원균이 이 말을 옳게 여겨 영남을 시켜 이순신에게 보내어 구원을 청하였더니, 이순

118 재령載寧 사람으로 청도淸道에서 살았다. 임진란 때 옥포 만호로서 원균의 밑에 있었는데 경상 우수사 원균이 전선을 버리고 도망가려 하므로 항거하였을 뿐 아니라 이순신에게 구원을 청하자고 주장하였던 사람이다. 옥포 싸움 이래로 남다른 공로를 세웠다. 후에 이순신도 자기를 대신할 사람은 이 사람이라고까지 신임하였으며 더욱이 체찰사 이덕형李德馨은 자기 막하에 두고 일을 시켜 본 후에 '남도의 주인공'이라고 칭찬하였다. 제7대 삼도 수군통제사가 되어 이순신의 전통을 이었으며, 모함에 들어 충청 수사로 전락되었다가 광해군 2년(1610)에 집으로 돌아와 종기를 앓다가 49세로 죽었다. 사후 병조 판서를 추증하였다.

신은 "우리가 각각 책임 맡은 분계가 있는데, 조정의 명령이 아니고서 어떻게 마음대로 지경을 넘어갈 수 있겠는가." 하였다.

이순신에게 우호적인 유성룡이었지만, 원균과의 관계를 말하는 부분에서는 이순신과 원균의 관계가 갈등 관계에 있었음을 숨기지 않는다. 이는 홍양호가 이순신을 묘사한 것과는 완전히 다른 서술 내용이다. 이순신 또한 임진왜란 내내 원균에 대해서라면 지나칠 정도의 혐오감을 숨기지 않고 드러낸다. 이순신, 유성룡, 원균 세 사람은 어릴 적 건천동 같은 동네에서 나고 자란 고향 선후배 사이이다. 그렇지만 임진란의 기록을 보면 이순신과 유성룡은 철저하게 원균을 도외시한다. 이런 독특한 삼자 관계는 아마도 그들이 어릴 적부터 그들만이 아는 사건들을 거치면서 굳게 형성되었을 것이다.

26 옥포 전투와 이순신의 장계

玉浦萬戶李雲龍과 永登萬戶禹致績이 爲前導하여 至玉浦하여 先破倭船三十餘艘하다.

옥포 만호 이운룡과 영등 만호 우치적이 전도가 되어, 옥포에 이르러 먼저 왜선 30여 척을 부수었다.

至固城하여 聞賊入京上西行하고 舜臣이 西向痛哭하며 引兵還營이러라.

고성에 이르러 적이 서울에 입성한 후 서쪽으로 북상한다는 말을 듣고, 이순신이 서쪽을 바라보고 통곡하며, 병사를 거두어 영으로 돌아왔다.

해설

「행록」에 다음과 같이 기록되어 있다.

이순신은 원균이 영남 수로에 익숙할 것이라 하여 맞아 와 전선 한 척을 주고 같이 일할 것을 약속하였다. 초7일 옥포玉浦에 도착하여 왜선 30여 척이 포구에 줄지어 대어 있는 것을 본 이순신이 기를 휘두르며 진군하자, 여러 장수들도 용감히 앞을 나서서 적선을 모조리 잡아 없앴다. 그래서 이때의 전공으로 가선대부嘉善大夫(종2품)에 승진되었다.

이순신이 옥포 승첩을 조정에 알린 장계[119]에 의하면, 이순신은 5월 4일 새벽 2시에 판옥선板屋船 24척, 협선挾船 15척, 포작선鮑作船 46척을 거느리고 좌수영을 출발하였다. 그리고 7일 정오쯤에 옥포 앞바다에서 왜선 50여 척을 만나 그 중 26척을 총통으로 쏘아 맞혀 쳐부수고 불태웠다. 그리고 오후 4시쯤 웅천 합포合浦 앞바다에서 왜대선 4척과 왜소선 1척을 부수었다.

이날의 장계에서 눈에 띄는 것은 부당한 처사를 한 원균을 조정에 보고하는 부분이다.

오직 우수사 원균은 단 3척의 전선을 거느리고 신의 여러 장수들이 사로잡은 왜선을 활을 쏘면서 빼앗으려고 하였기 때문에 사격射格 2명이 상처를 입게 되었습니다. 제일 윗 주장으로서 부하들의 단속을 잘못한 일이 이보다 더한 것은 없을 것일 뿐만 아니라…

원균 동정론자들은 이런 기록들을 근거로 해서, 이순신이 고의적으로 장계를 통해 원균을 흠잡음으로써 그의 공을 가로채려 하였다고 주장한다. 그러나 우리는 앞에서 살펴보았듯이, 공사公事에 있어서 부정한 짓을 저지르는 사람을 그냥 보아 넘기지 못하는 이순신

119 『李忠武公全書』, 「玉浦破倭兵狀」.

의 강직한 성품을 여기에서 재삼 확인하게 될 뿐이다. 문제라면, 자신은 아무 노력도 기울이지 않고 남이 다 이겨 놓은 싸움에 끼어들어 전리품이나 챙기려는 원균의 비뚤어진 심보이다. 또 그가 이순신과 같은 제대로 된 임자를 만났다는 것이다. 그러나 아무리 이순신이라 할지라도, 같은 수사로서 자기보다 나이가 많은 원균을 직접적으로 제어할 방도가 없었다. 그렇기 때문에 장계를 이용하여 시정 조치를 요구한 것이다. 그러나 세상사는 왜 그리도 얄궂은지. 이순신은 결국 못된 짓만 골라 하던 원균 때문에 삼도 수군통제사의 직을 물러나 형극의 길을 걷게 된다.

한편, 더불어 눈에 띄는 대목은

> 신의 어리석은 생각으로는, 적을 막는 방책에 있어서 수군이 작전을 하지 않고 오직 육전에서 성을 지키는 방비에만 전력하였기 때문에 나라의 수백 년 기업基業이 하루 아침에 적의 소굴로 번지게 된 것입니다. 생각이 이에 미치매 목이 메어 말이 나오지 않습니다.

라는 대목이다. 이는 이순신이 병법에 능통한 무장으로서 갖고 있던 혜안이라고 할 수 있다. 왜군이 부산을 점령하러 올 때 경상 좌수사가 도망가지 않고 사전에 바다에서 적을 괴멸시켰더라면 조선 팔도가 왜군의 수중에 떨어지지 않았을 것이다. 국토 방위에 있어서 영해의 개척과 방어가 얼마나 중요한지는 재삼 강조할 필요가 없다. 그렇지만 임진왜란 당시에 그것을 절실하게 인식한 사람은 이순신 외에는 별로 없었다. 이 점이야말로 전략가로서 이순신의 위대함이 빛을 발하는 부분이다.

「행록」에

초8일 고성 월명포月明浦에 이르러 진을 치고 군사들을 휴식시켰다. 전라도사 최철견崔鐵堅[120]의 보고로 임금의 일행이 서쪽으로 피란가셨다는 소식을 들었다. 이순신은 서쪽을 향하여 통곡하고 우선 본영으로 회군해 돌아왔다.

고 기록되어 있다.

120 자는 응구應久요 호는 몽유夢遊요 전주 사람이다. 벼슬은 대사간大司諫 감사監司에 이르렀으며 뒤에 눈이 멀어 폐인이 되었다.

27 사천 전투; 거북선 출격

均等이 復請兵하여 進至露粱하여 破倭船十三艘하다.

원균 등이 다시 병사를 청하여, 노량으로 나아가 왜선 13척을 부수었다.

追至泗川하여 舜臣이 左肩中丸하되 猶不釋弓하고 終日督戰하다.

추격하여 사천에 이르렀을 때, 이순신이 왼쪽 어깨에 탄환을 맞았으되 오히려 활을 놓지 않고 종일 전투를 독려하였다.

戰罷에 軍中이 始知之하고 莫不聳動이러라.

전투가 끝난 후에 군사들이 비로소 알고, 놀라지 않는 사람이 없었다.

해설

『난중일기』 5월 29일 기사에

맑음. 우수사(전라 우수사 이억기)가 오지 않으므로 혼자 여러 장수들을 거느리고 새벽에 떠나 곧장 노량露梁(남해군 설천면 노량리)에 이르렀다. 미리 만날 약속한 곳에서 경상 우수사와 만났다. 왜적이 있는 곳을 물으니 적은 지금 사천泗川 선창船滄(사천군 읍남면 선진리)에 있다고 하였다. 그래서 바로 거기 가 보니 왜인들은 벌써 상륙해서 산 위에 진을 치고 배는 그 산 밑에 벌려 놓았다. 항전하는 태세가 아주 튼튼하였다. 나는 모든 장수들을 독전하며 일제히 달려들었다. 화살을 빗발치듯 퍼붓고 각종 총통을 바람 우뢰같이 쏘아 보냈다. 적들은 두려워 물러났다. 화살에 맞은 자가 몇백 명인지 알 수 없었다. 왜적의 머리도 많이 베었다. 군관 나대용羅大用이 탄환에 맞았다. 나도 왼편 어깨 위에 탄환을 맞아 등으로 뚫고 나갔다. 중상에는 이르지 않았다. 활군과 격군 중 탄환 맞은 사람이 또한 많았다. 적선 13척을 불태우고 물러나왔다.

라고 되어 있다.

「행록」에는 다음과 같이 기록되어 있다.

29일에 이순신이 꿈을 꾸었는데, 어떤 백발노인이 이순신을 발로 차며 "일어나라 일어나! 적이 왔다." 하는 것이었다. 이순신이 일어나 곧 여러 장수들을 거느리고 노량露梁으로 나가니 적이 과연 와 있었다. 이순신을 보고 달아나므로 뒤쫓아 가서 사천泗川에 이르러 13척을 불태워 깨뜨렸다. 적들이 화살에 맞고 물에 빠지는 자가 100여 명이나 되었다.

그날 이순신도 탄환에 맞았다. 왼편 어깨를 뚫고 등에까지 박혀서 피가 발뒤꿈치까지 흘러내렸다. 그렇지만 이순신은 그래도 활을 놓지 않고 종일 독전하였다. 싸움이 끝난 뒤에 칼끝으로 살을 찢고 탄환을 파내었다. 깊이가 두어 치나 되었다. 온 군중이 그제야 알고 모두들 놀라지 않는 이가 없었다. 그렇지만 이순신은 웃고 이야기해 가며 태연하였다.

또 이순신은 전투할 때마다 여러 장수들에게 약속하되 "적의 머리 한 개를 베는 동안에 많은 적을 쏠 수가 있는 것이다. 머리 많이 못 베는 것은 걱정하지 들 말고, 그저 쏘아 맞히는 것만을 먼저 하라. 힘써 싸운 여부는 내가 직접 눈으로 보는 바가 아니냐." 하였다. 그때부터 병사들이 전쟁에서 오직 쏘아 죽이기만 많이 하고, 왜적의 머리를 베어 올림으로써 상을 타는 일에는 힘을 쓰지 않았다.

한편, 『징비록』에는 임진왜란에서 중요한 분기점을 이루게 되는 사천 전투의 중요성이 다음과 같이 자세하게 기술되어 있다.

싸움을 독려하다가 날아오는 탄환이 이순신의 왼편 어깨에 맞아서 피가 발꿈치까지 흘렀다. 이순신은 말하지 않았다. 싸움이 끝난 뒤에야 비로소 칼로써 살을 베고 탄환을 뽑아 내니 깊이가 두어 치나 들어가 있었다. 보는 사람들은 얼굴빛이 변하였다. 이순신은 평상시처럼 담소하면서 태도가 변하지 않았다. 첩보捷報가 올라가자 조정에서 크게 기뻐하였다. 임금께서 이순신에 1품 벼슬을 주시려 하매 대간이 너무 지나친 일이라 하였다. 이순신을 정헌正憲(정2품)으로 승진시켰다. 이억기와 원균은 가선嘉善(종2품)으로 승진시켰다.

이보다 먼저 적장 평행장平行長이 평양에 이르러 글을 보내기를 "일본 수군 10여만이 또 서쪽 바다로 오는 중이니 대왕의 행차가 어디로 가시렵니까?" 라고 위협하였다. 적군이 본래 수륙으로 군사를 합세하여 서쪽으로 쳐오려 하였었다. 이순신의 이 한 번 싸움으로써 적군의 세력을 꺾었다. 행장行長이 비록 평양을 얻었으나 형세가 외로워 감히 더 나아가지 못하였다. 우리나라에서는 전라, 충청으로부터 황해, 평안도의 연해 일대를 확보하였다. 군량을 보급시키고 호령을 전달시키어 중흥을 이루었다. 요동의 금주金州, 복주復州, 해주海州, 개주蓋州와 천진天津 등 지역도 동요하지 않았다. 명나라 군사가 육로로 나와 적을 물리치게 된 것도 모두 이순신이 이 한 번 싸움에서 이긴 공이었다. 이 어찌 하늘의 도움이 아니리요. 이순신이 삼도 수군을 거느리고 한산도에 주둔하여 적군이 서쪽으로 내려오려는 길을 막은 것이다.

사천 전투에서 눈에 띄는 것은 그 유명한 거북선의 출전이다. 이순신의 장계에 다음과 같이 기록되어 있다.

신이 일찍이 왜적들의 침입이 있을 것을 염려하여 별도로 거북선을 만들었습니다. 앞에는 용머리를 붙여 그 입으로 대포를 쏘게 하고, 등에는 쇠못을 꽂았으며, 안에서는 능히 밖을 내다볼 수 있어도 밖에서는 안을 들여다볼 수 없게 하였습니다. 비록 적선 수백 척 속에라도 쉽게 돌입하여 포를 쏠 수 있게 하였습니다. 이번 출전 때에 돌격장이 그것을 타고 나왔습니다. 먼저 거북선으로 하여금 적선이 있는 곳으로 돌진하게 하였습니다. 천 · 지 · 현 · 황 등 여러 종류의 총통을 쏘게 하자 산 위와 언덕 밑과 배를 지키는 세 곳의 왜적들도 철환을 비 오듯 난발하였습니다. 간혹 우리나라 사람도 섞여서 쏘고 있는지라 신은 더욱더 분하였습니다. 노를 빨리 저어 앞으로 나아가 바로 그 배를 두들겼습니다. 여러 장수들이 일시에 구름같이 모여 철환 · 장편전 · 피령전 · 화전 및 천자 · 지자 총통 등을 비바람같이 발사하였습니다. 저마다 힘을 다하여 그 소리가 천지를 진동하였습니다. 왜적들은 중상을 입고 엎어졌습니다. 부축하며 끌고 달아나는 자는 그 수를 헤아릴 수 없었습니다. 높은 언덕으로 물러가 진을 치고서는

감히 나와 싸울 생각을 못하였습니다.[121]

이때 원균은 처음에 패군한 뒤 군사 없는 장수로서 작전을 지휘할 수 없었다. 교전하는 곳마다 화살이나 철환에 맞은 왜인을 찾아내어 머리[首級] 베는 일을 담당하였다. 왜적의 머리 하나를 일급一級이라고 하였다. 옛날 중국 진秦나라 때 적의 목을 베어 오면 작위를 높여 주었는데 머리 하나에 1계급씩 올렸으므로, 뒤에 적의 머리 하나를 일급이라고 하게 되었다.

121 『李忠武公全書』, 「唐浦破倭兵狀」.

28 당포, 당항포 전투; 적장을 쏘아 죽이다

六月에 遇賊于唐浦하니 有大酋하여 駕層樓畫船하고 金冠錦袍로 器仗이 甚鮮이라.

6월에 당포에서 적을 만났는데, 오랑캐 우두머리가 있어서 보니, 층층 누각에 그림이 그려진 배를 타고, 금관에 비단옷을 입고 군기와 의장이 매우 아름다웠다.

舜臣이 一鼓薄戰하여 以筒箭으로 射殪其酋하니 餘賊이 盡殲하다.

이순신이 한 번의 북소리에 붙어 싸우다가, 화살로 그 추장을 쏘아 죽이니 나머지 적들이 모두 섬멸되었다.

日午에 賊船이 又大至어늘 舜臣이 以所獲樓船으로 置前하니 去賊一里餘라.

정오에 적선이 또 크게 이르거늘, 이순신이 노획한 누선을 앞에 배치하니 적과의 거리가 1리 남짓 되었다.

焚之하니 船中火藥이 爆發에 響焰이 震天하여 賊又

敗退하다.

누선을 태우니, 배안의 화약이 폭발하여 폭발소리와 화염이 하늘에 진동하므로, 적이 또 패하여 물러갔다.

已而에 全羅右水使李億祺ㅣ 悉舟師來會하여 合戰於固城前浦할새.

잠시 후에 전라 우수사 이억기가 함대를 모두 끌고 와서, 함께 고성 앞 바다에서 싸울 때에

賊酋ㅣ駕三層樓船하고 擁靑蓋對戰이어늘 卽射殺之하고 破三十餘船하니 餘賊이 登岸而走라.

적의 추장이 삼층 누선에 타고 푸른 덮개[日傘]를 끼고 맞서 싸우거늘, 곧 쏘아 죽이고 30여 척을 부수니, 나머지 적이 연안으로 올라가 도주하였다.

自是로 屢戰皆捷하니 賊이 斂兵遠遁커늘 遂與億祺還營이러라.

이로부터 여러 번 싸워 모두 이기니, 적이 병사를 거두어 멀리 달아나거늘, 드디어 이억기와 더불어 본영으로 돌아왔다.

해설

「행록」에 의하면, 6월 초1일 사량蛇梁 뒷바다로 나가 진치고 초2일 아침에 당포唐浦 앞에 이르러 적선 20여 척을 만났다. 그 중 제일 큰 배에는 높이가 두 길이나 됨직한 다락이 있는데, 사면에 붉은 비단 휘장을 드리웠고, 다락 위에는 왜장이 금관을 쓰고 비단옷을 입

고 우뚝 앉아 싸움을 지휘하는 것이었다. 우리 군사들이 편전片箭을 마구 쏘아 맞히자 왜장은 다락 아래로 떨어지고, 다른 여러 적들도 화살에 맞아 거꾸러지는 자가 얼마인지 몰랐으며 마침내는 모조리 무찔러 버렸다. 그리고 거기서 금물 뿌린 부채 한 자루를 얻었는데 바른편에는 '우시축전수'羽柴筑前守라 썼고, 왼편에는 '구정유거수'龜井劉矩守라 썼으며, 가운데는 조금 높이 '유월팔일수길서'六月八日秀吉書라 씌어 있었다.

『난중일기』 임진년 6월 초2일 기사는 다음과 같다.

> 맑음. 아침에 떠나 바로 당포唐浦(통영군 산양면 미륵도 당포) 앞 선창에 이르렀다. 적선 20여 척이 벌려 서서 정박하였으므로 둘러싸고 서로 싸움을 시작하였다. 그 중의 큰 배 1척은 크기가 우리나라 판옥선만한데, 배 위에는 누각을 꾸며서 높이가 두 길이나 됨직하였다. 그 누각 위에는 왜장이 우뚝 앉아서 끄덕도 아니하였다. 편전과 크고 작은 승자총통勝字銃筒을 비 퍼붓듯 마구 쏘아 화살에 맞아 떨어지자, 모든 왜적이 한꺼번에 놀라 흩어졌다. 우리 편의 여러 장병들이 일제히 모여들어 쏘아 댔다. 화살에 맞아 거꾸러지는 자가 얼마인지 알 수 없었다. 남김 없이 모조리 섬멸시켰다. 조금 뒤에 큰 왜선 20여 척이 부산으로부터 바다에 깔려 들어오다가 우리 군사들을 바라보고는 도망쳐서 개도介島(楸島: 통영군 산양면)로 물러갔다.

이날 당포에서의 승전을 기록한 장계에는 호쾌한 거북선의 활약상이 잘 묘사되어 있다.

왜선의 크기가 판옥선과 같은 것 9척과 중 · 소선 아울러 12척이 선창에 나뉘어 정박하고 있었습니다. 그 중에 한 대선 위에는 높이가 3, 4장이나 될 듯한 높은 층루가 우뚝 솟았고 밖으로는 붉은 비단 휘장을 둘렀습니다. 휘장의 사면에는 황黃자를 크게 썼습니다. 그 속에 왜장이 있었습니다. 앞에는 붉은 일산日傘을 세우고 조금도 두려워하지 않았습니다. 먼저 거북선으로 하여금 층루선 밑을 곧장 들이받게 하였습니다. 용의 입으로 현자 철환을 치쏘게 하고 또 천자 · 지자 총통과 대장군전을 쏘아 그 배를 쳐부수었습니다. 뒤따르고 있던 여러 전선들도 철환과 화살을 번갈아 쏘았습니다. 중위장 권준이 돌진하여 왜장이라는 놈을 쏘아 맞혔습니다. 활을 당기는 소리에 따라 왜적이 거꾸로 떨어졌습니다. 사도 첨사 김완과 군관 흥양 보인 진무성陳武晟이 그 왜장의 머리를 베었습니다.[122]

「행록」에 의하면, 싸움을 마치고 나니 해가 한낮이 되었다. 군사들이 겨우 좀 쉬려 할 무렵 갑자기 적이 온다는 보고가 또 들어왔다. 이순신은 짐짓 못들은 체하였다. 다시 전령이 와서

"적이 수없이 옵니다."

하고 아뢰자, 이순신은 노한 목소리로

"적이 오면 싸울 뿐이다."

라고 응수하였다. 그것은 그때 장수와 군졸들이 모두들 힘껏 싸운 끝에 기운이 지쳐서 자못 황급한 빛이 보였기 때문이다.

이순신은 아침에 빼어 온 적장이 탔던 배를 끌어내다가 적과 거리가 한 마장쯤 되는 곳에서 불태우게 하였다. 그러자 불이 그 배 속

122 『李忠武公全書』, 「唐浦破倭兵狀」.

으로 붙어 들어가 그 안에 쌓아 두었던 화약이 터졌다. 우뢰 같은 소리가 허공을 울리고 시뻘건 불길이 하늘을 물들였다.

적들은 그것을 바라보고 넋이 빠져 나오지 못하고 그대로 물러갔다. 그런데 그날 밤 군중에서 까닭 없이 놀라 소동이 일어났다. 이순신은 그대로 누워 꼼짝도 않다가 한참만에야 사람을 시켜 요령을 흔들어 진정시켰다.

「행록」에 의하면, 6월 초4일에 당포 앞바다로 나가 진을 쳤는데, 마침 전라 우수사 이억기가 전선 25척을 거느리고서 돛을 달고 군악을 울리며 왔다. 모든 배의 장병들이 연달아 싸워 피곤해진 때라 구원병이 오는 것을 보고 모두들 기운을 돋우는 것이었다. 이순신은 이억기를 바라보며

"왜적의 형세가 한창 성하여 국가의 위급함이 조석에 달렸는데, 영감은 어찌 이리 늦게 오시오."

하였다.

초5일 이순신은 이억기와 함께 이른 아침에 같이 떠났다. 고성 땅 당항포唐項浦에 이르러 적들과 서로 만났다. 큰 배 한 척이 있어 3층 누각으로 밖에는 검은 비단 휘장을 둘렀고 앞에는 푸른 일산을 세웠다. 적장이 그 속에 앉아 있으므로 쏘아 죽였다. 그리고 중간 배 12척, 작은 배 20척도 한꺼번에 깨뜨렸다. 적의 머리 일곱을 베었다. 또 수없이 쏘아 죽이자 남은 적들은 배를 버리고 육지로 달아났다. 그리하여 군대의 위엄이 크게 떨치어 자헌대부資憲大夫(정2품)로 승진되었다.

초7일 아침에 영등포永登浦에 이르렀다. 적들이 율포栗浦에 있다

가 우리 군사들을 바라보고 남쪽으로 도망갔다. 이순신은 모든 배들에 명령을 내려 뒤쫓아가 잡게 하였다. 사도 첨사蛇渡僉使 김완金浣[123]과 우후虞侯 이몽구李夢龜와 녹도 만호 정운 등이 각각 한 척씩을 사로잡았다. 또 왜적의 머리 총 36개를 베었다.

초9일에 이순신과 이억기와 원균이 모든 장수들을 거느리고 바로 천성天城, 가덕加德 등지로 가서 수색하였다. 적들이 도망가고 보이지 않아서 그대로 돌아왔다. 14일에 본영에 있으면서 장계 두 장을 썼다. '신은 이제 전선 수만 척을 이끌고 비장군飛將軍 아무(宣居怡를 가리킴)로써 선봉을 삼고 바로 일본을 치러 모월 모일 떠나겠나이다.' 라는 내용이었다. 군관을 보내어 한 장을 가지고 서울 가는 길에 떨어뜨려 적으로 하여금 보게 하였다.

한편, 『난중일기』 임진년 6월 초4일조에는

> 맑음. 우수사(이억기) 오기만 고대하면서 이리저리 생각하며 머뭇거리고 있었다. 정오에 우수사가 여러 장수를 거느리고 돛을 달고 나타났다. 진중 장병들이 기뻐 뛰지 않는 이가 없었다. 군사를 합치고 약속을 거듭한 뒤에 착량포鑿梁浦(통영군 산양면 당동리)에서 잤다.

라고 되어 있다. 원균을 고대하던 초조한 심정을 잘 보여 주고 있다.

또 임진년 6월 초5일조에는

123 경주 사람으로 자는 언수彦粹요 선조 10년에 무과에 올랐다. 정유년에 원균의 조방장助防將이 되어 외롭게도 활약했으나 불행히 패전하여 홀몸으로 물에 빠져 헤엄치다가 적에게 붙들려 일본에까지 사로잡혀 갔다. 그 뒤 탈출하여 적정을 조정에 보고함으로써 진중에 있도록 허락받았다. 병오년 논공 때에 선무공신宣武功臣으로 책정되었고 이듬해 선조 40년(1607)에 죽었다.

> 아침에 고성 당항포(고성군 회화면 당항리)에 이르니 왜의 큰 배 1척이 크기는 판옥선만한데, 배 위에는 누각이 우뚝하고 명색 적장이 그 위에 앉아 있었다. 그리고 중간 배가 12척이요 작은 배가 20척이었다. 한꺼번에 무찔러 깨뜨리면서 비 오듯 화살을 쏘아붙이니 화살에 맞아 죽은 자가 얼마인지 알 수 없었다. 왜장 머리는 7개를 베었고, 남은 놈들은 육지로 올라가 달아났다. 그 수효는 얼마 되지 않았다. 우리 군사의 기세가 크게 떨쳤다.

라고 전승을 기록하고 있다.

당항포 전투에서 맞선 왜장의 배는 역시 3층 누각선으로 단청과 분벽은 마치 불전佛殿과 같았다. 앞에는 푸른 일산을 세우고 누각 아래는 검은 비단 휘장을 드리웠다. 휘장 안에는 왜인들이 수없이 벌려 서 있었다. 그리고 이를 따르는 왜대선 4척은 모두 검은 바탕에 흰 글씨로 '남무묘법연화경'南無妙法蓮花經이라고 쓴 깃발을 달았다. 이들은 조선 수군을 보자 선제 공격을 하였다. 이순신은 아군 전선으로 이들을 포위한 상태에서 거북선을 돌입케 하여 각종 총통으로 적의 대선을 꿰뚫게 하였다. 여러 전선을 번갈아 드나들며 총통과 화살과 철환으로 공격케 하였다.

그러기를 한참 후 적들이 형세가 궁하여 배를 버리고 상륙하면 모조리 섬멸하지 못할 것을 염려한 이순신은 일부러 포위를 풀어 주며 적을 유인하였다. 조선 수군이 퇴각하는 척하면서 한쪽을 풀어 주자 층각선이 과연 열어 준 길을 따라 나왔다. 검은색 돛을 둘씩이나 달았다. 다른 배들은 날개처럼 벌려 층각선을 옹위하며 바다로 노를 재촉하며 나왔다. 이에 조선 수군은 왜선단을 4면으로 포위하면서 재빠르게 협격을 하였다. 돌격장이 탄 거북선이 또 층각선 밑으로 달려들어 총통을 치쏘고 층각선을 쳐부수었다. 이날 조선 수군은 왜적의 머리 43급을 베고 왜선 전부를 불태웠다. 일부러 배 한 척을 남겨 두어 적들의 돌아갈 길을 열어 주었다. 아니나 다를까 다음날인 초6일 새벽에 당항포에서 산으로 도주하였던 왜적들이 남겨진 배를 타고 새벽녘에 몰래 나왔다. 매복해 있던 방답 첨사 이순신李純信에게 걸려 100여 명이 몰살당하였다.[124]

124 『李忠武公全書』, 「唐浦破倭兵狀」.

29 견내량-한산도 전투; 학익진을 구사하다

賊이 復自梁山으로 向湖南이어늘 舜臣이 復進兵固城見乃梁하여 遇賊船蔽海而至하다.

적이 다시 양산으로부터 호남으로 향하거늘, 이순신이 다시 고성 견내량으로 병사를 나아가게 하였는데, 바다를 뒤덮으면서 나아오는 적선을 만났다.

佯退誘賊하여 至閑山島前洋하여 還兵大戰할새 砲煙이 漲天하다.

거짓 후퇴로 적을 유인하여, 한산도 앞바다에 이르러 병선을 돌려 세워 크게 싸우니, 포연이 하늘을 물들였다.

盡破七十餘艘하니 賊大酋平秀家는 脫身走하고 將卒死者ㅣ 幾萬人이라 倭中이 震動하니라.

70여 척을 모두 부수니, 적의 대추(대장) 평수가는 몸을 빼 달아나고, 장졸 간에 죽은 자가 수만 명이었다. 왜군이 두려워 떨었다.

해설

한산 대첩은 권율權慄의 행주 대첩幸州大捷, 김시민金時敏의 진주 대첩晋州大捷과 더불어 임진왜란의 3대 대첩의 하나이다. 어떤 영화나 소설보다도 더 드라마틱한 한산 대첩은 이순신의 치밀한 전술에서 탄생하였다. 이순신의 신출귀몰한 용병술은 한산도 앞바다에서 다시 한 번 그 깊고 깊은 병학의 수준을 보여 주었다. 『손자병법』은 말한다.

> 지형은 용병의 훌륭한 조력자이다.
>
> (夫地形者 兵之助也)
>
> 적의 정세를 파악하여 승리를 이끌어 내고
>
> (料敵制勝)
>
> 험난함과 좁음, 멀고 가까움을 헤아려 판단하는 것은
>
> (計險阨遠近)
>
> 으뜸되는 장수가 해야 할 일이다.
>
> (上將之道也)
>
> 이것을 잘 알고 싸우는 사람은 반드시 승리할 것이요.
>
> (知此而用戰者必勝)
>
> 이것을 알지 못하고 싸우는 사람은 반드시 패할 것이다.
>
> (不知此而用戰者必敗)

「행록」에 의하면, 7월 초8일 이순신은 이억기 · 원균 등과 함께 있다가 적이 양산梁山으로부터 전라도 쪽으로 향한다는 말을 들었

다. 각각 모든 배들을 거느리고 진군하여 고성固城 땅 견내량見乃梁에 이르렀다. 과연 적의 선봉선 30여 척이 오고 또 그 뒤에 많은 배들이 바다에 깔렸다. 이순신은

"여기는 바다가 좁고 항구가 얕아서 전투할 곳이 못 되니, 큰 바다로 꾀어 내다가 깨뜨려야겠다."

하고, 모든 장수들에게 명령하여 짐짓 패한 듯이 물러나게 하였다. 그랬더니 적들이 승리한 기세로 따라 나왔다. 한산도閑山島 앞에 이르니 바다가 넓고 또 적선이 모두 다 모였다. 이순신이 기를 휘두르고 북을 치며 급히 명령하여 배를 돌려 싸우게 하였다. 모든 배들이 돛을 높이 달고 돌진하며 대포와 화살을 우뢰처럼 쏘아 댔다. 연기와 불꽃이 하늘을 뒤덮은 속에서 잠깐 새에 붉은 피로 바다를 물들였다. 적선 70여 척이 한 척도 돌아가지 못하였으니, 사람들이 이것을 '한산도 대첩'이라고들 일컬었다.

왜군에게 사로잡혀 갔던 사람이 이 싸움에서 돌아와 하는 말이

"용인龍仁이 무너진 뒤에 적장으로 서울에 있는 자들이 모두들 조선에는 사람이 없고 다만 주사舟師(수군)만이 어렵다고 하였다. 평수가平秀家(宇喜多秀家를 이름)란 자가 있어 팔을 휘두르고 큰소리를 치면서 '내가 담당하지.' 하였다. 여러 적들이 수가秀家로써 수군 대장을 삼았다. 이번 한산의 적이 바로 그 지였다."

라고 전하였다. 그 뒤 웅천熊川 사람 제말諸末이

"내가 진작 사로잡혀 가서 일본에서 서기 노릇을 하고 있었다. 그때 대마도에서 보내온 그자들의 공문서를 보니 일본이 조선 수군들과 서로 싸워 패해서 죽은 자가 9,000여 명이나 된다."

고 하였다. 이번 싸움으로 이순신은 정헌대부正憲大夫[125]로 승진하였다.

『난중일기』에는 6월 11일부터 8월 23일까지의 기록이 빠져 있다. 적의 함대 70여 척이 거제와 고성의 경계인 견내량에 머무르고 있다는 것을 이순신이 안 것은 7월 초7일이었다. 이튿날 확인 결과 적선은 모두 대선 36척, 중선 24척, 소선 13척의 대규모 선단이었다. 이순신은 견내량의 지형이 매우 좁고 또 암초가 많아서 판옥선이 서로 부딪치게 되어 싸움하기가 곤란할 것을 알았다. 뿐만 아니라, 만약 형세가 급하게 되면 적은 기슭을 타고 육지로 도망갈 것이었다. 그러므로 한산도 바다 가운데로 유인하여 모조리 잡아 버릴 계획을 세웠다.

한산도는 거제와 고성 사이에 있어 사방에 헤엄쳐 나갈 길이 없었다. 적이 비록 육지로 오르더라도 틀림없이 굶어 죽게 될 것이었다. 이순신은 먼저 판옥선 5, 6척을 시켜 선봉으로 나온 적선을 뒤쫓아서 습격할 기세를 보였다. 그러자 여러 배의 적들이 일시에 돛을 달고 쫓아 나왔다. 거짓으로 퇴각하는 척하면서 바다 가운데로 나오자 이순신은 여러 장수들에게 명령하여 학익진鶴翼陣을 벌였다. 그리고 일시에 진격하여 각각 지자 · 현자 · 승자 총통을 쏘아서 먼저 2, 3척을 깨뜨렸다. 여러 배의 왜적들이 사기가 꺾여 도망하기 시작하였다. 승기를 탄 조선 수군은 마치 그 형세가 바람과 우뢰와도 같이 돌진하였다. 전선을 불태우고 적을 사살하여 일시에 거의 다 없

125 같은 정2품 품계이지만, 자헌대부資憲大夫보다 정헌대부正憲大夫가 한 단계 높음.

애 버렸다.

생존한 왜인 400여 명은 형세가 급하고 힘이 다 되어 스스로 도망하기 어려움을 알았다. 한산도에서 배를 버리고 육지로 올라갔다. 그 나머지 대선 1척, 중선 7척, 소선 6척 등은 접전할 때 뒤떨어져 있었다. 멀리서 배를 불태우고 목 베어 죽이는 것을 바라보고는 노를 재촉하여 도망해 버렸다.[126]

126 『李忠武公全書』, 「見乃梁破倭兵狀」.

30 안골포 전투

賊이 又自安骨浦로 來援秀家軍하니 舜臣이 逆擊之하여 燒破四十餘艘하다.

적이 또 안골포로부터 와서 수가의 군사들을 도우니, 이순신이 역습하여 40여 척을 태워 부수었다.

해설

「행록」에는 다음과 같이 기록되어 있다.

초9일에 또 왜선 한패가 안골포에 진치고 있다는 말을 들었다. 이순신은 이억기, 원균 등과 함께 군사를 거느리고 일제히 이르렀다. 적들은 배를 쇠로 싸고 젖은 솜으로 가리었다. 우리 군사를 보고서는 죽기로 싸울 계획을 세웠다. 혹은 총을 가지고 언덕 위로 올라가며, 혹은 배에서 그대로 항전하였다. 그렇지만 우리 군사들도 이긴 기세로 그것을 꺾어 치자, 적들은 당해 내지 못하였다. 언덕에 있던 자들은 달아나고 배에 있던 자들은 죽었다. 42척을 불태워 깨뜨렸다.

한산 대첩이 끝난 이틀 뒤인 7월 10일 이순신 함대는 안골포 선창에 정박 중인 왜 대선 21척, 중선 15척, 소선 6척으로 구성된 왜 선단을 만났다. 안골포의 포구는 지세가 좁고 얕았다. 조수가 물러나면 육지가 드러나므로 판옥선은 용이하게 출입할 수 없었다. 여러 번이나 왜선을 유인하였지만, 왜적들은 형세가 궁해지면 육지에 내릴 계획으로 험한 곳에 의거하여 배를 매어 둔 채 겁내어 나오지 않았다. 이순신은 할 수 없이 여러 장수들에게 서로 교대로 출입하면서 여러 총통과 장편전을 빗발같이 쏘게 하였다. 종일토록 왜선을 거의 다 쳐부수었다.

살아남은 왜적들은 모두 하륙下陸하였는데, 하륙한 적을 다 잡지는 못하였다. 그런데 그곳 백성들이 산골에 피란해 있는 자가 매우 많았다. 왜선들을 모조리 불태워 적을 궁지에 빠지게 한다면 피란해 있는 백성들이 비참한 살육을 면하지 못할 것이었다. 이순신은 잠시 1리쯤 물러나와 밤을 지샜다.

다음날 11일 새벽에 다시 돌아와 포위해 보았으나 그 왜적들은 당황하여 닻줄을 끊고 밤을 이용하여 도망간 뒤였다. 전일 싸움하던 곳을 탐색하였다. 전사한 왜적들을 열두 곳에 모아 쌓고 불태웠다. 거의 타다 남은 뼈다귀와 손발들이 흩어져 있고 그 포구 내외에는 흘린 피가 땅에 가득하였다. 곳곳이 붉은 빛이었다. 적들의 사상자를 이루 헤아릴 수가 없었다. 이순신은 이날의 전투에서 사망하였거나 부상당한 자신의 부하들 이름을 일일이 장계에 기록하여 조정에 보고하였다. 그리고 전사자의 시체는 별도로 소선에 실어서 고향으로 보내어 장사지내게 하였다. 그들의 남겨진 처자들은 휼전恤典에 의하여 보살피도록 하였다. 부상자들에게는 약물을 지급하여 충분히 치료하도록 하라고 각별히 엄하게 신칙하였다.[127]

127 『李忠武公全書』, 「見乃梁破倭兵狀」.

31 부산 전투

進擊釜山屯賊하여 欲覆其根本할새 賊이 登高結寨하여 以自固어늘 遂燒空船百餘艘而還하다.

부산에 주둔한 적에게 진격하여 그 근거지를 엎어 버리려고 하였으나, 적이 높은 곳에 올라가 목책을 설치하고 스스로 굳게 지키거늘, 마침내 빈 배 100여 척을 불태우고 돌아왔다.

해설

「행록」에 의하면, 부산 전투에 앞서 이순신은 웅천 현감熊川縣監 이종인李宗仁을 시켜 왜적을 쳐서 30명의 목을 베게 하였다. 9월 초1일 이순신은 이억기, 원균과 조방장 정걸丁傑[128] 등과 함께 의논하되

128 조선의 대표 전선인 판옥선板屋船과 화전火箭과 철익전鐵翼箭과 대총통大銃筒 등 여러 가지 군기를 만든 이로 이름이 높다. 영광靈光 사람으로 정언正言 극인克仁의 후손이요 증참판贈參判 숭조崇祖의 아들이다. 임진년에 충청 수사가 되었는데 그때 권율이 행주幸州에서 싸우다가 화살이 떨어져 큰 곤경에 빠지자 그가 화살을 한 배 가득 싣고 가서 그것으로 승첩을 얻게 하였다. 이순신에게 부산에 있는 적의 소굴을 엎어 버리자는 것을 건의하여 같이 나가 공로를 세웠고 여러 가지 무기를 고안해 내어 적을 미혹케 했기 때문에 적들이 늘 그의 이름을 무서워하였다. 뒷날 어사御史 이이장李彝章이 판옥선이란 것은 그 운용이 어렵다 하여 폐하자는 것을 장계했을 때 위에서는 그것이 "명장 정걸이 창제한 것이라 폐할 수 없다." 고까지 한 일이 있었다. 선무원종공신에 책정되었다.

"부산이 적의 근거지가 되어 있으니, 그 소굴을 없애 버려야만 적의 간담을 꺾을 수가 있을 것이다."

하고 같이 부산으로 나아갔다. 적들은 여러 번 패한 뒤라 우리 편의 위엄이 무서워서 감히 나오지 못하였다. 다만 높은 데로 올라가 총을 쏠 따름이었다. 빈 배 100여 척을 깨뜨렸다. 이 싸움에서 녹도 만호鹿島萬戶 정운鄭運이 탄환에 맞아 죽었다. 이순신은 슬퍼하기를 마지않으며 친히 글을 지어 제사하였다. 그리고 이순신은 따로 정미 500석을 쌓아 한 곳에 봉해 두었다. 어떤 이가 그것을 무엇에 쓸 것이냐고 묻자, 이순신은

"지금 상감께서 용만龍灣(義州)에 파천해 가 계신데 저 기성箕城(平壤)에 있는 적이(고니시 유키나가[小西行長]를 가리킴) 만일 서쪽으로 더 쳐들어가면 임금의 수레는 장차 바다를 건너시게 될 것이다. 그러면 내 직책으로서 마땅히 배를 가지고 바다로 올라가 그 수레를 모셔야 할 것이다. 그때 하늘이 만일 저 중국을 망하게 하지 않는다면 다시 회복하기를 도모할 수 있을 것이요, 설사 불행하게 되더라도 임금과 신하가 함께 우리 국토 안에서 죽는 것이 옳지 않느냐. 더구나 내가 죽지 않는 동안에는 적이 감히 범하지 못할 것이다."

하고 대답하였다. 『난중일기』에는 임진년(1592) 8월 29일부터 이듬해 계사년(1593) 1월 그믐까지의 기사가 빠져 있다.

이순신의 장계에 의하면, 이순신이 우수사 이억기, 조방장 정걸, 경상 우수사 원균과 함께 부산을 향해 발선한 것은 9월 초1일 새벽이었다. 부산성 동쪽 한 산에서 5리쯤 되는 언덕 밑 3개소에 대어 있던 왜선이 대 · 중 · 소선을 아울러서 대개 470여 척이었다. 조선 수군의

위세를 바라보고 두려워서 감히 나오지를 못하였다. 조선 수군 함대가 깃발을 휘날리고 북을 치면서 장사진長蛇陣으로 돌진하였다. 배 안과 성 안, 산 위, 굴 속에 있던 적들이 총통과 활을 갖고 거의 다 산으로 올라 6개 처에 나누어 결진하고 내려다보면서 철환과 화살을 빗발과 우박같이 쏘아 댔다. 편전을 쏘는 것은 조선 사람들과 같았다. 혹 크기가 모과만한 대철환을 쏘기도 하며 크기가 주발덩이만한 수마석水磨石도 쏘아 조선 배를 많이 맞혔다.

조선 수군도 각종 총통과 장군전 · 피령전 · 장편전 · 철환 등을 일시에 발사하며 하루 종일 교전하였다. 이날의 부산 전투는 "무릇 전후 4차 적에게 달려가서 열 번 접전하여 모두 다 승첩하였다. 장수와 군졸들의 공로를 논한다면 이번 부산 싸움보다 더한 것이 없다."고 이순신이 자평하였을 정도로 많은 전과를 올렸다. 전일의 싸움에서는 적선의 수가 많아도 70여 척을 넘지 않았는데, 이번은 대적의 소굴에 벌여 있는 470여 척 속으로 군사의 위세를 크게 뽐내며 돌진하여 적선 100여 척을 쳐부수었다. 적들로 하여금 마음이 꺾여 머리를 움츠리어 두려워 떨게 하였던 것이다. 이순신은 이 전투에서 희생당한 전사자와 부상자의 명단을 일일이 작성하여 장계하였다.[129]

129 『李忠武公全書』, 「釜山破倭兵狀」.

32 연전연승

時에 倭兵이 彌滿諸路하고 官兵義兵은 連敗하여 莫敢枝梧하다.

이때에 왜병이 여러 도로에 가득 차고, 관병과 의병은 연패하여 감히 버티지 못하였다.

獨舜臣이 連奏大捷하니 上이 深嘉之하여 三加階至正憲하고 下敎書褒美하다.

오직 이순신이 연속해서 큰 승리를 보고하니, 임금이 매우 기뻐하여 세 번 품계를 더하여 정헌(정2품)에 이르도록 하고, 교서를 내려 칭찬하고 찬미하였다.

해설

임진년에 이어 계사년(1593, 49세)에도 이순신의 활약은 거침이 없었다. 1월 18일에는 사도 첨사蛇渡僉使를 시켜 송도松島에서 복병하게 하여 포로를 많이 잡았다. 「행록」 계사년조에 의하면, 2월 초8일 이순신은 이억기와 함께 왜적 토벌할 일을 의논하고, 배를 띄워 부산에 이르렀다. 웅천의 적이 부산 길목을 잡고 험난한 곳에 웅거하여 배를 감추고 소굴을 많이 만들었다. 이순신은 혹 복병을 보내어 유인도 하고 혹 드나들며 싸움을 걸어 보았다. 도적은 우리의 위엄을 겁내어 바다 가운데로 나오지 않고, 다만 가볍고 빠른 배를 내어 포구에서 엿보다가는 곧 소굴로 들어갔다. 동쪽과 서쪽 산기슭에 깃발을 많이 세워 놓고 높은 데로 올라가 총질을 하며 겉으로 교만한 모양을 보였다.

우리 군사들은 분개함을 이기지 못하여 좌우에서 일제히 내달아 대포와 화살을 쏘아 댔다. 형세가 바람과 우뢰 같은데 이렇게 하기를 종일토록 하였다. 쓰러져 죽는 자가 얼마인지 몰랐다. 좌별도장左別都將 이설李渫,[130] 좌돌격장左突擊將 이언량李彦良[131]이 왜적 수백 명이 타고 있는 왜선 3척을 끝까지 쫓아갔다. 그 중에 적장 하나가 금투구에 붉은 갑옷을 입고 큰 소리로 외치며 노를 재촉하였다. 우리 군사들은 피령전皮翎箭으로 적의 괴수를 쏘아 바다 속으로 거꾸러뜨렸다. 남은 적들도 모두 쏘아 죽였다.

22일에 이순신은 이억기를 비롯한 다른 모든 장수들과 함께 의논하되

"적들이 우리 위엄을 무서워하여 여러 날을 나오지 않으므로 싸워도 모조리 없앨 수가 없다. 그러나 만일 수륙으로 같이 무찌르면

---

130 양성陽城 사람으로 수광秀匡의 후손이요 정랑正郎 수의守義의 증손이다. 선조 12년(1579)에 무과에 급제하고 임진년에 이순신을 보좌하여 좌별장左別將이 되었다. 부산 싸움에서 큰 공로를 세웠고 마지막 노량 싸움에서 이순신과 함께 죽었다. 뒤에 선무원종공신宣武原從功臣으로 책정되었고 통제사統制使를 추증하였다.

131 이순신의 측근 장수로서 특히 유명한 거북선을 담당하고 있었던 귀선 돌격장龜船突擊將이었다.

적의 기운을 꺾을 수가 있을 것이다."

하고, 곧 삼도 수군에 명령하여 각각 경완선輕完船 5척씩을 내어 적선이 줄지어 정박해 있는 곳으로 돌격하게 하였다. 또 의승義僧들과 삼도의 날랜 사부射夫들이 타고 있는 10여 척 배에도 명령을 내려 동쪽으로는 안골포安骨浦에 정박하고, 서쪽으로는 제포薺浦에 정박하고서 육지로 올라가 진을 치게 하였다. 그랬더니 적들이 수륙으로 공격해 오는 것을 겁내어 동서로 분주히 응전하였다. 우리 수륙 장수들은 좌우에서 돌격하며 만나는 대로 쳐부수었다. 왜적들은 발을 구르며 통곡할 뿐이었다. 그때 이응기李應漑와 이경집李慶集 등이 이긴 기운에 서로 돌진하며 적선을 쳐부수고 배를 돌리다가 두 배가 서로 부딪쳐 그만 엎어져 버렸다.

이순신은 곧 장계하여

신이 재주도 없이 무거운 소임을 외람되이 맡아 밤낮으로 근심하여 조그마한 공로로라도 은혜를 갚고자 하였습니다. 작년 여름, 가을에 흉악한 적들이 쳐들어와 수륙으로 침범하는데 다행히 하늘의 도우심으로 여러 번 승첩하자, 부하 군사들도 번번이 이기는 바람에 교만한 생각이 날로 더하고 서로 앞을 다투어 돌격하며, 그저 남에게 뒤떨어질까 걱정하였습니다. 신은 적을 업신여기면 반드시 패하리라는 이치를 들어 두 번 세 번 당부하였건마는, 그래도 오히려 경계가 부족하여 통선統船 한 척을 엎어 버려 많은 사상자까지 내게 되었습니다. 이것은 신이 군사를 잘 거느릴 줄 모르고 또 지휘하는 것이 방략에 어긋났기 때문입니다. 참으로 황공하기 그지없어 거적 위에 엎드려서 죄 주시기를 기다리나이다.

하였다.

3월 초6일에 웅천에 이르러 적들이 산허리에 진을 쳤다. 군관에게 명령하여 탄환과 화살을 쏘게 하였다. 죽고 상한 자들이 헤아릴 수 없었다. 또 우리 포로들을 빼앗아 왔다.

그런데 계사년(1593, 선조 26)에 들어서면서부터 이순신의 『난중일기』에는 원균에 대한 근심어린 기사가 임진년보다 더욱 눈에 띄게 나타나기 시작한다. 『해동명장전』에서는 이순신과 원균의 사이가 벌어진 것은 원균보다 나이 어린 이순신이 먼저 통제사가 되면서 원균이 이에 불만을 표시하기 시작하면서부터라고 기술되어 있다. 그러나 이것은 두 사람 간의 불화가 표면적으로 드러나기 시작한 때이지, 실제 이 둘 사이의 관계는 그 이전부터 좋지 않았다. 다음 기사도 원균에 대한 이순신의 원망을 잘 보여 준다.

『난중일기』 계사년 2월 22일.

새벽에 구름이 끼더니 동풍이 크게 불었다. 그러나 적을 치는 일이 급하므로 출발하여 사화랑沙火郎에 이르러 멎기를 기다렸다. 바람이 조금 자는 듯하므로 다시 재촉하여 웅천에 이르러 두 승장僧將(삼혜三惠와 의능義能)과 성의병成義兵(성응지成應祉)을 제포로 보내어 곧 상륙할 것처럼 하고 우도右道 여러 장수의 배 중에서 변변하지 못한 것을 골라 동쪽으로 보내어 역시 상륙할 것처럼 꾸미게 하였다. 왜적들이 갈팡질팡하였다. 이때를 틈타서 전선을 합하여 바로 찌르니 적들은 세력이 나뉘고 약해져서 거의 섬멸을 당하게 되었다. 그때 발포鉢浦 2호선과 가리포加里浦 2호선이 명령도 안하였는데 제멋대로 돌입하였다가 그만 얕은 곳에 걸려서 적들에게 습격을 당하게 된 것은 통분하여 가슴이 찢어질 것만 같다. 얼마 뒤에 진도 지휘선이 또 적에게 포위되어 하마터면 구할 수 없게 되었는데, 우후가 바로 들어가 구원해 냈다. 경상도의 좌위장左衛將과 우부장右部將은 보고도 못 본 체하며 끝내 돌아서서 구원해 내지 않았다. 그 괘씸함은 말할 수 없다. 참으로 통분하였다. [이 때문에 경상도 수사(원균)에게 질문도 하였거니와 한심한 일이었다.][132] 오늘의 통분한 것을 무슨 말로 다 하랴. 모두 경상도 수사 때문이다.

『난중일기』 계사년 2월 28일.

맑고 바람도 없었다. 새벽에 떠나 가덕加德에 이르니 웅천의 적은 위축되어 나와 항전할 생각도 못 내는 것이었다. 우리 배가 바로 김해강金海江 아래쪽 독사리목禿沙伊項(김해군 제산면)으로 향하였는데, 우부장이 변고를 알려 왔다. 여러 배들이 돛을 달고 급히 가서 작은 섬을 에워싸고 보니, 경상 수사(원균)의 군관과 가덕 첨사의 사후선伺候船 등 아울러 2척이 섬에서 들락날락하면서 태도가 수상하였다. 묶어서 원 수사에게 보냈다. 수사가 크게 성을 내었는데, 그 본의가 자신의 군관을 보내 고기 잡는 사람들의 머리를 베어 오자는 데에 있었던 때문이었다.

『난중일기』 계사년 3월 초2일.

종일 비가 왔다. 뜸 밑에 앉았노라니 온갖 생각이 가슴을 치밀어 올라 회

132 『난중일기』 인용문 중 괄호를 친 부분은 정조때 간행된 『이충무공전서』에는 없고, 충무공 친필 초고에만 있는 부분이라는 뜻이다. 이하 같다.

포가 어지러웠다. (이응화李應華를 불러다가 한참 이야기하다가 순천 배로 보내서 원의 병세를 알아보게 하였다.) 이영남李英男과 이여념李汝恬이 왔다. 그들에게서 원 영공(원균)의 '옳지 못한 일(非理)'을 들었다. 한탄 한탄하였다.

여기에서 '원균의 비리'란 경상 우수사 원균이 공을 탐내어 무고한 사람의 머리를 베어다가 왜적의 머리라고 보고하던 것을 가리킨다. 지난달 28일에 그의 군관들이 섬을 들락날락한 것도 그런 것이었다. 지금 이영남의 이야기에 살아왔다고 하는 사람도 원균의 부하에게 붙들려 가서 죽을 뻔하였다가 살아온 사람들이었다.

『난중일기』 계사년 5월 초8일.

흐리되 비는 오지 않았다. …당포唐浦(통영군 산양면 삼덕리)에 이르니 이영남이 보러 와서 수사(원균)의 잘못이 많다고 자세히 말하는 것이었다.

『난중일기』 계사년 5월 14일.

선전관 박진종朴振宗과 영산령寧山令 복윤福胤이 임금의 분부를 가지고 같이 왔다. 그들에게서 피란 중인 임금의 사정과 명나라 장수들의 하는 짓을 들으니 참 통탄스러웠다. 내가 우수사(이억기)의 배에 옮겨 타고 선전관과 이야기하며 술을 두어 순배 나누자, 경상도 수사 원 평중(平仲: 원균)이 와서 술주정을 부렸다. 온 배안 장병들이 분개하지 않는 이가 없었다. 그 고약스러움은 정말로 말할 길이 없다.

『난중일기』 계사년 5월 15일.

맑음. 윤동구尹東耉가 그 대장(원균)의 장계한 초본을 가지고 왔는데, 그 고약스러움은 말할 길이 없다.

『난중일기』 계사년 5월 21일.

(이영남이 다녀갔다.) 원 수사가 거짓 내용으로 공문을 돌려 큰 부대를 소동시켰다. 진중에서도 이렇게 속이니, 그 음흉하고 고약한 것을 이루 말할 수 없다.

『난중일기』 계사년 5월 30일.

종일 비. (이홍명李弘明이 보러 왔었다. 원 수사가 송경략宋經略[133]이 보낸 화전火箭을 혼자서 쓰려고 꾀하던 중 병사의 공문에 따라서 나눠 보내라고 하니까, 공문도 내보이려고 하지 않고 무리한 말만 자꾸 지껄이더라고 하니 우습다. 명나라 고관이 보낸 불화살 1,530개를 나눠 보내지 않고 독차지해서 쓰려고 하고 있다니 그것은 말로 할 수 없는 일이다.) 남해南海 기효근奇孝謹의 배가 내 배 곁에 대었다. 그 배 속에 어린 색시를 싣고서는 남이 알까봐 두려워하니 가소롭다. 이같이 나라가 위급한 때를 당해서도 예쁜 색시를 태우고 놀기까지 하니 그 마음 씀씀이야말로 이를 길이 없다. 그러나 그 대장이라는 원 수사부터 역시 그러하니 어찌 하랴, 어찌 하랴.

133 조선의 도체찰사都體察使에 비견되는 명나라 장수 송응창宋應昌을 말함.

『난중일기』 계사년 6월 5일.

비, 비. [종일 비가 쏟아져서 사람들이 배 밖으로 머리를 내밀기 어려웠다. 오후에 우수사(이억기)가 와서 해가 진 뒤에 돌아갔다.] 종일 비가 오고 풍세가 몹시 사나워서 배들을 구호하기가 힘들었다. (이홍명이 왔다가 저녁밥을 먹고 돌아갔다.) 경상도 수사(원균)가 웅천의 적이 감동포甘同浦로 들어올지도 모른다면서 들어가 치자고 공문을 보냈다 하니 그 흉계가 우습다.

『난중일기』 계사년 6월 11일.

비가 오다가 개었다 하였다. 아침에 왜적 토벌할 공문을 만들어서 영남 수사(원균)에게 보냈더니, 술이 취하여 살펴보지도 않았다.

보는 사람에 따라서는 이순신이 원균을 대하는 태도가 너무 과민하지 않은가 생각할 수도 있겠다. 그러나 원균이 평소에 아주 형편없는 사람이라는 것은 당시 조야에 잘 알려진 공론이었다. 임진왜란 직전에 조정에서 원균을 전라 좌수사에 임명하자, 사간원에서 극력 반대하였다. 『선조실록』 선조 24년(1591) 2월 4일.

사간원이 아뢰기를 "전라 좌수사 원균은 전에 수령으로 있을 적에 고적考積이 거하居下였는데 겨우 반 년이 지난 오늘 좌수사에 초수超授하시니 출척권징黜陟勸懲의 뜻이 없으므로 물정(시중 여론)이 마땅치 않게 여깁니다. 교체를 명하시고 나이 젊고 무략武略이 있는 사람을 각별히 선택하여 보내소서" 하니, 아린 대로 하라고 답하였다.

다시 말하면, 원균은 수령 시절에 학정이 자심하여 인사 고과에서 최하 점수를 받은 용렬한 인물이었다. 그러나 운 좋게 등급을 뛰어넘어 전라좌수사에 임명되자, 사간원에서 극력 반대의 입장을 밝힌 것이다. 이때 사간원의 계청이 받아들여져 원균은 곧 전라 좌수사 자리에서 해임되었다. 그러나 당장 쓸 만한 장수가 없다는 명분으로 임진왜란 직전 원균은 다시 경상 우수사에 임명되었다. 그리고 간신들의 후원으로 이순신이 맡고 있던 삼도 수군통제사의 직위를 빼앗아 차지하였다. 통제사가 되기 전까지 그가 주로 한 일은 무고한 백성들을 잡아다 죽이고 그것을 왜적의 목이라고 거짓 장계를 꾸며 자신의 공적을 부풀리는 일뿐이었다. 삼도 수군통제사가 되어서도 그가 한 일은 고작 왜군이 제일 두려워하던 이순신의 막강 수군을 한 순간에 모두 수장시킨 것뿐이다. 무능하고 부도덕한 자가 얼마나 국가와 민족에 해를 끼칠 수 있는지를 보여 준 인물이 바로 원균이다.

책임감이 강하고 강직하였던 이순신은 임진왜란이 시작되면서부터 원균이 전투에 임해 책임을 다하지 않는 모습에 실망하기 시작한다. 그리고 이듬해인 계사년에 들어서면서부터 그의 후안무치한 품성에 대해서 더더욱 염증을 느껴 인간적으로 아예 포기하는 모습을 보여 준다. 이순신을 괴롭힌 것은 원균뿐만이 아니었다. 전란중임에도 불구하고 정쟁에만 몰두하는 서울 양반들과 원군이랍시고 조선에 들어와 실제 전투에 대한 관심은 뒷전이고 이권에 눈이 멀어 딴 짓에만 몰두하는 명나라 군사들도 이순신의 심기를 매우 어지럽혔다. 다음의 두 기사가 그것이다.

『난중일기』 계사년 6월 7일.

본도 우수사 우후右水使虞侯(이정충李廷忠)가 (저녁에) 보러 왔다. (서울 안 소식을 낱낱이 전하였다. 가증하고 한탄스럽기 짝이 없었다.)

『난중일기』 계사년 5월 16일.

각 고을 공문과 소장訴狀에 대한 처결을 하여 주었다. …몸이 몹시 불편하여 베개를 베고 누워 신음하다가 명나라 장수가 중도에서 늦추며 머뭇거리는 것은 무슨 딴 꾀가 없지 않은 것 같다는 말을 들으니, 나라를 위해서 걱정이 많은 중에 일마다 이와 같아 더욱더 한심스러워 눈물을 지었다.

그러나 이순신은 오로지 광해군과 유성룡을 의지하면서 심적인 고난을 극복하려 하였다.

『난중일기』 계사년 6월 12일.

밤 10시 경 변존서卞存緖와 김양간金良幹이 들어와서 전하기를 동궁(광해군)께서 편찮으시다고 하니 걱정스럽기 짝이 없다. 유 정승(成龍)의 편지와 윤 지사[又新]의 편지가 왔다.

이 밖에도 이순신이 광해군 및 유성룡과 서신을 주고받는 장면이 여러 군데에서 발견된다. 갑오년(1594) 1월 15일에는 광해군으로부터 이순신이 직접 군사를 거느리고 가서 적을 토벌하라는 친서를 전달받는다. 또 갑오년 4월 22일에는 이순신이 장계와 조총을 조정에 올려 보내면서 광해군에게는 따로 의장용 장창을 만들어 올려 보냈다. 이순신은 광해군에게 각별히 신경을 썼다. 유성룡과의 관계는 이미 잘 알려진 바이지만, 이순신과 광해군의 각별한 관계는 지금까지의 어떤 이순신 담론에서도 주목받지 않은 부분이다.

『난중일기』에서 보여지는 광해군과 이순신의 관계는 단순히 세자와 수군절도사 간의 의례적 행위라고 보여지지 않는다. 앞으로 좀 더 깊은 연구가 있어야 할 터이지만, 두 사람의 성격상 상당히 의기투합할 수 있는 성향이 있었다. 두 사람 다 가식과 위선, 그리고 비현실적인 명분론을 싫어하였다. 전란을 극복하여 피폐해진 민생을 회복시키려는 진심어린 국난 극복의 자세를 견지하고 있었다.

이순신과 광해군은 모두 성리학에 매몰된 도학자들의 고담준론보다는 민생 안정과 직결된 현실의 급무를 최우선적으로 추진해 나갈 수 있는 과단성과 능력을 겸비한 담박한 성품의 소유자들이었다. 이순신을 삼도 수군통제사로부터 끌어내리기 위해 원균을 동조하였던 대신들이 권력의 양지만을 좇으며 가면을 쓴 선비로서 행세하였음에 비해, 이순신의 눈앞에는 오직 스스로 하늘에 물어 부끄럽지 않을 정正·사邪에 대한 구분만이 있었을 뿐이다. 그와 같이 공리공담이 지배하던 시대적 조류를 거슬렀기 때문에 이순신은 그가 우리 역사에 남긴 커다란 공적에도 불구하고 결국 당쟁의 희생양이 되었다. 뿐만 아니라, 임진왜란으로 피폐해진 민생을 안정시키기 위해 주력하던 광해군도 결국 당쟁에 의해서 권좌에서 축출당하는 비운을 겪어야 하였다. 두 사람이 만약 살아서 정사를 행하였다면, 조선의 역사는 그 후 크게 바뀌었을지도 모를 일이다.

이 밖에도 『난중일기』 계사년 9월 4일조에는 이순신이 전복을 선물한 사람들이 기록되어 있어 눈길을 끈다.

맑음. 폐단되는 것을 진술하는 장계와 총통 올려보내는 것과 제만춘 공초받은 사연을 올려보내는 것 등 세 가지를 봉해 올리는데, 이경복李景福이 가져갔다. 유 정승[성룡]과 참판 윤자신尹自新, 지사 윤우신尹又新, 도승지 심희수沈喜壽, 지사 이일李鎰, 안습지安習之, 윤기헌尹耆獻에게 편지를 쓰고 또 전복을 정표로 보냈다.

한편, 이순신은 전란의 바쁜 와중에서도 왜적의 조총에 대응할 만한 신무기를 개발하는 데 주력하였다. 『난중일기』 계사년 5월 12일에 보면 "정철총통正鐵銃筒을 새로 만들어 비변사에 보냈다."는 기사가 눈길을 끈다. 전란 중에 조총을 확보하는 일은 조선군의 전력강화에 매우 시급한 문제였다. 왜군의 조총이 총신이 길고 총구멍이 깊어 쏘는 힘이 맹렬한 것에 비해 조선군의 무기인 승자총통勝字銃筒 등은 총신이 짧아 위력이 조총에 미치지 못하였다. 이를 깨달은 이순신이 독자적으로 개발한 것이 바로 정철조총이었다. 이순신은 그 견본 5자루를 비변사에 올려 보냈다.

그리고 정철조총에 대한 명나라 사람들의 반응과 그의 희망 사항을 다음과 기록하고 있다.

『난중일기』 계사년 9월 14일.

맑음. 쇠로 만든 총통은 전쟁에 가장 긴요한 것이지만 우리나라 사람들은 그 만드는 법을 알지 못하였다. 이제 온갖 연구를 거듭하여 조총을 만들어 내었는데 왜총보다 더 잘 되었다. 명나라 사람들이 진중에 와서 시험으로 쏘아 보고서는 좋다고 칭찬하지 않는 이가 없다. 이미 그 묘법을 알았으니, 도내에 같은 모양으로 많이 만들어 내는 것이 좋을 것 같다. 순찰사, 병사에게 견본을 보내고 또 공문을 돌리도록 하였다.

33 한산도를 사수하라

舜臣이 以本營地勢偏左로 請移鎭閑山島하여 控制兩道하니 島在巨濟縣南하여 乃兩湖水路咽喉也라.

이순신이 본영의 지세가 왼쪽에 치우친 까닭으로, 한산도로 진영을 옮기기를 청하여 양도(전라 · 경상)를 제어하니, 한산도는 거제현 남쪽에 있어 곧 양호兩湖(전라 · 충청) 수로의 목구멍이었다.

해설

이순신은 6월 21일 새벽에 진영을 여수에서 한산도閑山島(망하응포望何應浦)로 옮겼다(『난중일기』 계사년 6월 21일). 「행록」에 의하면, 7월 15일 이순신은 본영이 전라도에 치우쳐 있기 때문에 해상을 막고 지휘하기가 어려우므로 마침내 진을 한산도로 옮기기를 조정에 청하여 이를 허락받았다.[134] 그 섬은 거제巨濟 남쪽 30리에 있는데, 산 하나가 바다 굽이를 껴안아, 안에는 배를 감출 수 있고 밖에서는 그 속을 들여다 볼 수 없었다. 또 왜적선들이 전라도로 가자면 반드시 이

134 전란 중 임기응변의 권도에 따라 먼저 진을 옮기고 사후 승인을 받은 것이다.

길을 거치게 되는 곳이었다. 이순신이 늘 요긴한 길목이라고 여겼다. 이때에 여기다 진을 치게 된 것이다. 그 뒤에 명나라 장수 장홍유張鴻儒[135]가 여기 올라와 한참이나 바라보다가

"참 좋은 진터이다."

라고 감탄하였다.

한산도로 이진한 이순신은 다가올 전투를 대비하여 전비를 가다듬었다. 『이충무공전서』에 있는 『난중일기』에서는 누락된 충무공 친필 초고본에는 당시의 정황을 알려 주는 다음과 같은 기사가 실려 있다.

계사년 6월 22일. 맑음. 처음으로 전선을 만들기 위하여 자귀질을 시작하였다. 목수 214명이 일을 하였다. 본영에서 72명, 방답에서 35명, 사도에서 25명, 녹도에서 15명, 발포에서 12명, 여도에서 15명, 순천에서 10명, 낙안에서 5명, 흥양과 보성에서 각 10명이었다. 방답에서 처음에는 15명밖에 보내지 않아서 담당한 군관과 아전을 처벌하였는데, 그 정상이 아주 간교하였다. 지휘선의 제2호선 급수군 손걸孫乞을 본영으로 돌려보냈던바, 못된 짓을 많이 하고 돌아다니다가 잡혔다기에 붙잡아 오라고 하였더니, 이미 버젓이 들어와 인사를 하는 것이었다. 제 마음대로 드나든 죄를 다스리고, 그와 함께 우후虞候의 군관 유경남柳景男도 처벌하였다.

135 산동山東 무안撫按의 명령을 받고 우리나라 수로水路의 쉽고 어려움을 조사함과 아울러 왜의 적정을 탐문하기 위하여 왔다. 그가 서울에 도착하여 선조를 접견한 것은 동왕 27년(1594) 6월 10일이요 서해로 하여 전라 좌수영과 한산도 등을 시찰하고 남원南原을 거쳐 서울로 돌아왔다가 곧 본국으로 돌아갔다.

이러한 와중에서도 한산도에 이진한 이순신은 갑자기 사라져 버린 왜선을 찾기 위해 탐후선探候船을 띄워 정찰 활동을 강화하였다. 그러나 아무런 활약도 없이 전공이나 탐하는 명나라 군대, 회복될 줄 모르는 신병身病, 그리고 상대하기에조차 너무나 한심한 원균, 이 세 가지 존재가 이순신의 심신을 밤낮없이 괴롭혔다.

이즈음 들어 이순신은 몸이 불편해서 종일 신음하는 날이 많아졌다. 7월 14일, 16일, 17일, 18일에는 연속해서 "몸이 대단히 불편하여 앉았다 누웠다 하였다."는 기사가 실려 있다. 계사년 8월 12일에는 "비가 오다 개다 하였다. 몸이 몹시 불편하여 종일 드러누웠다가, 허약한 몸에 땀이 무시로 나서 옷이 흠뻑 젖기 때문에 억지로 일어나 앉았다."는 기사가 적혀 있다. 이 밖에도 신병으로 고통스러워하는 기사가 이 무렵 빈출하고 있다. 특별히 약 처방을 하였다는 기사는 잘 보이지 않는다.

불면의 밤을 지새우던 이때의 심정을 『난중일기』는 다음과 같이 전하고 있다.

계사년 7월 15일.

가을 기운 바다에 들어오니 나그네 회포가 어지럽다.

(秋氣入海 客懷撓亂)

홀로 배뜸 밑에 앉았노라니 마음이 몹시 산란하다.

(獨坐篷[136]下 心緖極煩)

달빛은 뱃전에 비치어 정신이 오히려 맑아지니

[136] 뜸. 대오리 · 띠 · 부들 같은 것을 엮어 배 · 수레 등을 덮는 거적 비슷한 물건.

(月入船舷 神氣淸冷)

누워도 잠을 이루지 못하는 사이에 어느덧 닭이 우는구나.

(寢不能寐 鷄已鳴矣)

명나라 원균에 대해서는 다음 기사가 그의 마음을 대변한다.

계사년 7월 20일.

맑음. 탐후선이 본영으로부터 들어왔다. 병사兵使의 편지와 명나라 장수의 통첩이 왔는데 그 통첩의 내용이 참으로 괴상하다. 두치豆峙의 적이 명나라 군사에게 몰려 도망해 돌아갔다고 하였다. 거짓말임을 형언할 길이 없다. 상국上國 사람이 이러하니 다른 사람들이야 말할 것이 무엇이랴. 통탄 통탄할 일이다.

한편, 원균에 대한 이순신의 근심은 하루가 멀다 하고『난중일기』에 기록되고 있다. 어려서부터 마음에서 지워 버린 이름이었다. 그런 자와 매일 같이 머리를 맞대고 작전을 의논하려니 이순신의 성격에 이보다 더 큰 고역도 없었을 것이다.

계사년 7월 21일.

맑음. 경상 우수사(원균)와 정 수사(정걸)가 한꺼번에 와서 적을 토벌할 일을 의논하는데, 원 수사의 하는 말은 극히 흉측하고 말할 수 없는 흉계다. 이러하고서도 일을 같이 한다면 뒷걱정이 없을까? (그 아우 연埏이 뒤미처 와서 군량을 얻어 가지고 갔다.)

계사년 7월 28일.

맑음. (아침에 체찰사에게 가는 편지를 썼다.) 경상 우수사(원균)와 충청 수사(정걸)와 본도 우수사(이억기)가 함께 와서 약속하였다. (원 수사의 음흉하고 간흉한 것은 형편이 없다. 형편이 없다.)

계사년 8월 6일.

맑음. 저녁에 원 수사가 오고 이경수李景受[137] 영공令公, 정 수사도 와서 일을 논의하는 동안 원 수사의 언론은 걸핏하면 모순이 생긴다. 탄식할 만하다.

계사년 8월 7일.

저녁에 경상 수사(원균)의 군관 박치공朴致公이 와서 적선이 물러갔다고 전하나 원 수사와 그 군관은 본시 헛소리를 잘하니 믿을 수가 없다.

계사년 8월 9일.

오후에 우수사(이억기) 배에 갔더니 충청 영공令公도 왔다. 경상 수사(원균)는 복병을 일제히 내어 보내서 복병시키기로 약속해 놓고 슬며시 혼자 먼저 보냈다고 한다. 해괴한 일이다. 해괴한 일이다.

---

137 우수사 이억기의 자字.

계사년 9월 6일.

맑음. 새벽에 배 만들 재목을 운반해 올 일로 여러 배를 내어 보냈다. 식후에 (전라) 우수사 배로 가서 종일토록 이야기하였다. 거기서 원 수사의 흉패한 일들을 듣고 또 정담수鄭聃壽가 근거 없는 거짓말을 만들어 내는 꼴을 들으니 우스웠다.

8월 16일 아침에 이순신은 제만춘諸萬春이 어제 일본에서 돌아왔다는 것을 듣는다. 제만춘은 경남 고성 사람으로 처음에는 원균의 군교軍校로 출발하여 훈련봉사訓鍊奉事가 되었다. 원균의 군관으로 있다가 임진란에 왜적의 포로가 되었던 자였다. 이순신은 그 다음날 제만춘을 불러다가 문초하고 분한 사연들이 많이 있었음을 파악한다. 제만춘은 일본에서 탈출한 후 이순신의 장계로 인하여 사형을 면하였다. 평생토록 이순신의 막하에서 군관이 되어 진력하였다. 뒤에 난이 끝난 후에도 통제영의 급료를 받고 살았다. 제만춘은 뒤에 간행된 『화국지』和國志에서 이순신이 매번 이긴 이유가 바로 조선 군함의 우수성에서 비롯된 것이었다고 증언하였다. 그나마 기술학을 존중하던 조선 전기의 건실한 유풍이 임진란에서 이순신에 의해서 발현되면서 조선의 체면을 살렸다고 하겠다.

임진왜란 연구의 전문가인 조원래 교수도 그의 연구에서, 왜적에 대한 조선 수군의 완벽한 승리는 현격한 전함의 수준차에서 비롯되는 것임을 논증한 바 있다. 옥포 해전으로부터 부산포 해전에 이르기까지 약 4개월 간에 걸쳐 임란 초기 해전에서 조선 수군은 일본의 전선만도 약 330여 척을 격파 또는 불태워 버린 엄청난 전과를 세웠다. 이것은 무엇보다도 일본 수군이 수송선류의 선박에 조총과 창검槍劍·궁시弓矢 정도의 부실한 화기를 지닌 데 반하여, 조선 수군이 상대적으로 월등한 해상 전력을 갖추고 있었기 때문이었다. 우선 견후장대堅厚壯大한 판옥선과 돌격선의 기능을 갖춘 거북선에 천자·지자·현자·황자 등의 대형 총통을 탑재하여 대장군전大將軍箭·장군전將軍箭·차대전次大箭·피령전皮翎箭 등 장거리 포탄을 활용하였을 뿐만 아니라, 승자총을 위시한 소형 총통과 장편전·편전·화전 등의 각종 궁시류는 물론, 질려포蒺藜砲·대발화大發火·요구금要鉤金 등 특수 무기들까지 갖추었기 때문에 일본 수군을 완벽하게 제압할 수 있었던 것이다.[138]

임진왜란에 동원된 일본의 전선은 대체로 안택安宅·관선關船·소한小早 등 3종이었다. 안택선은 갑판 위에 층각을 설치한 대형 전선이었고, 관선은 중형 전선이었으며 소한은 소형 쾌속선이었던 것으로 보인다. 이 가운데 주전선으로 사용된 것이 관선인데, 이것은 조선 수군의 주력 전선이었던 판옥선板屋船에 비하여 규모도 작고 약한 선박이었다. 당시 조선 수군이 보유한 전선은 판옥선 외에 돌격선의 기능을 가진 거북선과 판옥선의 부속선으로 개발된 협선挾船과 시후선伺候船 등이 있었다. 따라서 임란 해전을 양군의 전선으로 말한다면 판옥선과 관선의 싸움이었다고 할 수 있다.[139]

138 조원래, 「임란초기 해전의 실상과 조선수군의 전력」, 『조선시대사학보』 29, 조선시대사학회, 2004, 87쪽.

139 김재근, 「임진왜란중 朝·日·明 軍船의 특성」, 『임란수군활동연구논총』, 해군군사연구실, 1993, 141쪽.

판옥선은 을묘왜변(1555, 명종 10)을 전후한 시기에 처음으로 건조된 혁신적인 전함이었다. 그 특징은 무엇보다도 크고 무겁고 튼튼한 선박이었다. 선체가 커서 많은 전투원과 화포, 그리고 각종 군수품을 적재할 수 있었을 뿐 아니라, 선체가 높아 적이 기어오르기 어려웠다. 반면에 여기에 탑승한 수군은 아래를 내려다보면서 화포를 발사할 수 있는 장점을 갖고 있었다.[140] 특히, 현측舷側이 매우 높아서 선상船上에 쉽게 접근하기가 어려웠으므로, 일본 수군에게는 그들의 전통적인 전법인 등선육박전登船肉薄戰(接舷戰: Boarding tactics)도 불가능하게 되었다.[141]

왜적의 등선육박전은 말 그대로 배를 서로 붙여 상대방의 배에 올라타 싸우는 것을 말한다. 조선에서는 여말부터 왜구의 침입을 받았던 관계로 '왜놈 하나가 조선 배에 기어 올라와 검을 휘두르며 난동을 부리면 아무도 제어하지 못하였다.'고 할 정도로 등선육박전의 위력을 실감하고 있었다. 그것이 판옥선의 건조로 무용지물이 된 것이다.

그리고 일본은 원래 조선처럼 화포를 선호하지 않고 소총만을 애호하였으므로 임진왜란에 있어서도 화포를 별로 이용하지 못하였다. 그들의 군선술도 포술에는 아주 약하였다. 더욱이 그들의 선박(관선)은 좁고 길어서 안정성이 없고 포를 구사하기가 부적합하였다. 그러므로 임진왜란 해전은 판옥선과 화기로 승리를 거둔 것이라 할 수 있다.[142]

---

140 장학근, 「왜군격퇴의 전략전술(해전)」, 『한국사』 29, 국사편찬위원회, 1995, 205쪽.
141 김재근, 앞의 글, 144쪽.
142 김재근, 위의 글, 274쪽.

그러나 조선의 수군이 보유한 함대와 무기가 아무리 우수하였다 할지라도 그것을 운용하는 지휘관의 역량은 절대적이었다. 특히, 이순신이 12척의 배로 왜선 133척과 겨뤄 얻어 낸 승리는 이순신의 신출귀몰한 전술과 지휘 능력이 없이는 불가능한 것이었다. 임란 발발 초기 경상 좌수사 박홍은 왜선과 한 번 제대로 겨뤄 보지도 못하고 줄행랑을 쳤다. 원균은 삼도수군통제사가 된 후 왜적에게 완패함으로써 이순신이 인계해 준 수백 척의 전함을 모두 수장시켰다. 이들의 패전은 무기와 장비의 질적 우수성을 떠나 그것을 운용하는 지휘관의 역량이 얼마나 중요한 요소인지를 웅변으로 보여 준다.

여기에서 잠시 이순신의 휘하 병력 체계에 대해서 알아보자.

계사년 8월 26일 『난중일기』에

> 비가 오다 개다 하였다. 원 수사가 왔다. 얼마 뒤에 우수사, 정 수사가 함께 모였다. 순천, 광양, 가리포는 곧 돌아갔다. 흥양(배흥립)이 와서 명절 제사 음식을 대접하는데, 원 수사가 술을 마시겠다고 하므로 약간 주었다. 잔뜩 취해서 흉악하고 도리에 어긋나는 말을 함부로 하였다. 가소로웠다.

라고 적혀 있다.

이때 이순신의 일기에서 보여지는 순천, 광양, 흥양, 낙안 등의 지명은 각 수군 기지의 지휘관들을 약칭으로 부르는 대명사이다. 『경국대전』에 규정된 조선 초기의 수군 제도에서는 연해 지역 요해처에 설치된 수군진水軍鎭에만 수군절도사가 지휘하는 수군 병력이 배치되었다. 그러나 1510년(중종 5) 삼포왜변 이후 1555년(명종 10) 을

묘왜변을 겪는 과정에서 연해 지역 제읍諸邑에도 '선소'船所라고 하는 이름의 수군 기지가 설치되었다. 다만 제읍의 수군들이 배치된 선소는 수사가 아닌 병사가 관장하였다는 특징이 있었다. 이른바 병사겸치제兵使兼治制라 일컫는 이 제도가 시작된 것은 중종 5년 삼포왜란 직후부터였다. 병사의 연해 제읍沿海諸邑의 수군겸치제는 머지않아 폐지되고 말았지만,[143] 연해 지역 제읍 수군들이 배속된 선소는 그대로 존속하여 임진왜란시까지 계속된 것이다.

임진왜란 중 조선 수군의 주축이었던 전라 좌수군, 즉 전라 좌수사 휘하의 군사들이란 그의 관할 구역인 순천도호부 · 보성군 · 낙안군 · 광양현 · 흥양현(고흥) 등 5개 읍 관내에 소속된 수군들이었다. 그런데 여기에는 위에서 언급한 대로 삼포왜변 이후에 설치된 제읍 소속의 군사들이 있었는가 하면, 예부터 존재하였던 진포 소속의 군사들이 또 있었다. 먼저 제읍의 수군들이 배속된 선소들을 열거해 보면, 순천도호부 수군선소順天都護府水軍船所(현 여수시 시전동) · 보성군 수군선소寶城郡水軍船所(현 보성군 득량면 비봉리) · 낙안군 수군선소樂安郡水軍船所(현 보성군 벌교읍 진석리) · 광양현 수군선소光陽縣水軍船所(현 광양시 진월면 선소동) · 흥양현 수군선소興陽縣水軍船所(현 고흥군 도화면 덕흥리) 등이다. 그리고 각 읍의 선소에 배치된 수군들은 순천 수군 · 광양 수군 등으로 호칭하였으며, 5개 읍의 선소를 통칭하여 5관五官의 수군기지라 하였다.

다음으로 전라 좌수영 관할하에 있던 전통적인 수군진으로서 5

143 이 제도는 반대가 많아서 중종 17년에 폐지된 뒤 다시 명종 즉위년(1545)에 일시 부활되었으나 곧 바로 폐지되었다.

개 진포가 있었는데, 사도진蛇渡鎭(고흥군 영남면 금사리) · 여도진呂島鎭(고흥군 점암면 여호리) · 발포진鉢浦鎭(고흥군 도화면 내발리) · 녹도진鹿島鎭(고흥군 동양읍 봉암리) · 방답진防踏鎭(여수시 돌산읍 군내리) 등이었고 이를 5포五浦라 칭하였으며, 여기에 소속된 수군들을 사도 수군 · 녹도 수군 등으로 불렀다. 그러므로 임진왜란시 전라 좌수사 이순신 휘하에서 일본 수군을 격파한 주역들은 바로 5관5포의 수군들이었던 것이다.

그리고 5관의 수군들은 각 읍의 군수 · 현감 등 지방 수령들이 그들을 지휘 통솔하였고, 5포의 수군들은 그들의 첨사 또는 만호의 지휘에 따라 움직였다. 즉, 5관5포의 지방관 및 첨사 · 만호들은 전라 좌수사 이순신을 총수로 한 각 단위부대의 지휘관들이었으며, 전라 좌수군의 군사 조직은 전라좌도 연해 지역의 총동원 체제이었음을 말해 준다.[144]

144 조원래, 앞의 글, 88-91쪽.

34 삼도 수군통제사가 되다

朝廷이 遂置水軍統制使하고 以本職으로 兼領之하니라.

조정이 드디어 수군통제사를 설치하고, 본래의 직분과 겸하여 통솔하게 하였다.

初에 元均이 以單舸로 控于舜臣하고 聯名奏捷하나 而朝廷이 察舜臣功大하여 階至統制하다.

처음에 원균이 큰 배 한 척만을 이순신에게 주고 연명으로 승첩을 아뢰었으나, 조정이 이순신의 공이 큼을 살펴 품계가 삼도 수군통제사에 이른 것이다.

해설

8월 1일 조정에서 삼도의 수사水使들이 서로 통제되지 않으므로 반드시 주장을 두는 것이 옳다 하여, 이순신으로서 삼도 수군통제사를 겸하게 하고 본직은 그대로 가지게 하였다.

『난중일기』에는 삼도 수군통제사로 임명된 사실을 매우 간략하고 담담하게 기록하고 있다.

계사년 8월 10일.

맑음. 아침에 방답 탐후선이 들어왔다. 임금의 분부를 전하는 편지와 비변사의 공문과 감사監司의 공문이 한꺼번에 왔다.

35 원균의 질투

均이 恥出其下하여 始與之貳라.

원균이 그(이순신) 아래에 나아감을 수치스럽게 여겨, 비로소 그와 더불어 두 마음이 되었다.

舜臣이 每優容之나 而均이 粗暴肆忿하여 不遵節制어늘

이순신이 매번 우대하고 용서하였으나, 원균이 조잡하고 포악하며 방자하게 성을 내어 절제를 잃거늘

舜臣이 恐誤大事하여 引咎乞遞하니 朝廷이 不得已하여 而移均忠淸兵使하다.

이순신이 대사를 그르칠까 두려워서 자신의 허물을 들어 통제사 직을 물러날 것을 청하니, 조정이 부득이하여 원균을 충청 병사로 옮겼다.

해설

「행록」에 의하면, 8월에 조정에서 삼도 수군이 서로 통섭되지 않

으므로 반드시 주관하는 장수가 있어야 되겠다 생각하였다. 이순신으로 삼도 수군통제사를 삼고 본직은 그대로 겸하게 하였다. 원균은 자기가 선배로서 도리어 이순신에게 지휘받게 된 것을 부끄럽게 여겼다. 이순신은 매번 그를 너그럽게 대해 주었다.

이순신은 진중에 있으면서 항상 군량 때문에 걱정하였다. 백성들을 모아 들여 둔전屯田을 짓게 하고, 사람을 시켜 고기를 잡게 하며 소금 굽고 질그릇 만드는 일에 이르기까지 안 하는 일이 없었다. 그것을 모두 배로 실어 내어 판매하여 몇 달이 채 안 되어 곡식 수만 석을 쌓게 되었다.

또 이순신은 진중에 있는 동안 여자를 가까이 하지 않았다. 매일 밤 잠잘 때도 띠를 풀지 않았다. 그리고 겨우 한두 잠 자고 나서는 사람들을 불러들여 날이 샐 때까지 의논하였다. 또 먹는 것이라고는 아침 저녁 5·6합뿐이었다. 보는 이들은 이순신이 먹는 것 없이 일에 분주한 것을 깊이 걱정하였다. 이순신의 정신은 보통 사람보다 갑절이나 더 강하였다. 이따금 손님과 밤중에 이르기까지 술을 마시고도 닭이 울면 반드시 촛불을 밝히고 혼자 일어나 앉아 문서를 보기도 하고 혹은 전술을 강론하기도 하였다.

이 무렵인 선조 26년(1593 계사년) 10월 1일, 선조가 마침내 피란지에서 서울로 환도하였다. 이에 곧 군사 지식에 해박한 도체찰사 유성룡이 상경하여 영의정으로 복귀하였다. 이제 군령·군사 지휘의 직접적인 권한은 잠정적이기는 하나 도원수 권율 혼자 통제해야 하였다.

행주산성幸州山城 전투에서 왜적에게 대승한 공로로 명나라 장수들에게까지 그 위명이 떨쳤던 도원수 권율이었지만, 군사 행정 능력에 있어서는 그렇게 뛰어나지 못하였다. 이에 대하여 선조가 불평하였다. 권율을 적극 추천하였던 유성룡도, 그 사람됨은 근실하나 운용하는 재능이 부족하므로 서성徐渻과 같이 재지才智가 있는 종사관從事官을 파견하여 돕게 하는 것이 좋겠다고 할 정도였다.[145] 결국 조정에서는 선조 28년(1595 을미년) 6월에 우의정으로 임명되었던 이원익李元翼을 7월에 가서 도체찰사 겸 부원수부사副元帥府事로 임명하여 권율과 교체하였다. 이원익은 7월 12일에 상경하여 도체찰사에 임명되었다. 권율이 다시 도원수로 되돌아오는 이듬해 정월까지 도원수 없이 모든 군사에 관한 각종 책응策應을 담당하였다.[146]

한편, 그 동안 왕비와 더불어 해주海州에 있던 광해군은 명사明使가 나와서 세자의 남하를 극력 주장하였기 때문에 몸이 불편하였지만 윤11월 19일에 출발하여 12월 말에 목적지인 전주全州에 도착하였다. 병민兵民에 관한 책응을 하게 되었다.

이보다 앞서 임진년 4월 30일 새벽에 국왕은 서쪽으로 파천播遷의 길을 떠났다. 왕자를 제도諸道에 나누어 보내서 근왕병勤王兵을 모집하도록 하고 세자는 대가大駕를 따라가도록 의논을 정하였다. 임해군臨海君은 함경도로 가는데 영부사 김귀영金貴榮과 칠계군漆溪君 윤탁연尹卓然이 따라갔다. 순화군順和君은 강원도로 가는데 장계군長溪君 황정욱黃廷彧과 호군護軍 황혁黃赫과 동지同知 이기李墍가 따라갔다. 황혁의 딸이 순화군의 부인이고, 이기는 원주 사람인 까

145 『선조실록』 권48, 선조 26년 2월 임자; 차문섭, 『朝鮮時代軍事關係研究』, 단국대출판부, 1996, 492, 496-497쪽.

146 차문섭, 위의 책, 501-502쪽.

닭에 같이 보내었던 것이다.[147]

왜군이 함경도에 들어가자 백성들의 밀고로 두 왕자가 적의 수중으로 들어갔다. 종신從臣 김귀영, 황정욱, 황혁과 본도 감사 유영립柳永立, 북병사北兵使 한극성韓克誠 등도 모두 잡혔다. 남병사南兵使 이혼李渾은 갑산甲山으로 도망하였다가 그곳 백성에게 살해를 당하였다.[148] 전란에 대처하는 국왕과 조정 대신들의 무능함에 백성들의 분노는 하늘을 찌르고 있었다.

다만, 세자였던 광해군만이 백성들의 신임을 얻어 홀로 무사할 수 있었다. 왕세자의 행영行營을 처음에 분비변사分備邊司라 하였다가 무군사撫軍司로 바꾸어 전주에 개설하였다. 분비변사라 할 때는 왕세자를 중심으로 군사軍事 및 이에 관련된 재정 등을 관장하였으나, 무군사로 개칭됨으로써 군사는 물론 일선에서 행해지는 행정도 선결후문先決後聞하는 조치를 취하게 되었다. 거의 분정부分政府, 즉 분조分朝와 같은 구실을 하였다. 그렇기 때문에 도체찰사의 이름을 드러내지 않고 정부가 해야 할 일선에서의 모든 서무는 무군사 중심으로 처결해 나갔다. 이로써 남방에 있어서의 모든 군사 관계는 명군明軍과 연락을 취하면서 좌의정 윤두수尹斗壽가 사실상의 책임을 지고 군령권을 행사하여 책응하였다. 그의 지휘 아래 육군은 도원수 권율權慄이, 수군은 그해 8월에 임명된 삼도 수군통제사 이순신이 직접 군사 지휘권을 행사하였다. 수 · 육군에 관계되는 합동 작전 등의 지휘는 역시 도원수 권율의 지휘 아래 놓여지게 되었다.[149]

147 柳成龍, 『懲毖錄』.
148 「행록」.

도원수의 직임을 담당하고 있던 권율은 본시 유장儒將 출신으로서 부하 장수들과 많은 마찰을 빚었다. 당장에 휘하 장수인 원균조차도 권율을 인정하지 않았다. 게다가 원균은 자신이 이순신보다 못한 것은 모두 권율이 방해하기 때문이라는 말까지 퍼뜨리고 다녔다. 『난중일기』 갑오년(1594) 1월 18일.

맑음. 만호(사량 만호蛇梁萬戶 이여념李汝恬)와 수사(원균)의 군관 전윤田允이 보러 왔다. [전윤이 말하기를 수군을 거창居昌으로 붙들어 왔다고 하며, 원수(권율)가 방해하려 한다고 하였다. 가소롭다. 예로부터 남의 공을 시기하는 것이 이 같은 것이니 무엇을 한탄하랴.]

이순신은 원균의 조악한 인품을 익히 알고 있었지만, 그가 공을 세웠다는 소식을 듣고는 진심으로 기뻐하였다. 갑오년 1월 24일 일기에는 원균이 공을 세운 사실에 매우 기뻐하는 기사가 실려 있다.

맑고 따뜻하였다. …영남 원 수사가 군관을 보내어 보고하기를 좌도(경상좌도)에 있는 왜적 300여 명을 죽였다고 한다. 매우 기쁘다. 매우 기쁘다.

이순신은 원균을 미워하는 마음이 없지 않았으나, 그가 개과천선하여 잘 되기를 진정으로 바라마지 않았다. 이순신은 살아오는 동안 상대가 원균이든 누구든 불의를 저지르는 사람은 좌시하지 않았

149 차문섭, 위의 책, 493-494쪽.

을 뿐이다. 그러나 아무리 실책이 많은 사람일지라도 당사자가 과실을 자백하면 너그러이 용서해 준 것이 또한 이순신이었다. 갑오년 3월 13일 『난중일기』 친필 초고본에

맑음. 아침에 장계를 올렸다. (오후에 원 수사가 와서 자기의 잘못된 일을 고백하므로 장계를 도로 가져다가 원사진元士震과 이응원李應元들이 가왜假倭[150]를 목잘라 바친 일은 고쳐 보냈다.)

라고 기록되어 있다. 이순신은 과연 사람을 측은하게 여길 줄 아는 불인지심不忍之心의 소유자였다. 그러나 이날 원균이 이순신에게 와서 사죄한 것은 자신이 가왜의 목을 잘라 공적을 부풀린 사실이 조정에 탄로가 날까 두려워하였기 때문이었다. 하는 수 없이 이순신에게 머리를 조아린 것일 뿐이었다. 그러므로 원균의 방자한 행동은 전혀 고쳐지지 않았다.

『난중일기』 갑오년 4월 12일.

맑음. 순무어사 서성이 내 배에 와서 이야기하였다. 우수사와 경상 수사(원균), 충청 수사도 함께 와서 술이 세 순배 돌자, 원 수사는 짐짓 취한 체 광란狂亂을 일으키고 함부로 무리한 말을 뇌까리니, 순무도 괴이함을 이기지 못하였다.

원균의 방자함을 보다 못한 이순신은 삼도 수군통제사로서 군

150 가짜 왜적이란 뜻. 원균은 무고한 조선 백성들의 목을 잘라 왜적이라 속이고 자신의 공적을 부풀리고 있었다.

기 확립을 위해 원균의 부하를 잡아다가 죄를 물었다.

갑오년 4월 16일.

맑음. …경상 수사(원균)의 군관 고경운高景雲과 도훈도都訓導 및 사변에 대비하는 책임을 지는 아전을 잡아 와서 지휘에 응하지 않고 적의 변고도 보고하지 않은 죄로 매를 때렸다.

한편, 거짓으로 공훈을 부풀리려는 원균의 태도가 개선되지 않자, 이순신이 통절하게 대응하는 장면도 눈에 띈다.

갑오년 5월 6일.

오후에 원 수사가 사로잡은 왜인 3명을 거느리고 왔기에 문초를 받아본즉 이랬다 저랬다 만 번이나 속이므로, 원 수사를 시켜 목을 베게 하였다.

원균이 자신의 공적을 부풀리기 위해서 왜적으로 분장시킨 가왜들을 직접 처단하도록 지시한 것이다. 그렇게라도 하면 원균이 반성하고 그 천인공노할 만행을 그만 둘 것으로 기대한 것이다. 그렇지만 반성은커녕 원균의 비행은 그칠 줄 모르고 계속되었다.

갑오년 5월 13일.

맑음. 검모포黔毛浦 만호의 보고에 "경상 우수사(원균) 소속 포작鮑作[151]들

151 '보자기'의 이두 표기. 임진왜란 전 일정한 거처 없이 해상을 떠돌면서 고기잡이로 생계를 영위하던 천민 신분으로 전라도에서는 을묘왜변이 있은 직후부터 이들을 해상 방위의 보

이 격군을 싣고 도망가다가 현지에서 붙들렸는데, 포작들이 원수사 있는 곳에 숨어 있다 하였다. 사복司僕(수사관)들을 보내어 붙들어 오려는데, 원 수사가 크게 성내고 도리어 사복들을 결박하였다." 하므로 노윤발盧潤發(군관)을 보내어 풀어 주게 하였다.

원균이 자기 직속 병력을 동원해 격군을 빼돌린 것은 아마도 그들을 잡아다가 가왜로 위장시켜 목을 치려는 의도였을 것이다. 원균은 이순신 휘하의 격군을 빼돌리다 자기의 수하들이 현장범으로 붙들렸는데도, 오히려 삼도 수군통제사가 보낸 사복들을 결박하는 항명을 자행하였다. 이때 이순신은 원균을 단호히 응징했어야 하였다. 그러나 그는 원균의 명령 불복종을 도리어 자신의 허물로 돌렸다.

갑오년(1594, 선조 27, 이순신 50세) 정월 11일. 이순신은 배를 타고 고음천古音川(여수시 웅천동 송현 부락)에 머물고 계신 어머님을 찾아가 뵈었다. 이튿날 작별을 고할 때 어머님께서는

"어서 진중으로 잘 가서 나라의 욕됨을 크게 씻어라."

하고 두 번 세 번 타이르셨다. 조금도 작별하는 서운한 표정을 보이지 않으셨다.

『난중일기』 갑오년 1월 12일.

맑음. 아침을 먹은 뒤에 어머님께 하직을 고하니, "잘 가거라. 나라의 치욕을 크게 씻어라." 하시고, 두 번 세 번 타이르시며, 조금도 이별하는 것으로 탄

조 병력으로 활용코자 하였던 예가 있다. 임란 해전에서는 1차 출전시 이순신이 전라 좌수영에서 46척의 포작선을 동원하여 실전을 수행하였을 정도로 중요한 역할을 담당하였다.

식하지 아니하셨다.

2월에 여러 장수들에게 명령하여 경상 좌도와 우도의 전선과 무기들을 분담 점검케 하였다. 분망한 와중에도 이순신은 가슴속에 늘 유성룡을 그리며, 그와 짝을 맞춰 국가가 처한 위난을 극복하기 위해 노력하였다.

『난중일기』 갑오년 2월 12일.

맑음. …영의정(유성룡)의 편지도 가져왔다. (위에서 밤낮으로 애쓰시는 일을 들으니 그 강개하고 그리움이 끝이 없다.)

그러나 이 두 사람의 우국충정과는 달리 주변은 여전히 어수선하였다.

갑오년 2월 16일.

맑음. (아침에 흥양과 순천이 왔다. 흥양이 암행어사의 비밀 장계 초안을 얻어 가지고 와서 보이는 바) 암행어사 유몽인柳夢寅의 계초啓草에 임실 이몽상李夢祥, 무장 이충길李忠吉, 영암 김성헌金聲憲, 낙안 신호申浩는 파면하고, 순천은 탐관오리로 최우선 논핵하고, 담양(이경로李景老), 진원(珍原-조공근趙公瑾), 나주(이용순李用淳), 창평(백유항白惟恒) 수령들은 악행을 덮어 주고 칭찬하는 말로써 장계하였다. 임금을 속임이 여기까지 이르니, 나랏일이 이러하고야 평정될 리가 만무하다. 우러러 탄식할 뿐이다. 또 수군은 일족一族 및 장정 넷 중에 둘이 전쟁에 나가는 것은 심히 그르다고 말하였으니, (암행어사 유몽인은) 국가의 위급함은 생각지 않고 한갓 목전의 고식책에만 힘쓰니 나라를 위한 아픔이 더욱 심하다.

원래 충무공 친필 초고본에는 다음과 같이 기록되어 있다.

(암행어사 유몽인은 국가의 위급함을 생각지 않고 다만 눈앞을 꾸며 갈 것만 노력하고 남쪽 지방의 종작 없는 소리만 믿으니, 나라를 그르치는 교활하고 간사한 말이 악목岳穆에 대한 진회秦檜[152]와 다를 것이 없다. 나라를 위하는 아픔이 더욱 심하다.)

3월에 담도사譚都司(종인宗仁)란 자가 있어, 왜적과 화친하는 일 때문에 명나라로부터 웅천熊川 적진에 이르러 이순신에게 패문牌文(공문)을 보내 왔다.

"일본 여러 장수들이 갑옷을 벗고 전쟁을 않겠다 하니 그대는 속히 본고장으로 돌아가고 행여나 일본 진영에 가까이 가서 흔단을 일으키는 일이 없도록 하라."

는 것이었다. 이순신은 이에 답장을 써

"영남 연해안이 내 땅 아닌 곳이 없는데, 날더러 일본 진영에 가까이한다 함은 무슨 말이며, 또 나를 속히 본고장으로 돌아가라 하니 그 본고장이란 어느 쪽을 가리킴인가. 왜적들은 신의가 없는 자라 화친한다는 말은 거짓말일뿐더러 나는 조선의 신하라 의리상 이도 적들과는 한 하늘 아래 같이 살 수는 없다."

152 악목과 진회는 모두 중국 송조宋朝 때 사람인데, 진회는 적국에 항복하기를 주장한 자로서 충의의 명장 악목을 죽였다.

라고 단호한 입장을 표명하였다. 속국의 장수가 상국의 명령을 거역한다는 것은 여간 대담한 일이 아니었다. 처벌까지도 두려워하지 않는 용기가 필요하였다. 명측에서도 명령을 따르지 않는 이순신이 괘씸하였지만, 명분상 이순신의 말이 옳았기 때문에 어쩌지 못하였다.

이때 이순신이 염병에 걸려 병세가 몹시 위중하였다. 그럼에도 불구하고 오히려 하루도 눕지 않고 여전히 사무를 보았다. 자제들이 휴양하기를 청하였다. 이순신은

"이제 적을 상대해서 승패 결단이 호흡하는 사이에 걸렸다. 장수된 자가 죽지 않았으니 누울 수가 있을 것이냐."

하고 억지로 12일 동안이나 병을 참아 이겨 냈다.

계사(1593) · 갑오년(1594) 동안에 유행병이 크게 퍼져 진중에 군사와 백성들이 연달아 죽었다. 이순신은 차사원差使員을 정하여 유골을 거두어 장사지내게 하였다. 또 글을 지어 제사해 주었다.

어느 날 또다시 글을 지어 유행병에 죽은 이들을 제사지내려는데, 그날 새벽에 꿈을 꾸었다. 한 떼거리 사람들이 앞으로 와서 원통함을 호소하였다. 이순신이 왜 그러는지를 물었더니 그들이 대답하되

"오늘 제사에 전쟁에 죽은 자나 병으로 죽은 자들은 모두 다 얻어먹었지만, 다만 우리들은 그 속에 같이 섞여 들지 못하기 때문입니다."

하였다. 이순신이 다시

"너희들은 무슨 귀신이냐?"

하고 물었더니

"물에 빠져 죽은 귀신입니다."

하고 대답하였다. 일어나 그 제문을 들고 보니 과연 물에 빠져 죽은 사람들이 적혀 있지 않았다. 다시 명령하여 제사지내도록 하였다.

4월 초6일. 작년 12월에 조정에 청하였던 무과시험을 보였다.

5월 초10일에 침루枕樓 위에 올라가 삼도 수군의 형세를 시찰하였다.

이순신은 군중의 무기로 총통보다 더 중대한 것이 없다고 생각하였다. 필요한 동銅과 철鐵이 준비된 것이 없어 민간에서 널리 거두어 들였다. 한꺼번에 얻은 것이 8만여 근이나 되었는데, 그것으로 총통을 주조하였다. 각 배에 나누어 주어 넉넉히 쓰게 하였다.

이순신이 달밤에 읊은 애절한 시조가 전해진다.

한 바다에 가을 빛 저물었는데
찬 바람에 놀란 기러기 높이 떴구나.
가슴에 근심 가득 잠 못 드는 밤
새벽달 창에 들어 활과 칼을 비치네.

유명한 한산도가도 이 무렵에 읊은 것으로 보인다.

한산섬 달 밝은 밤에 수루에 혼자 앉아
큰 칼 옆에 차고 깊은 시름 하는 차에
어디서 일성호가一聲胡笳는 남의 애를 끊나니.

갑오년(1594) 5월의 『난중일기』는 삼도 수군통제사의 직에 어울리지 않는 이순신의 초라한 진중 생활을 전해 준다.

갑오년 5월 5일.

비바람이 크게 불어쳤다. 지붕이 세 겹이나 걷혀 조각조각 날아가고, 삼대 같은 빗발에 몸을 가리지 못하였다.

그럼에도 이순신은 오히려 부하들의 처지를 더 걱정하였다.

갑오년 5월 16일.

흐리고 가는 비가 오더니, 저녁에 큰 비가 시작하여 밤새도록 내려 집이 새어 마른 데가 없었다. 여러 배 사람들의 거처가 괴로울 것이 무척 염려스럽다.

8월에 도체찰사 이원익李元翼이 이순신의 배에 같이 타고 한산도를 두루 시찰하였다. 그가 크게 감탄하며 "이 통제李統制는 과연 큰 경륜을 가진 인재"라 하였다.

9월 의병장 곽재우郭再祐 · 김덕령金德齡 등을 분대 파송하여 서로 기회를 맞추어 적을 토벌하도록 하였다. 29일에 출발하여 장문포長門浦로 들어가 왜선 2척을 불태웠다.

10월 1일 충청도 수군절도사와 여러 선봉장들을 거느리고 영등포永登浦로 들어왔다. 3일에 장문포로 가니 왜병들이 무서워 감히 나오지를 못하였다.

11월 항복해 온 왜적들을 좌 · 우도로 갈라 보내어 대포 쏘는 것을 연습시켰다.

36 원균과 권세가들의 결탁

均이 積憾不釋하고 締交朝貴하여 搆誣舜臣하니라.

원균이 쌓인 감정을 풀지 않고, 조정의 지체 높은 자들과 교제를 맺어 이순신을 무함하였다.

倭將平行長이 曾以馬島로 事我國하다.

왜장 평행장[153]이 일찍이 대마도로써 우리나라를 섬겼다.

至是에 先驅入寇하여 慚見我人하고 詐請通款하다.

이때에 이르러 조선을 침범하는 데 앞장섰으므로 우리나라 사람 보기가 부끄러워 거짓으로 조약 체결하기를 청하였다.

朝廷이 欲脫出被俘王子하여 使慶尙兵使金應瑞로

153 고니시 유키나가[小西行長]를 말함. 도요토미 히데요시[豊臣秀吉]의 부하 장수로 임진왜란 때 가토 기요마사[加藤清正]와 함께 조선을 쳐들어 온 선봉장이었다. 7년 전쟁의 최후에는 순천왜성대順天倭城臺에 웅거하였으나 노량 해전露梁海戰을 기회로 도망해 돌아갔다. 도요토미 히데요시가 죽은 뒤에 도쿠가와 이에야스[德川家康]의 세력이 강성함에 이시다 미츠나리[石田三成]와 함께 그를 무찌르고자 하다가 도리어 실패하고 이부키야마[伊吹山]로 도망해 들어갔다 마침내 사형을 당하니 임진왜란이 끝난 뒤 2년 만인 1600년이었다.

往復議事하다.

조정이 포로로 잡혀 간 왕자를 탈출시키고자, 경상 병사 김응서로 하여금 왕복하여 일을 의논하게 하였다.

해설

위에서 보았듯이, 원균은 삼도 수군통제사가 된 이순신의 명령에 노골적으로 반항하였다. 그리고 조정의 지체 높은 자들에게 이순신을 헐뜯는 거짓된 정보를 끊임없이 제공하였다. 조선 수군 최고위 지휘관들의 갈등 문제가 조정 내부에서 공론화되기에 이른다.

『난중일기』 갑오년 6월 4일.

맑음. 겸사복兼司僕이 임금의 분부를 가지고 왔다. 그 사연에 이르기를 "수군 여러 장수들이 서로 화목하지 못하다 하니 금후에는 이전의 악습을 모두 버리라."는 것이었다. 송구하고 통탄스럽기 그지없다. 이것은 원균이 취해서 망발을 부린 때문이다.

그 직후 갑오년 6월 15일, 이순신은 유성룡으로부터 한 통의 편지를 받게 되는데

신경황申景潢이 들어오는 편에 영의정(유성룡)의 편지를 가지고 들어왔는데, 나라를 근심하는 이로 이보다 더할 분이 없을 것이다.

라고 『난중일기』에 기록되어 있다. 그 편지의 자세한 내용은 알 수

없지만, 아마 유성룡과 이순신을 음해하려는 세력이 있음을 주지시키고, 이순신에게 몸조심을 당부한 것이라고 짐작할 수 있다. 그런데 조정 내 반유성룡의 기류는 이순신이 생각하였던 것보다 훨씬 더 심각하였다. 서인과 북인이 유성룡을 미워하였는데, 유성룡이 이순신을 추천하였고 끝까지 힘써 보호하였으므로, 아울러 이순신까지 헐뜯고 모략하는 것이 매우 심하였다.

이런 중에 갑자기 조야에 유성룡이 죽었다는 소문이 떠돌았다.

『난중일기』 갑오년 7월 12일.

유 재상(성룡)이 죽었다는 소리가 순변사 처소에 도착하였다고 한다. 이는 필시 질투하는 자들이 말을 만들어 하는 것이리라. (통분함을 참지 못하겠다. 이날 밤 심사가 산란해서 홀로 마루에 앉아 있는데, 내 마음을 스스로 걷잡을 수 없었다. 걱정이 쌓여 밤이 깊도록 잠들지 못하였다. 만일 유 재상이 어찌 되었다면 나랏일을 어찌할 것이랴. 어찌할 것이랴.)

멀쩡히 살아 있는 유성룡의 부음이 떠돌았다는 것은 그만큼 유성룡을 시기하는 자들의 형세가 만만치 않음을 의미한다. 이것은 유성룡과 가장 긴밀한 관계에 있던 이순신에게는 더없이 불리한 상황이었다. 아니나 다를까, 갑오년 후반기에 들어서면서 조정에서는 본격적으로 이순신에 대한 문책을 고려하는 분위기가 팽배해 간다. 이순신이 몸을 사려 전투를 회피한다는 것이 주된 논지였다.

『난중일기』 갑오년 8월 28일.

원수(권율)의 장계로 해서 문책하는 글이 내려왔다. 거의 장계의 오해에 말미암은 것이었다.

『난중일기』 갑오년 8월 30일.

김양간金良幹이 서울로부터 영의정(유성룡)의 편지와 심충겸沈忠謙(병조 판서)의 편지를 가지고 왔다. 분개한 뜻이 많이 적혀 있었다. 원 수사의 일은 참으로 해괴하다. 날더러 머뭇거리며 앞으로 나가지 않는다 하였다니, 이는 천고에 탄식할 일이다.

『난중일기』 갑오년 9월 3일.

비가 조금 왔다. 새벽에 밀지密旨가 들어왔다. "수륙 여러 장수들이 팔짱만 끼고 서로 바라보면서 한 가지라도 계책을 세워 적을 치는 일이 없다." 하였지만, 3년 동안 해상에 있어 그럴 리가 만무하다. 여러 장수들과 함께 맹세하고 죽음으로써 원수 갚을 뜻으로 날을 보내지만, 험고한 곳에 웅거하여 소굴 속에 들어 있는 적이라 경솔히 나가 칠 수는 없는 일이요, 또 더구나 "나를 알고 적을 알아야만 백 번 싸워도 위태함이 없다." 하지 않았는가. 초저녁에 불 밝히고 혼자 앉아 스스로 생각하니 국사가 어지럽건만, 안으로 건질 길이 없으니 이 일을 어찌할꼬.

이순신은 계속되는 조정의 문책성 서한에 노심초사한다. 저 임진년에 왜적이 평양과 회령까지 진격하여 사실상 전 조선을 수중에 넣은 상황이었다. 만약 이순신이 제해권을 장악하지 않았던들 의주로 피난가 있던 선조는 결국 중국으로 망명의 길을 떠나야 하였고, 조선은 일본의 손아귀에 떨어졌을 것이다. 이순신이 전라도 남해 바다를 지킴으로써 평양으로 이어지는 왜적의 군수 보급로가 차단되었다. 그 덕분에 평양과 조선 내지에 있는 왜적의 발을 묶어 놓은 것이 아니던가. 그런데 자기 덕택에 목숨을 부지하게 된 자들이 이제 와서 어떻게 이럴 수 있단 말인가? 이순신은 억울하였을 것이다. 이순신은 그의 원통함을 『난중일기』에 기록하였다.

『난중일기』 갑오년 10월 17일.

늦게 우수사가 오고 어사도 와서 조용히 이야기하였다. 원 수사의 속이고 무고하는 짓을 많이 말하였다. 참으로 해괴하였다. 실제 전장의 실상을 목격한 사람들은 모두 원균의 비행을 고발하고 있는데, 조정에 있는 자들은 어찌 그 모양인가?

나중에 원균도 왔는데, 이순신은 그날 일기에서 "그의 흉패한 꼴은 이루 다 말할 수 없었다."고 적었다. 이순신은 간악한 원균과 한통속이 되어 자신을 음해하려는 조정 대신들에게 환멸을 느끼고, 삼도 수군통제사의 직을 교체시켜 줄 것을 조정에 건의하였다.

한편, 이보다 며칠 앞선 갑오년 10월 4일 이순신은 곽재우·김덕령 등과 함께 약속한 뒤 군사 수백 명을 뽑아 육지에 내려 산으로 올라가게 하고, 선봉은 먼저 장문포로 보내어 들락날락 하면서 싸움을 걸게 하였다. 이순신은 임진왜란을 대표하는 의병장들과 효율적인 협조 체제를 구축하고 이를 활용한 명장이었다. 그런데 이들 세 사람은 조선을 위기에서 구하였으면서도 전쟁이 끝날 즈음에 모두 비극적인 최후를 맞이하였다는 공통점이 있다. 김덕령은 전란 중에 간신들의 모함을 받아 처형당하였다. 곽재우도 왜적이 아닌 조정의 간신들로부터 생명의 위협을 느끼고 산 속으로 숨어 들어갔다. 이순신도 그의 전사 직후부터 끊임없이 자살설이 제기되었을 정도로 순탄하지 않은 삶을 살았다. 이순신을 음해하는 모의가 지금부터 어전회의에서 본격적으로 등장한다.

이순신과 원균과의 불화설이 조정에까지 들리자, 그 둘 사이의 불화 문제가 조정에서 본격적으로 논의되기 시작하였다. 1차 회의는 1594년 11월 12일에 열렸다. 이때 참석자들은 선조와 승문원 제조 김수金睟, 좌의정 김응남金應南, 판돈녕부사 정곤수鄭崑壽였다. 원균은 이미 정계 요로에 손을 써놓았기 때문에 이날의 회의는 원균을 두둔하는 분위기가 지배적이었다.

김수: 원균과 이순신이 서로 다투는 것은 정말 걱정스런 일입니다. 원균이 실수가 없는 것은 아니지만, 큰 관계는 없는 일을 가지고 이렇게까지 된 것은 불행하기 짝이 없습니다.

선조: 무슨 일로 그렇게까지 되었는가?

김수: 여남은 살 된 원균의 첩의 아들을 군사 공로에 참례시켜 상을 받게 하였으므로 이순신이 그 때문에 불쾌히 여겼다고 합니다.

김수의 발언은 어처구니가 없을 정도로 뻔뻔하였다. 원균이 목숨을 바쳐 싸운 부하 장졸들을 제쳐두고 나이 어린 첩의 자식까지 군공을 세웠다고 상을 받게 한 것은 상식적으로 지탄의 대상이 되기에 충분하다. 그러나 그러한 점은 덮어 두고 이순신이 옹졸하여 원균을 시기해서 불화하기 시작한 것이라고 말하고 있는 것이다.

선조: 내가 듣건대 고언백高彦伯과 김응서金應瑞는 자리의 차서를 가지고 서로 다툰다는데, 이 사람들은 무슨 일로 그러는가.

김응남: 아마 공로 다툼으로 그런다고 하나봅니다. 처음에 수군이 승첩한 것은 원균이 제 공로가 많다고 하고, 이순신으로 말씀드리면 적을 치고자 아니하고 선거이가 나서자고 주장해서 한 것이니까 이순신의 공로는 그리 크지 못하옵니다. 그런데 조정에서는 이순신을 원균 위에다 놓았기 때문에 균이 그것으로 노여움이 생겨 서로 화협하지 못한다고 하옵니다.

김응남은 노골적으로 이순신을 아주 용렬한 장수로 만들고 있다. 사실 관계의 진위 여부를 떠나서, 김응남의 말 속에는 이순신을 욕하는 데 머물지 않고, 삼도 수군통제사로 사람을 잘못 기용하였다고 하는 선조에 대한 비아냥이 담겨 있다. 정곤수가 이순신을 폄하하는 김응남의 견해에 동조한다.

정곤수: 정운鄭運이 "장수가 되어 만일 나가지 않으면 전라도가 수습되지 못할 것이라."고 협박해서 이순신이 부득이 나가 싸웠다고 하옵니다.

선조: 이순신의 왜적 잡은 공로는 제일 클게다.

정곤수: 이순신의 부하들은 당상에 오른 자가 많은데, 원균의 부하로 우치

적이나 이운룡 같은 자는 공로가 큰 데도 상은 남보다 못하였기 때문에 서로 다투게 된 것입니다.

분위기가 원균을 지지하는 쪽으로 기울자 선조는 자신이 정말 못난 군주라는 비난을 면해 보기 위해 원균을 칭찬해 마지않는다. 그러면서 대신들의 견해를 수용하여 늦게라도 원균측에 상을 내려야 할 것이라고 말한다.

선조: 내가 원균의 하는 일을 보면 참으로 가상하다고 할 만하다. 요즘 남쪽에서 올라온 사람에게 물어 보았더니 그 사람 말이 원균은 습증으로 오랫동안 바다 위에 있으면서도 조금도 일을 꺼리는 마음이 없고 죽음으로써 맹세할 따름이라 한다니 그 뜻이 정말 가상하다. 그 부하된 사람들이 공로가 크고도 상을 받지 못하였다 하지만 보통 인정으로 말하면 조금 낮게 된 편이다. 그렇더라도 그가 반드시 유감의 뜻을 가질 것이다. 그런데 당초에 어째서 그렇게 되었던고. 과연 그렇게 공로가 크다면 지금이라도 모두 상을 내려서 그 마음을 위로해 주어야 할 것이다.

선조가 자신들의 견해에 전폭 공감하면서 원균을 두둔하자, 김응남과 김수는 오히려 삼도 수군통제사를 현재의 이순신으로 그대로 두어야 한다고 주장한다. 선조가 교체를 원하는 이순신의 요청을 받아들여 냉큼 원균을 삼도 수군통제사에 임명할 것을 염려하였기 때문이다. 객관적으로 원균이 이순신의 능력에 필적할 만한 인물이 못 된다는 것이 당시 여론이었다. 그러므로 원균을 덜컥 삼도 수군통제사에 올려놓았다가 그의 무능이 드러나 자신들이 곤경에 처해지기보다는 이순신에게 현재와 같이 높은 책임을 지워 그의 실책을 유발하자는 속셈이 더 강하였다. 풍전등화와 같은 조선의 운명을 짊어진 삼도 수군통제사의 직위는 잘하면 본전이요, 못하면 역적이 되는 셈이었다.

김응남: 그렇게 위로하시는 뜻을 보이심은 옳사옵니다. 그리고 또 이순신이 스스로 사면을 청하는 것은 부당한 일이옵니다.

선조: 바깥에서는 원균으로 바꾸었으면 하는가?

김수: 별로 갈아야겠다는 생각은 없사옵니다.

이와 같은 논의 끝에 결국 이순신은 삼도 수군통제사의 직책을 유지하게 된 것이다.

을미년(1595, 51세) 1월 이순신은 순변사 이일이 자신을 몹시 비방한다는 소문을 들었다. 그래서 2월에 이순신은 자기 직책을 갈아 달라고 장계를 올렸다. 조정에서는 대장을 갈 수 없다 하면서 원균을 충청 병사로 전임시키었다. 그리고 배설裵楔이 원균을 대신하여 수사가 되었다. 배설은 제 자랑으로 교만한 자이어서 일찍이 남에게 마음을 굽힌 적이 없었디. 그러나 진중에 오게 되어 이순신의 처사하는 것을 보고 나와 사람들에게 말하기를

"이 섬에 와서 호걸을 만나 볼 줄은 생각도 못하였다."

하였다.

8월에 정승 이원익李元翼이 도체찰사都體察使가 되어 영남, 호남

으로 내려왔는데 부사副使와 종사관從事官들도 따라왔다. 정승이 전라도에 이르자 수군들로 호소문 올리는 것이 수없이 많았다. 정승은 그것을 짐짓 처결하지 않았다. 모두 말아서 축을 만들어 쥐고 진주晋州로 와서 이순신을 청하여 일을 의논하였다. 이어 관리를 시켜 수군의 호소문을 가져다가 이순신의 앞에 쌓아 놓게 하니 몇백 장인지 몰랐다.

이순신은 바른손에 붓을 쥐고 왼편 손으로 종이를 끌어당기며 물 흘러내리듯 판결을 내었다. 모든 것이 잠깐 새에 결말이 났다. 정승과 부찰사副察使들이 그것을 집어 보니 모두 다 사리에 합당하였다. 정승이 놀라며,

"우리들도 이렇게 못하겠는데 공은 어찌 그리 능란하오?"

하자, 이순신은

"이것이 모두 수군에 관계된 일이라 늘 보고 듣고 해온 일이기 때문입니다."

하고 대답하였다.

그리고 정승과 부찰사와 종사관들이 이순신의 배에 같이 타고 한산 진중으로 들어가 진의 형세를 두루 시찰하였다. 조용히 유숙한 뒤에 돌아가려 하였다. 이순신이

"군사들 생각에 반드시 대감이 잔치도 열고 상도 줄 줄 알 것인데, 이제 그런 행사가 없다면 실망할까 염려스럽소이다."

하였다. 정승은 난감해 하며

"참말 옳은 말이건마는 내가 진작 준비해 오지 못하였으니 어찌 하오."

하자, 이순신은 다시

"내가 대감을 위해서 미리 준비해 두었으니, 허락만 하면 대감의 분부라 하고 잔치를 열겠소이다."

라고 말하였다. 정승은 크게 기뻐하며 마침내 성대한 잔치를 베풀었다. 온 군중이 좋아라고 날뛰었다. 이순신이 죽은 뒤에 정승이 이 일을 이야기하며

"이 통제李統制는 참으로 큰 인물이었다."

라고 탄식하였다.

이원익의 문집 『오리집』梧里集에는 다음과 같이 적혀 있다.

> 인조 때 원익이 임금께 들어가 뵙고 아뢰되 "신이 체찰사가 되어 영남에 있을 적에 순시차로 한산에 이르러 이 아무(이순신)의 진영으로 가서 그 계획해 놓은 것을 보니 참으로 규모가 있었습니다. 신이 돌아오려 할 무렵에 이 아무가 신에게 은밀히 하는 말이 '대신이 여기 왔으니 부득이 임금의 뜻을 받들어 타이르고 또 상을 주어 격려하지 않을 수 없습니다.' 하므로 신이 그 말을 듣고 크게 깨닫고 곧 군중에 명령을 내려 한편으로는 무예 시험을 받고 또 한편으로는 상을 베풀었는데, 소를 30여 마리나 잡아 군사들을 먹였나이다." 하였다. 임금께서도 "이 아무는 참으로 장군이었군. 그리고 그 마음과 지혜도 과연 가상하였군." 하고 말하였다.

그러나 원균은 충청도에 있으면서도 여전히 이순신을 비방하는 것으로만 일을 삼았다. 훼방하는 말이 날마다 조정에 이르렀다. 그러나 이순신은 조금도 변명하는 일이 없을뿐더러 입을 다물고 원균

의 모자람을 말하지 않았다. 그래서 당시의 여론은 많이들 원균을 옳게 여기고 이순신을 넘어뜨리려 하였다.[154]

9월 14일에 절도사 선거이와 작별하며 시를 읊어 주었다.

북쪽에 갔을 때도 같이 일하고
남쪽에와 사생 결단 같이 하였소.
오늘밤이 달 아래 잔을 들고는
내일이면 우리 서로 나뉘겠구려.

선거이의 자는 사신思愼, 호는 친친재親親齋요 전남 보성寶城 사람이다. 명종 5년(1550) 생으로 이순신보다는 5년 후배이다. 글과 무예가 탁월하였으며, 지혜와 방략이 있었다. 이순신이 43세 때에 함경북도 경흥군 조산보 만호로서 녹둔도 둔전을 겸하였을 적에, 오랑캐 무리 사송아沙送阿 · 갑청아甲靑阿 등을 쏘아 죽이고 그 무리들을 격퇴시켜 변방의 근심을 일소해 버리고도 오히려 병사 이일의 시기를 입어 그에게 붙들려 가서 하옥된 일이 있었다. 그때 바로 선거이는 병사 이일의 계청군관啓請軍官으로 있어 이순신을 붙들고 눈물을 지으며 위로하였었다. 이같이 두 사람은 함께 함경도 북쪽 변방에서부터 같이 활약하였었다.

그러다가 39세 때에 남으로 내려와 거제 현령巨濟縣令이 되었다. 다시 성주 목사星州牧使와 전라 수사全羅水使를 거쳐 임진란에는 전

154 「행록」.

라 병사全羅兵使로 권율權慄과 함께 행주전幸州戰에 참여하여 큰 공을 세웠다. 또 충청 병사忠淸兵使 및 수사水使로서 활약하였으므로 적들이 그를 '비장군'飛將軍이라고까지 불렀다. 그런데 을미년 9월 이순신과 서로 헤어지던 이때는 그가 한산도에서 이순신을 도와 둔전하는 일과 경리하는 일에 협력하고 있었던 것이다. 그 다음 해 병신년(1596)에는 황해 병사黃海兵使로 있다가 병으로 고향에 돌아가 그대로 세상을 떠났다.

통제사 이순신은 하루도 나라 걱정을 쉬지 않았다. 그의 근심 중에서 우리의 가슴을 울리는 것은 무엇보다도 나라를 구할 인재가 없음을 안타까워하는 부분이다.

『난중일기』 을미년 7월 1일.

…나라 정세가 아침 이슬같이 위태로운데, 안으로는 정책을 결정할 만한 기둥 같은 인재가 없고, 밖으로는 나라를 바로잡을 만한 주춧돌 같은 인물이 없음을 생각해 보니 사직이 장차 어떻게 될지 몰라 마음이 산란하다.

병신년(1596, 52세) 1월 이순신은 본영으로 돌아왔다. 진중 생활에 있어서 이순신은 수하 병졸들의 부족한 곳을 헤아려 챙겨 주는 인자함을 보이면서도, 군량과 군수에 누수가 생기지 않도록 친히 관리 감독하는 용의주도함을 보여 주기도 하였다. 다음은 그와 관련된 『난중일기』의 기사이다.

병신년 1월 23일. "바람이 찼다. …아침에 옷 없는 군사 17명에게 옷을 주었다. (한 벌씩 더 주었다.)"

병신년 2월 7일. "…늦게 나가서 군사들에게 음식을 풀어 먹였다."

병신년 2월 8일. "…흥양 둔전에서 추수한 벼 352석을 받아들였다."

병신년 2월 10일. "…저녁에는 창고를 지을 장소를 친히 가서 보았다."

병신년 2월 15일. "…(순천 둔전에서 추수한 벼를 내가 직접 보는 데서 받아들이게 하였다)."

병신년 2월 20일. "(…황득중이 가져온 총통 만들 쇠를 모두 저울로 달아서 보관케 하였다.)"

이해 3월에 들면서, 이순신의 병이 더욱 악화되었다. 기운이 없고, 이불이 젖을 만큼 땀을 흘렸으며, 토사 곽란을 하기도 하였다.

37 억울한 투옥

平秀吉이 因此行間하여 使行長麾下要時羅로 密報曰 和事不成은 全由淸正主戰이라 今方再來하리니 若令舟師로 還擊洋中하여 止殺此人하면 則兵自罷矣라 하다.

수길이 이 기회를 통해서 이간책을 구사하고자 하여 행장 휘하의 요시라로 하여금 (조선 조정에) 비밀히 보고하여 말하길, "화의하는 일이 이루어지지 않음은 오로지 청정이 전투를 주장하기 때문이라 이제 바야흐로 다시 오리니, 만약 함대로 하여금 바다 가운데에서 둘러싸고 공격하여 다만 이 자를 죽인다면 (청정의) 병사가 스스로 무너질 것이다."라고 하였다.

仍指言淸正船旗牌彩色하니 朝廷이 偏信之하여 促舜臣進擊하다.

그리고 청정이 탄 배에 꽂은 기패의 색깔을 가르쳐 주니, 조정이 그것만을 믿고 이순신에게 나아가 공격하기를 재촉하였다.

舜臣이 疑其言詐而不可測하여 守便宜持難者 數日에

이순신이 그 말의 거짓됨을 의심하고 가히 측량할 수 없어서, 지키기만 할 뿐 일을 과단성 있게 처리하지 못하고 미루기 수일 만에

要時羅又來言 淸正이 已過海泊岸이어늘 何爲失此機會오 하다.

요시라가 또 와서 말하길, "청정이 이미 바다를 건너 연안에 정박했거늘 어찌하여 이 기회를 잃었는가?" 하였다.

於是에 臺諫이 交章하여 劾以逗遛之罪하니

이에 대간이 서로 글을 올려 머뭇거린 죄를 논박하니

體察使李元翼이 明其不然하고 柳成龍은 本以薦主로 嫌不敢救라.

체찰사 이원익[155]만이 사정이 그렇지 않음을 밝혔고, 유성룡은 본래 이순신을 천거한 당사자로서 혐의를 받을까봐 감히 구하지 못하였다.

해설

왜란 발발과 동시에 조선의 거의 대부분을 수중에 장악한 왜적

155 자는 공려公勵요 호는 오리梧里요 태종의 왕자 익령군益寧君 이移의 4대손이다. 명종 2년(1547)에 생하다. 선조 2년에 등제하여 뽑혀서 승문원承文院에 들어갔다 지방으로 나가 행정할 때에도 그 업적이 컸었고 들어와 형조 참판을 지나 임진란 때에는 이조 판서로서 평안도 도순찰사平安道都巡察使를 겸하여 먼저 떠나갔다. 다음 해 계사년에 명장 이여송李如松이 평양을 칠 적에 같이 가담하였었고 전후 계속하여 전쟁의 공로가 크다 하여 선조가 숭정崇政을 가하였다. 을미년에는 우의정이 되고 그대로 4도 도체찰사四道都體察使를 겸하여 부府를 영남에다 설치하였다. 무술년에 전쟁이 끝난 뒤에 좌상이 되어 국사를 수습하기에 애썼고 무진년에 호성공신扈聖功臣으로 완평부원군完平府院君을 봉하고 광해군 때에는 영의정이 되어 광해의 그릇된 정사를 바로잡기에 애썼으나 이루지 못하고 도리어 귀양갔다가 인조반정한 뒤에 또다시 영의정이 되었다. 뒤에 금양衿陽의 전원으로 물러나 살다가 인조 12년(1634)에 88세로 졸하였다. 시호는 문충文忠이요 인조의 묘정廟廷에 배향되었다.

은 오직 남해에서 이순신에게 막혀 제해권을 상실함으로써, 더 이상 그들의 목적을 성취할 수 없게 되었다. 이에 병신년(1596)에 들어오면서 왜적은 이순신의 제거를 제일의 과제로 설정하였다. 이순신의 위엄과 명망을 꺼려 온갖 계책을 내던 그들은 정유재란의 사전 작업으로서, 병신년 겨울에 요시라라는 간첩을 이용하여 반간계를 구사하였다. 은근히 가등청정의 소재를 알려 주어 이순신을 함정에 빠뜨리려는 요시라의 간계는 『손자병법』 「병세」兵勢편에 나오는 전형적인 유인책에 해당하였다.

적을 잘 다루는 자는 자신의 형세를 보여 주어(故善動敵者 形之)

적으로 하여금 말려들게 하고(敵必從之)

미끼를 던져 그것을 탈취하게 하고(予之 敵必取之)

이로운 것을 보여 주어 움직이게 하되(以利動之)

이러한 것을 기다려 미리 준비하였다가 적을 친다.(以卒待之)

병법에 능통한 이순신은 요시라의 속임수를 의심하고 신중하게 대처하였다. 이때 이순신이 요시라의 꾀임에 대응한 『손자병법』의 방책은 이것이다.

유리하지 않으면 움직이지 않고(非利不動)

얻는 것이 없으면 용병하지 않고(非得不用)

위태롭지 않으면 싸우지 않는 것이다.(非危不戰)

군주는 분노에 사로잡혀 군대를 일으켜서는 안 되고(主不可以怒而興師)

장수는 성난다고 해서 전투를 벌여서는 안 된다.(將不可以慍而致戰)

모든 상황이 유리하게 돌아갈 때 군대를 움직이되(合於利而動)

상황이 유리하지 않게 돌아가면 움직임을 멈춰야 한다.(不合於利而止)

하지만 병법에 무지한 조정 신료들은 요시라의 간계에 호응이라도 하듯 통제사 이순신을 끌어내리기 위해 발광한다. 선조도 그들의 말에 솔깃하여 점차 이순신에 대한 의심의 강도를 더해 간다.

병신년(1596, 선조 29) 6월 26일 어전 회의.

선조: 이순신을 밖에서 어떤 사람이라고들 하는가?

김응남(좌의정): 이순신은 장수로서 쓸 만하기는 합니다만, 원균으로 말씀한다면 비록 약점은 있으나, 대체로 몸을 깨끗이 가지오며 용기를 내어 잘 싸우는 점이 있사옵니다.

선조: 이순신이 처음에는 힘써 싸웠는데, 그 뒤에는 낱 적군은 힘써 잡지도 않을뿐더러 또한 군사를 끌고 나가 적을 무찌르는 일이 없기 때문에 내가 늘 의심스럽게 생각한다.

김응남: 원균이 처음에 사람을 보내어 이순신을 불러도 이순신이 오지 않으므로 균이 통곡하였다고 하옵니다. 균이 이순신에게 군사를 청하였는데, 성공은 도리어 이순신이 거두었으므로 그걸로 두 장수 사이가 서로 막혀졌다 하옵니다.

선조: 이순신의 위인이 반드시 성공할 만한 사람일까? 어떨지 모르겠다.

김응남: 과연 모르겠사옵니다. 장수들이 이순신을 조용한 사람이라고 하옵니다만, 이번 거제진에는 원균을 보내는 것이 옳사옵니다. 만일 거제를

수비하기로 한다면 이 사람 아니고 누구를 보내오리까?

선조: 거제에서 철병한 뒤에 내가 물어 보았더니, 비변사에서도 거기를 지키지 않으려고는 아니하는 모양인데 한산도는 어찌할꼬?

윤근수尹根壽(해평부원군海平府院君): 꼭 한산도를 지켜야 할 것은 없사옵니다.

탁상공론의 전형을 보는 듯하다. 한산도는, 전라 좌수영 본영의 지세가 치우친 곳에 있어 서해로 침입하는 왜적을 막아 내기가 불편하므로 이순신이 전략적으로 이진한 곳이다. 한산도는 충청 · 전라 양도로 들어가는 수로의 목구멍에 해당하는 곳이고, 밖에서 왜적들이 알아볼 수 없도록 배를 숨기기가 용이한 천혜의 요지였다. 조정에서도 일찍이 이순신의 이러한 전략적 의도를 인정하여 이진을 허용하였던 것이다. 그러나 이들이 이제 와서 한산도의 전략적 중요성을 무시하고 거제도에 비중을 두면서 그 책임자로 원균을 지목하고 있는 것은 이순신의 힘을 무력화시키려는 의도를 명백히 드러내고 있는 것이다.

원균을 두둔한 윤근수는 서인의 맹장이었다. 그런데 오래 전인 1578년(선조 11)에 형 윤두수, 조카 윤현과 함께 진도 군수 이수李銖로부터 쌀 수백 석을 뇌물로 받았다가 동인의 맹장 김성일의 폭로로 파직된 적이 있었다. 그 때문에 윤근수 형제와 서인 세력들은 동인에 대한 악감정을 품고 이순신을 제거하기 위해 혈안이 되어 있었다.

선조는 이제 이순신에 대한 인간적인 의구심을 숨기지 않는다.

병신년(1596, 선조 29) 10월 5일 조정 회의. 여러 달 동안 전라 · 경상 등지를 돌며 적의 동태와 민심 등을 살피고 온 이원익과 선조의 대화

선조: 통제사 이순신은 힘써 종사하고 있던가?

이원익(우의정 겸 도체찰사): 그 사람은 졸렬한 사람이 아니라 일에 힘을 쓰옵니다. 그래서 한산도에 군량을 많이 쌓아 두었다 하옵니다.

선조: 처음에는 왜적을 부지런히 잡더니만 그 뒤에 들으니 게으른 생각이 없지 않다는데, 위인이 어떤고?

이원익: 소신의 소견에는 여러 장수들 가운데 제일 쟁쟁한 사람이라 여겨집니다. 전쟁을 치르는 동안 처음엔 부지런하다가 나중엔 게을리한다는 것도 신으로서는 알지 못하는 일이옵니다.

선조: 통솔하는 재능은 있나?

이원익: 소신의 생각으로는 경상도 여러 장수들 가운데 이순신이 제일인 줄 아옵니다.

이원익은 비록 당색이 이순신과 좀더 가까울 수밖에 없는 남인에 속하였지만, 서인 정권이 들어선 인조반정 이후에도 영중추부사가 되어 그 건재를 과시할 만큼 조야에 두터운 신망을 얻고 있던 인물이다. 특히, 그는 임란의 와중에서 유성룡과 함께 도체찰사가 되어 하삼도의 전장을 실제 발로 뛰어다니면서 장수들을 지휘하였기 때문에, 조정에 편안히 앉아서 탁상공론이나 하는 자들과는 달리 각 장수들의 인품을 가장 사실에 가깝게 파악하고 있었다. 그러므로 조

선 시대 군제사軍制史 연구의 권위자였던 고故 차문섭 교수는 왜란 중에 실제 직접적으로 군령권을 장악하고 전쟁 수행에 책임을 졌던 이는 유성룡 · 이원익이었으며, 직접 군사 지휘를 담당한 이는 육군 권율, 수군 이순신의 네 사람이 왜란에 대한 모든 책응策應에 참여하였던 것이라고 평가한 바 있다.[156]

그렇지만 선조는 이원익의 말을 곧이듣지 않았다. 그랬을 뿐만이 아니라 도체찰사 이원익도 알지 못하는 사실로 이순신을 폄하하기에 여념이 없었다. 그에게 엉뚱한 정보가 들어가고 있었다는 명백한 증거이다.

다음의 기사에서는 이순신에 대한 불신이 원균에 대한 찬사로 조정 내의 공론이 변화되어 감을 확인할 수 있다. 이원익이 원균에 대해서는 좀더 신중한 평가가 필요하다고 간언하였지만, 아무 소용이 없었다.

병신년(1596, 선조 29) 10월 21일의 어전 회의.

선조: 전일 물어 보던 장수될 만한 인재를 본 일이 없나?

이원익: 사람 보는 눈이 어두운데 어찌 알 수가 있사오리까? 전에는 백사림白士霖이 자못 쓸 만한 것 같았사온데 그의 뒷날 일은 알 수 없사옵니다.

선조: 반드시 써본 뒤라야 알게야.

이원익: 전쟁에 임할 때와 평상시와는 다르옵니다. 원균 같은 사람은 성질이 몹시 억세어서 윗사람이 공문을 보내어 지휘하면 반드시 서로 다투기는 하오나, 그래도 전투에 임해서는 제법 쓸 만하다고 하옵니다.

156 車文燮, 『朝鮮時代軍事關係研究』, 단국대출판부, 1996, 509쪽.

선조: 원균은 지난 계미년(1593)으로부터 익히 들었다. 나랏일을 위해서는 참으로 정성을 쓸 뿐 아니라 죽음도 겁내지 않는다더군.

이원익: 원균은 전쟁에 공로가 있기 때문에 인정하는 것이지, 그렇지 않다면 결단코 안 되는 인물입니다.

김순명金順命(정언正言): 충청도의 인심이 대부분 불편히 여긴다 하옵니다.

원균과의 불화로 이순신이 통제사의 직을 내어놓자, 조정에서는 원균을 충청 수사로 전보시켰었는데, 원균은 거기에 가서도 크게 인심을 잃고 있었다.

선조: 마음은 순박한데 고집이 세기 때문이다.

이원익: 원균에게는 군사를 미리 주어서는 안 되고, 전투에 임해서 군사를 주어 돌격전을 하게 해야 합니다. 평상시에는 군사를 거느리게 하면 반드시 원망하고 배반하는 자들이 많을 것입니다.

선조: 전일에 원균을 탐욕이 있다고 사헌부에서 논란이 있었지만, 원균은 지극히 청백한데 탐욕이라 하니 무슨 말인가?

김수(호조 판서): 전에 조산 만호로 있었을 적에 어사 성락成洛이 장계를 올려 표창한 일이 있었사옵니다.

보는 바와 같이 김수는 처음부터 끝까지 원균을 두둔한다. 앞서 살펴보았듯이 김수는 부하들에게도 신망을 얻지 못하던 전형적인 간신이었다. 사실 곽재우가 의병을 일으키게 된 원인도 말로만 충군忠君을 부르짖으면서도 실제로는 자신의 직위를 이용하여 연명하기에 급급하였던 조정 신료들 때문이었다. 그 중에서도 김수가 대표적인 인물이었다. 곽재우는 풍신수길의 목을 치는 것보다도 오히려 김수의 목을 베는 것이 더 공이 크다고 격문을 돌릴 정도였다.[157]

이원익: 원균이 어찌 지극히 청렴하기까지야 하겠습니까?

조인득趙仁得(병조 참의): 소인이 일찍이 함경도 종성鍾城에서 그를 보니, 비록 만 명이나 되는 적군 앞에라도 가로질러 돌진해 들어갈 생각을 가지는 것이었고, 또 행군하는 데도 참으로 진실할 뿐 탐욕스럽고 음흉한지는 모르겠사옵니다.

선조: 이와 같은 장수는 많이 얻을 수 없다.

이원익: 이후로 어떻게 될지는 모르겠사옵니다.

후일담이지만, 원균이 앞으로 어떤 결과를 불러들일지 그의 중용론에 대해서 신중해야 한다던 이원익의 염려는 적중한다. 원균이 용맹하였던 것은 사실이었다. 그렇지만 그의 용맹은 전황 판단을 무시한 단순 무식함에 더 가까웠다. 그가 부하 장졸들에게 행하였던 숱한 폭행과 매질은 부하들의 사기를 저하시켰다. 결국 군기를 어그러뜨리고 군심이 이반하는 가장 큰 원인이 되었다. 임진왜란 중에서도 처음에 원균의 막하에 있다가 원균의 인품에 실망하고 오히려 이순신에게 충성을 바친 장교들이 많았다. 그러지도 못하는 보통 병사들의 경우에 있어서는 어떠하였겠는가! 그러므로 "원균에게 군사를 미리 줄 수는 없고 전투시에 군사를 주어 돌진하게 하는 것이 좋다."

157 郭再祐, 『忘憂集』, 「通諭道內列邑文」 참조.

는 이원익의 말은 그의 경험에서 나온 정곡을 찌르는 조언이었다. 그렇지만 그날 회의에 있던 자들이 모두 원균의 용맹함을 부각시킨 것은 이미 조정 안에 임진왜란에 대한 전략적 대응을 할 만한 인물이 없음을 보여 주는 것이다. 이날의 회의는 "용장勇將은 지장智將만 같지 못하고, 지장智將은 덕장德將만 같지 못하다."는 병법의 기본이 철저히 무시되고 있음을 보여 준다. 그 이면에는 오로지 원균을 부각시켜 이순신을 잡아넣겠다는 모리배들의 정치적인 의도가 깔려 있었다.

병신년(1596, 선조 29) 11월 초7일 어전 회의.

선조: 원균이 어떤 사람인가?

유성룡(영의정): 옛날부터 육군 대장은 해전을 못하고 수군 대장은 육전을 못하옵니다. 원균에게는 제 몸을 잊고 나가 싸우는 것이 장점이라 하겠으나 피로한 군졸들을 무마하는 건 전연 못하옵니다. 만일 다른 사람으로 이것을 맡길 만한 이가 있다면 기용하는 것이 옳을까 하옵니다.

유성룡은 『징비록』에서 이순신과 원균을 다음과 같이 비교하였다.

이순신은 한산도에 운주당을 짓고 밤낮으로 이곳에서 지냈다. 부하 장교와 군사를 의논하고 하졸이라도 군사에 관해 할 말이 있으면 이 당으로 와서 생각하는 바를 말할 수 있도록 허락하였다. 상하 격의 없이 의사소통을 꾀하였다. 또한 싸움이 시작되기 전에 반드시 장교 회의를 열어 계책을 정한 후 전쟁에 임하였다. 때문에 실수도 적고 부상도 없었다. 그러나 원균은 그다지 현명하지 못하여 군사회의소인 운주당에 자신의 첩을 두고 몇 겹의 울타리를 둘렀다. 이곳을 격리시키고 음주로 날을 지새는 장소로 뒤바꾸었다. 만사 독단으로 처리하고 장교와 상의하지 않았다. 대장의 권위를 내세워 하관에게 낯을 보이는 일도 드물었다. 군정은 저절로 거리가 생겨 지혜도 분별도 나오지 않았다. 이것만으로도 심각한 약점이었으나 원균은 곧잘 술기운에 난폭하게 굴고 형벌과 은상에 절도가 없이 제멋대로 하는 경우가 많았다. 대장을 원망하는 자들만 있었다.

다시 11월 7일의 어전 회의로 돌아가자.

정탁(지중추부사): 해전은 그의 장점입니다. 이제 그의 단점을 버리고 장점을 취해 쓰도록 하는 것만 같지 못합니다.

선조: 선거이宣居怡가 어디 아픈가?

이산해(대제학): 벌써 중풍으로 앓은 지 오래라 쓸 수가 없사옵니다.

유성룡: 균이 힘써 싸웠다는 건 모두 아는 일이오나 한 번 패전한 뒤로 착오를 일으켜서 영남 수군들이 많이들 원망하고 배반하는 것을 보면 균을 쓸 수 없음이 분명하옵니다. 더구나 이순신과 균의 사이가 좋지 못한 것은 조정에서도 아는 바이옵니다. 소신은 수륙이 비록 서로 다르다 할지라도 또한 서로 협동하는 것이 옳기 때문에, 두 사람으로 하여금 서로 모여 의논하게도 하였사오나 균은 그저 발끈발끈 성만 내는 것이었사옵니다.

선조: 이순신도 그런가?

이원익(우상 겸 도체찰사): 이순신은 별로 자기 변명하는 말을 하지 않사옵니다. 그저 원균이 언제나 발끈거리는 것이옵니다. 옛날에도 장수들끼리 공로를 서로 다투는 일이 있지만 균의 하는 일은 너무 심하옵니다. 소신이 올라온 뒤에 듣자오니, 균이 이순신에게 욕설을 많이 하더라 하옵니다. 그런데 이순신을 한산에서 옮기기는 결코 어렵사옵니다. 만일 이동하기만 하면 모든 일이 잘못될 것이옵니다. 그러므로 위에서 하교하셔서 병사兵使로 하여금 그냥 더 눌러 있게 하시는 것이 나을 듯하옵니다. 조정에서도 여러 가지로 타일러 보았으나 역시 어쩔 수 없었고, 소신도 "위급한 때라 서로 합심해서 같이 일하도록 하라."고 말하기까지 하였으나 원균은 성을 풀지 않으니 정말 어렵습니다.

선조: 그래 어려운 일이로군.

윤두수(판중추부사): 균은 소신에게 척분이 있는 사람이온데 오래 못 만나보긴 하였사옵니다만, 아마 이순신이 후배로서 자리가 도리어 원균 위에 있기 때문에 그렇게 노염을 품은 모양이온즉, 반드시 조정에서 그것을 알아 처리해 주어야 할 줄 아옵니다.

선조: 내가 전일 들으니, 당초에 군사를 청한 것이 실상 원균이 한 일이라는데 조정에서는 균이 이순신만 못하다고 해서 그 때문에 균이 이같이 성이 나도록 된 모양이고, 또 듣건대 왜적을 칠 적에도 매양 균이 앞장섰다더군!

유성룡: 균은 다만 가선대부(종2품)가 되고, 이순신은 정헌대부(정2품)가 되었으니까 균의 노염은 실상 그 때문이옵니다.

선조: 또 내가 언제 들으니까, 군사를 청해서 해전을 할 적에는 실상 원균의 공로가 크고 이순신은 따라간 것이라더군. 그리고 또 이순신이 원균보다 왜놈을 많이 잡았다고는 해도 성공하기는 실상 원균 때문에 시작된

것이라고 하는 말도 들었다.

이쯤되면 선조는 남해에서 펼쳐진 전투의 실상을 완전히 오판하고 있음을 확인할 수 있다. 국왕의 측근에 있는 원균 무리의 입김에 의해 전투의 상황이 완전히 전도되어 버린 것이다. 이에 남해의 상황을 누구보다도 잘 아는 도체찰사 이원익이 선조의 잘못된 시각을 바로잡아 주려고 나선다. 그러나 이미 뒤늦은 일이었다.

이원익: 소신이 조용히 한 말씀 아뢰겠사옵니다. 균의 공로가 결코 이순신보다 나을 수는 없사옵니다. 균이 말하기를 처음에 이순신은 멀리 앉아서 구원해 주지 않는 걸 천 번 만 번 불러서야 비로소 진군하였다고 하지만, 그거야 본시 원균은 왜적이 쳐들어오는 지방에 있어서 곧 적을 막아야 할 처지였으나 이순신은 균과 함께 동시에 출전할 수 없었으니 그럴 수밖에 없는 일이었사옵니다.

이덕열李德悅(좌승지): 이순신은 열댓 번 부른 연후에 비로소 나가 적선 60척을 깨뜨리고 자기가 앞장섰다고 공로를 보고하였다고 하옵니다.

이원익: 호남으로서는 적선이 만일 자기 고장으로 돌격해 들어오면 너무 강성하게 번질까 염려되어 부득이 뒤에 갈 수밖에 없었을 것이옵니다. 원균이 당초에 패군하였고 또 이순신이 비록 따라갔을망정 그리고 또 비록 적을 제 손으로 잡지는 않았을망정 그 지휘 관할 아래서 잡은 적이 많았던 것만은 사실이옵니다. 만일 적을 죽인 수효가 많기로 따진다면 원균보다 많사옵니다.

정탁鄭琢: 그들이 서로 공로를 다투는 그 마음씨를 본다면 두 장수가 다 함께 허물을 면할 수는 없다고 치더라도, 그래도 이순신은 역시 가벼이 할 수는 없는 장수이옵니다. 그러니까 위로부터 하교하셔서 서로 화해함으로써 뒷날 공로를 세우도록 하게 하심이 어떠하옵니까?

이원익: 원균은 처음에 많이 실패하였었고, 오직 이순신만은 실패가 없어 공로가 있기 때문에 거기서 싸움이 시작된 것이옵니다.

이날의 회의에서 선조는 원균을 두호하는 입장을 보다 강력히 천명한다. 특히, 선조는 원균에 대한 정보를 요로를 통해서 여러 차례 들은 바가 있다는 점을 밝힘으로써, 그에게 친원균파 세력의 입김이 지속적으로 작용하였음을 간접적으로 시사하고 있다. 뇌물 수수 사건으로 파직과 함께 식자들의 지탄을 받았던 윤두수는 후안무치하게도 원균이 자신의 인척임을 내세워 삼도 수군통제사의 임명이 잘못되었음을 지적하였다. 이덕열도 이에 가세해 이순신을 비난하였다. 그러나 이에 맞서 전란 수습에 큰 책임을 맡고 있던 이원익, 유성룡, 정탁 등은 이순신에 대한 모략을 정면에서 부정하였다. 그중에서도 이원익은 도체찰사로서 수개월 동안이나 직접 전투 지역을 돌며 민심을 수집하였기에 가장 자신감 있게 이순신을 변호할 수 있었다. 원균은 왜적과의 전투에서 많이 실패하였고, 오직 이순신만이 실패가 없어 공로가 있기 때문에 거기서 두 사람 간의 싸움이 시작된 것이라는 이원익의 분석은 정곡을 찌른 것이다. 그렇지만 이순신을 음해하려는 조정의 의론은 해를 넘겨 이듬해에도 지속되었다.

정유년(1597, 선조 30) 1월 23일 어전 회의.

이산해(영중추부사): 지금껏 수군에 힘을 써서 거기에 기대할 만큼 되었거니와, 신이 얼마 전에 충청도에서 마침 원균을 만났사온데, 균의 말이 왜놈이란 무서울 것이 없다고 하옵기로 신이 처음에 그 말을 듣고서는 망령된 소리로만 여겼더니 이제 보니까 수군 믿고서 그런 말을 하였던가 봅니다.

시국의 변화에 따라, 국왕의 뜻을 농간하는 간신들의 태도가 안쓰럽다. 원균은 개전 직후 경상 우도 수군절도사로서 왜적의 위압에 눌려 스스로 전선 70척을 수장시키고 도망간 자였다. 그때는 원균을 두둔하는 말을 못하던 자들이, 파죽지세였던 왜적의 기세를 이순신이 겨우 꺾어 놓으니 이제 와서 원균을 두둔하고 있는 것이다. 원균이 수군을 믿고서 큰 소리를 쳤다고 하지만, 그 수군은 이순신이 지휘할 때의 수군이지, 원균이 지휘하는 수군은 오합지졸에 불과하였음을 칠천량 전투는 여실히 보여 주었다.

선조: 한산도 장수(이순신)는 편안히 드러누워서 무얼 하고 있는지 모르겠군?

윤두수(판중추부사): 이순신은 왜적을 겁내는 것은 아니고 실상 나가 싸우기를 꺼리는 것입니다. 임진년에 정운이 죽은 것은 절영도를 거쳐서 행진하다가 직의 대포에 맞아 죽었사옵니다.

병법에 무지한 신료들은 이순신의 신중함을 게으름으로 매도한다. 이순신은 게으른 장수이고, 싸움을 피하려는 장수이고 그로 인해 아까운 정운이 목숨을 잃었다는 모함이다. 그러나 『손자병법』은 다음과 같이 '용병의 다섯 가지 변칙'에 대해서 설파하고 있다.

> 길에는 가서는 안 되는 길이 있고(塗有所不由)
>
> 적에도 싸워서는 안 되는 적이 있으며(軍有所不擊)
>
> 성에도 공격해서는 안 되는 성이 있고(城有所不攻)
>
> 지형에도 다투어서는 안 되는 지형이 있으며(地有所不爭)
>
> 군주의 명령에도 들어서는 안 되는 명령이 있다.(君命有所不受)

이산해: 이순신은 정운과 원균이 없기 때문에 머뭇거리게 된 것입니다.

김응남(좌의정): 이순신이 싸움에 나서지 않기 때문에 정운이 죽이려고 하자, 이순신이 겁을 내어 어쩔 수 없어 억지로 싸웠사옵니다. 그러므로 해전에서 이긴 것은 실상 정운이 격려해서 된 것이라고 정언신이 늘 정언의 사람됨을 칭찬하였습니다.

선조: 이번에 이순신에게 어찌 청정淸正의 머리를 잘라 오라고 바란 것이겠는가! 다만 배로 시위하며 해상을 순회하라는 것뿐이었는데 끝내 하지 못하였으니 참으로 한탄스럽다. 이번에 도체찰사 장계를 보니까 시위할 약속은 된 모양이더라만…(하고, 상이 한참동안 탄식하고는 길게 한숨지으며 이르기를) 우리나라는 이제 끝났다. 어떻게 해야 하는가, 어떻게 해야 하는가?

주변에 있던 원균파의 모함과 요시라의 간계에 넘어간 선조는 이순신이 곧 출진할 것이라는 도체찰사의 장계도 무시한 채, 이제 이순신을 용서치 않으리라 다짐한다.

정유년(선조 30년, 1597) 1월 27일의 어전 회의.

선조: 적선이 비록 200척이라고 해도 참 많은 것이야.

유성룡(영의정): 16진이 거의 다 나온 모양이옵니다. 행장行長의 군사들이 두치豆耻(현 光陽郡 津上面 蟾居里) 쪽 길을 탐정하는 걸 보면, 아마 전라도를 엿보는 것 같사옵니다.

선조: 전라도 등지는 방비를 전혀 하지 않고, 또 해군도 하나 오는 자가 없다니 어쩔 셈인고?

유성룡: 거기엔 호령이 잘 행해지지 않기 때문에 군사가 곧 나서지 않는 것이옵니다. 또 그 중간에 간악한 관리들의 장난으로 여러 장수들의 호령이 하나도 실시가 못 되었사옵니다. 또 혹시 명령이 한 번 내려가는 것도 자칫하면 여러 달이 걸리는데, 그나마 어떤 것은 닿기도 하고 또 혹 어떤 것은 닿지 않는 것도 있어 참으로 미안한 일이옵니다.

윤두수(판중추부사): 이번에 도원수가 길에서 적을 두세 놈 만났는데 혹시 만일 적에게서 해를 받았다면 나라의 욕됨이 어떠하였을지 모를 뻔 하였사옵니다. 그러므로 체찰사에게 글을 내리시어 함부로 초라하게 출입하지 못하도록 하심이 옳겠사옵니다. 또 흩어진 왜적들을 모조리 무찌르도록 명령하심이 어떨까 하옵니다. 그리고 이순신은 조정의 명령을 받들지 아니하고 싸움을 꺼려 물러가 한산도만 지키고 있었기 때문에 이번 큰 계획이 실시될 수 없었던 것에 대해서 신하들로서는 어느 누가 통탄하지 아니하오리까?

정탁(지중추부사): 이순신은 과연 죄가 있사옵니다.

선조: 이순신이 어떤 사람인지 모르지만, 계미년(임진왜란 9년 전 이순신이 녹

둔도 둔전관으로 있을 때 병사의 모함으로 벌을 당한 때) 이래로 사람들이 모두 그를 사특하다고들 하더군. 이번에 비변사에서 말하기를, 장수들이 호령을 듣지 않고 또 수령들도 호령을 듣지 않는 게 모두 다른 까닭이 아니라 실상 비변사에서 용서하고 두둔하기 때문이라고 한다. 명나라 관원들이 조정을 속여 못하는 일이 없는데, 그 버릇을 우리나라 사람들이 모두 다 본떠서 하거든! 이순신이 부산에 있는 왜적의 진영을 불태웠다고 조정에 속여서 보고를 하니, 영의정(유성룡)이 여기 있지마는 그럴 리가 없는 일인즉 이제는 설사 손에 청정淸正의 머리를 들고 온대도 결코 그 죄를 면제하지 못할 것이야.

유성룡: 이순신은 같은 동네 사람이라 신이 젊어서부터 잘 알았사온데 능히 자기 직책을 다할 사람으로 보았삽기로 평소에 반드시 대장이 되리라고 생각하였사옵니다.

선조: 글자는 아나?

유성룡: 강직해서 남에게 굴복할 위인이 아니옵기로 신이 수사로 천거하기는 하였사옵니다만, 임진년 공로로 정헌正憲에까지 이른 것은 너무 지나친 일이옵니다. 대개 장수가 너무 기세가 높고 만족하면 반드시 교만해지고 또 게을러지는 법이옵니다.

여기에서 유성룡은 조정 내부의 공론이 모두 이순신을 바보로 만들기로 한 이상 그를 무조건 옹호하는 것은 오히려 역효과가 날 것이라는 점을 간파하고 있다. 그러다가 자칫 이순신을 천거한 자신에게까지 공격의 화살이 돌아올 것을 염려하였음이다. 그리하여 이순신의 천품이 본시 그러한 것은 아니지만, 조정의 은사로 품계가 갑자기 높아져 약간 교만해졌을 수도 있겠다는 겸사를 함으로써 조정의 체면도 세우고 이순신도 구하려는 일석이조의 포석을 두고 있다. 아래에서 유성룡이 원균을 극구 두둔하는 것도 원균 당파의 이순신에 대한 질투를 무마시켜 보려는 고육지책이었다. 그러나 선조의 이순신에 대한 증오심은 이미 극에 달해 있었다.

선조: 이순신은 용서할 수 없어! 무장으로서 어찌 감히 조정을 경멸하는 마음을 품을 수가 있을 것인가. 그리고 우의정(이원익)이 내려갈 때 말하기를, 평일에는 원균을 장수로 삼아서는 안 되지만 전시에는 써야 한다고 하더군.

김경남(좌의정): 수군으로는 원균만한 이가 없사오니 이제 버릴 수 없습니다.

유성룡: 나라를 위하는 마음이 깊습니다. 상당산성上黨山城(상당上黨은 청주淸州의 옛이름)을 쌓을 때에 원균이 토실土室을 만들어 놓고 감독하였다 하옵니다.

선조: 수군의 선봉을 삼고자 한다!

김응남: 지당하옵니다.

이산해(영중추부사): 임진년 해전 때에 균이 이순신과 서로 약속하고 천천히 징계를 올리자고 하고서는 이순신이 몰래 밤에 혼자 장계를 올려 자기 공로를 삼았기 때문에 원균이 그로부터 원한을 품게 되었사옵니다.

윤두수: 이순신은 전라, 충청 통제사로 삼고, 원균은 경상도 통제사로 삼으면 어떻겠사옵니까?

선조: 원균이 만일 적의 소굴로 직접 돌격하면 누가 당하겠는가? 그러나

저 소공邵公과 이현충李顯忠의 일이 이와 같다.

소공은 소굉연邵宏淵으로 이현충과 함께 송宋나라 사람이다. 이현충은 충용忠勇이 뛰어났는데, 소흥紹興 연간에 여러 차례 군공을 세워 중흥의 명장이 되어 벼슬이 태위太尉에 이르렀다. 효종孝宗 때 금金나라 군사를 물리쳐 하남河南을 회복하게 되었다. 소굉연이 그것을 시기하여 서로 틈이 생겨 사사건건 저지하여 큰 공을 이루지 못하였다.[158] 여기에서 아이러니한 상황은 선조가 원균을 이현충에게 비기고 있다는 사실이다. 선조가 현실을 얼마나 오판하고 있는지 잘 보여 준다.

김응남: 어사를 보내어 자세히 규찰하도록 하는 것이 어떠하옵니까?

선조: 문신으로 특별히 어사를 정해서 그간 사정을 살피게 해야 한다.

윤두수 · 김응남: 이순신은 조용한 사람인 듯한데, 다만 꾀가 많아 전진하지 않고 있습니다.

선조: (병조 판서 이덕형에게 말하되) 원균의 일을 급히 조처하라.

이덕형: 원균을 처음에 수전에 내보낼 때 의견이 일치되지 않아 이에 이르렀습니다. 근래 변방 장수들의 일을 보면 이운룡은 도적 한두 명을 보면 나가 싸우지 않고 단지 글로써만 보고하였습니다. 이런 사람은 평시 같으면 어찌 그 몸에 벌을 내리지 않을 수가 있겠사옵니까? 원균은 좌도로 보내는 것이 무방합니다.

선조: 좌도로는 보낼 수 없다.

158 『宋史』 권367, 李顯忠列傳.

김수(호조 판서): 서성徐渻이 술자리를 베풀고 두 사람을 화해하게 하였더니, 원균이 이순신더러 "너에게는 다섯 아들이 있다."(다섯 아들은 권준權俊, 배흥립裵興立, 김득광金得光 등을 가리킨다)고 하였으니, 그 분해하고 불평함을 알 수 있습니다.

이덕형: 군대 일이란 반드시 조리가 있어서 기강이 선 연후에라야 두서를 알 수가 있는데, 전라도는 지극히 문란하옵니다. 신이 전국의 군인 수효를 보려고 '무학'武學이라고 이름하여 8도로 하여금 병조에 올리게 하였더니, 황해도 등은 이미 올려보냈는데 전라도는 아무 소식이 없으니 매우 허술합니다.

윤두수: 전일에 권율이 소신에게 편지를 한 것을 본즉 행장行長이 방금 한 편으로 강화를 이야기하면서 고성 · 곤양 근처에는 적도들이 함부로 들어오기 때문에 그것을 행장에게 질문하니 행장이 그건 내 군사들이 아니니까 조선 군사들이 그들을 죄다 잡아 죽인다고 해도 나는 구원하러 갈 리가 없을 것이라 하였답니다. 아닌 게 아니라 신이 선거이, 이순신 등을 시켜서 군사를 이끌고 나가 영등포에 있는 적과 싸우게 하면 장문포에 있는 적이 와서 구해 주는데, 행장의 군사는 바라다만 볼 뿐 잇달아 와서 구해 줄 법한데 종시 와서 구원하지 아니하였으니, 이제는 또한 오는 대로 공격하는 것이 옳을 것이옵니다. …또 일전에 비변사로부터 이순신의 죄상에 대해서 헌의한 것도 있삽고, 또 이순신의 죄상은 이미 성상께옵서도 통촉하시는 바이옵거니와, 이번 일은 전국 인심이 통분해 하지 않는 이가 없사오며, 행장을 가리켜 주는데도 하지 않았으니까 설사 전쟁 중에 장수를 바꾸는 것이 어려운 일이라 하더라도 이순신은 갈아야만 할 것 같사옵니다.

정탁(지중추부사): 참으로 죄가 있기는 하옵니다마는 이런 위급한 때에 대장을 바꿀 수는 없사옵니다.

선조: 내가 일찍 이순신의 위인을 알지 못하기는 하나 성질은 다소 영리한 듯한데, 임진년 이후로는 도무지 일을 아니할 뿐더러 이번 일은 하늘이 기회를 주는데도 하지 않았다. 이같이 군율을 범한 사람을 어찌 매양 용서할 수가 있겠는가? 원균을 오히려 대신 시키는 수밖에 없다. 명나라 이 제독李提督 이하 조정을 속이지 않는 자가 없었는데, 우리나라 사람들이 그 본을 뜨는 자가 많다. 저 부산에 있는 일본 진영 불태운 일 같은 것도 김난서金蘭瑞와 안위安衛가 비밀리 약속하고 한 일인데, 이순신은 마치 제가 계획을 세운 것처럼 하기 때문에 나는 그것을 못내 마땅하지 않게 여겼던 것이다. 이런 사람은 설사 청정의 머리를 가져온대도 용서해 줄 수 없다.

이산해: 임진년에도 원균의 공로가 크다 하옵니다.

선조: 그렇지, 공로가 없다 할 수 없지. 그리고 또 매양 앞에 나서는 것을 귀하게 여기는 것은 군졸들이 그것을 보고 본뜨기 때문이야.

유성룡: 신의 집이 이순신과 같은 동네이기 때문에 이순신의 사람됨을 잘 아옵니다.

선조: 서울 사람인가?

유성룡: 그러하옵니다. 성종조成宗朝 때 이거李琚의 자손으로 신은 이순신이 자기 직책을 능히 감당할 만하다고 여겼기 때문에 당초부터 신이 조산 만호로 천거하였던 것입니다.

선조: 글도 할 줄 아는 사람인가?

유성룡: 그러하옵니다. 성품은 남에게 굴복하지 아니하고 꽤 취할 만한 점

이 있기 때문에 그 사람이 어디 수령(정읍 현감)으로 있을 적에 신이 수사로 천거하였던 바이옵니다. 그런데 임진년에 신이 차령車嶺(忠北 報恩郡 水汗面) 도중에서 이순신은 정헌正憲이 되고 원균은 가선嘉善이 되었다는 소식을 듣잡고, 신은 지위와 상이 너무나 과하다고 여겼사옵니다. 무장이란 기세가 너무 만족해지면 부릴 수가 없는 법이옵니다.

선조: 그때 원균이 그 아우 전腆을 보내서 승첩을 보고해 바치기 때문에 그렇게 상을 준 것이다.

유성룡: 거제로 들어가 수비를 하오면 영등永登과 김해에 있는 적들이 반드시 겁내게 될 것이온데, 한산도에만 오래 진치고 있어 별로 하는 일도 없을뿐더러 이번 해상에서도 또한 마주 나가 치지 않았으니 어찌 무죄될 수가 있겠사옵니까마는, 다만 서로 교대하는 사이에 난처한 일이 생길까 두려워서 전일에도 이 말씀을 아뢴 것이지 비변사에선들 이순신 일개인을 두호하려고 한 일이겠습니까?

선조: 이순신은 도저히 털끝만큼도 용서할 수가 없어! 무신으로 조정을 업신여기는 버릇을 징치하지 않으면 안 돼. 이순신이 조산 만호로 있을 적에 김경눌이 역시 녹둔도에 둔전 일로 마침 그곳에 가 있었는데, 이순신이 경눌과 평소에 잘못 지내더니 이순신은 밤중에 되놈 하나를 잡아 가지고 경눌을 놀라게 속여서 경눌이 바지바람으로 달아나도록 하였다 한다. 경눌도 허술한 사람이라 그런 위험한 곳에서 경계를 엄중히 아니 하였거니와 이순신은 같은 변방 장수로서 서로 희롱할 수 없는 것이다. 내가 일찍이 그 소문을 들었어! 그런데 김경눌은 매양 공로를 세우려고 생각하는 사람인데, 지금 어디 있는지 모르지만 평소에 가졌던 자부심으로 어찌 이런 전쟁 때에 한번 그 솜씨를 안 보이는고?

선조는 왜 자꾸 녹둔도 때의 일까지 들먹이면서 이순신을 폄하하는 걸까? 아마도 그때 이순신이 이일에게 원한을 산 일 등이 누적된 결과라고 하겠다. 이순신이 녹둔도에서 김경눌을 혼내 준 일 또한 자신의 책무를 방기하는 사람에 대한 개인적인 응징에 가까웠다. 그것은 이미 선조도 인정하고 있는 바였다. 그렇지만 불의에 대한 이순신의 '응징'이 되풀이되면서, 이순신은 주변에 너무 많은 적을 만들어 놓은 결과가 되어 버렸다. 이순신에게 망신을 당한 자들이 계속해서 선조에게 이순신을 참소해 왔던 것이다. 이에 선조는 이순신만 아니면 그들의 행적이 어떻든 두호하는 입장을 표명한다. 김경눌과 같은 인물이 용렬한 자라는 것은 세상이 다 아는 사실이었지만, 선조는 끝끝내 고집을 꺾지 않고 김경눌을 두호한다. 그것은 전쟁이 끝나고 원균이 용렬한 자라는 것이 세상에 드러났음에도, 이러한 여론을 무마시키기 위해 종전 후 6년이란 긴 시간을 허비한 끝에 끝내 원균을 선무공신 1등으로 책봉하고야마는 선조의 고집과 일맥상통하는 부분이다.

김수(호조 판서): 신이 임진년에 용인으로 같이 오다가 탄환에 맞은 일이 있었고, 지금은 순찰사의 둔전관屯田官으로 있다 하옵는데 대체로 부허한 사람이옵니다.

선조: 그 사람은 평소에 글로는 이름도 능히 쓸 줄 알고 칼로는 능히 500명을 당해 낼 수 있는 의사義士라고 하더군.

김수: 평소에 활도 못 쏘는데다가 지금은 팔에 병까지 났다고 하옵니다.

이정형李廷馨(이조 참판): 이순신이 말하기를, 거제로 들어가 수비하는 것이 좋은 줄 알지만 한산도는 배를 감추어도 적이 바다의 얕고 깊은 줄을 알지 못하나, 거제는 그 안이 비록 넓기는 하되 배를 감출 만한 곳도 없을뿐더러, 그 위에 안골포에 있는 적과 서로 건너편에 상대하고 있어 들어가서 수비하기가 어렵다고 합니다. 그 말이 옳은 듯합니다.

선조: 들어가서 수비하기가 어려울 것 같다니 경의 생각엔 어떤가?

이정형: 신도 역시 잘 알지 못하옵고 그들의 말이 그렇사옵니다. 그런데 원균이 난리가 일어날 적마다 의기에 복받쳐 공로를 세우기는 하였사오나, 다만 군졸들을 사랑할 줄도 모르고 또 인심도 잃어버린 사람이옵니다.

선조: 성질이 포악한가?

이정형: 경상도가 온통 쓰러져 버린 것도 모두 원균 때문이옵니다.

선조: 우의정(이원익)이 내려갈 적에 오직 적병과 접전할 때에만 가히 기용할 만한 사람이라고 하더니 그걸로 짐작할 만하다.

김응남(좌의정): 인심 잃었단 말은 우선 젖혀 두고, 수군으로 기용하는 것만은 옳겠사옵니다.

선조: 이억기를 내가 일찍 본 적이 있는데 쓸 만한 사람이더군.

이정형: 원균만은 못하옵니다.

선조: 원균은 자기 소견대로만 하고 굽히지를 않는다는군. 체찰사가 사리를 따져서 타일러도 고치지 않는다더군.

유성룡: 대개 나라를 위해선 정성이 있는 사람이옵니다. 상당산성 쌓을 적에도 막을 치고 거기서 기거하면서 성 쌓는 것을 감독하였사옵니다.

이정형: 상당산성 공사를 비록 마치기는 하였지만, 얼마 안 되어 바로 무너지고 말았사옵니다.

선조: 체찰사가 이순신과 원균에게 무슨 분부하는 일이 있으면, 이순신은

그것이 설사 온당하지 못해도 오히려 복종을 하였고 원균은 성이 나서 복종하지 않았다는데 그게 모두 공로가 묻혀졌기 때문인가? 원균에게 좌도 수군을 붙여 주고 다시 그 위에 다른 사람으로써 두 사람을 눌러 다스리게 하는 것이 어떨꼬?

이정형: 이순신과 원균은 서로 용납될 수 없는 사이이옵니다.

김수: 원균이 매양 이순신 때문에 자기 공로가 묻혀졌다는 말을 신에게 하였사옵니다.

김수의 말을 통해서 원균이 늘상 이순신에 대한 참소를 김수에게 하였음이 확인된다. 원균이 이순신에게 빼앗긴 공로가 설령 있었다고 해도 객관적으로 원균의 공로가 이순신을 능가하는 것이었다고 판단한 사람은 당시에 없었다. 이순신의 힘으로 조선을 구하였다는 사실을 선조는 덮어버리려고 하였지만, 오히려 조선에 주둔해 있던 명나라 장수들의 입에서조차 누누이 강조되었던 사실이다. 그렇게 비교될 수 없는 것을 가지고 늘상 이순신을 모함한 원균이나 그런 말을 중대한 어전 회의에서 전하는 김수나 나라를 망친 죄인들이다.

이덕열李德悅(좌승지): 이순신이 원균의 공로를 뺏어 권준權俊의 공로로 만들었고, 또 원균과 더불어 의논함도 없이 먼저 장계를 올렸는데, 그때 왜선 속에서 여인 하나를 잡아서 사실을 탐지한 것 가지고 곧 장계한 것이라고 하옵니다.

선조: 그때 왜장은 3층 누각을 지은 배 위에 앉아서 관을 쓰고 바둑을 두

었다는군. 그리고 그 배가 심히 약하기 때문에 우리 배가 부딪치기만 하면 곧 깨어지더라고 하였는데, 왜선은 지금도 거기 내버려 두었다니 왜선을 전부 잡았단 말이 반드시 빈 말은 아닐게야. 그리고 전라도에서는 명나라 사신들을 접대하는 것 때문에 수군의 격군格軍들을 진작 정리하지 못하였다고 하니, 이런 일을 가지고선 이순신에게 전 책임을 지울 수는 없는 것이야.

김수: 불지른 일(부산에 있는 일본 진영에 불을 지른 사실)은 이순신이 처음에 안위와 비밀히 약속한 것을 다른 사람이 앞질러 한 것인데, 이순신이 도리어 제 공으로 만들었다고 하지마는 그 일은 실상 잘 알 길이 없사옵니다.

이정형: 변방 일이라 멀리서는 헤아릴 수가 없사오니 천천히 처리하심이 옳을 것입니다.

김수: 그게 만일 사실이라면 용서할 수 없사옵니다.

유성룡: 그의 죄가 그렇긴 하오나 앞으로 잘하도록 책려하는 것이 좋을 것입니다.

윤두수: 원균과 이순신을 모두 통제사로 만들고 서로 협력하도록 하는 것이 옳다고 여기옵니다.

선조: 비록 두 사람을 나눠서 통제사를 삼는대도 반드시 그들을 조정하고 통제하는 사람을 둔 연후에라야 될 것이야. 원균은 앞장서서 전투장으로 달려 나가고, 이순신은 물러서서 구해 주지 아니하면 큰일이니까.

김응남: 그럴 때엔 이순신에게 중죄를 줌이 옳겠사옵니다.

선조: 옛날 이현충李顯忠의 일도 있거니와 반드시 문관을 두어 두 사람을 조정해서 그들이 함부로 못하도록 하는 것이 좋을 것이야. 그런데 대체

그가 이미 통제사가 되었으니 수군을 단속하는 것이 옳은 일인데 어째서 정리를 못하는 건가?

유성룡: 겨울이 되면 격군格軍들을 돌려보내 준다고 하옵니다.

김수: 10월이면 으레 격군들을 돌려보내 주는 것이 규례가 되어 있기 때문에 진작 정리하지 못한 것일 것이옵니다.

윤두수: 신이 남원南原에 있을 적에 이순신이 군관들을 남원으로 보내서 군사를 모집하는데, 그곳 병방兵房을 죽이기까지 하여 민간에서 소동이 나고 곡성이 하늘을 진동하였기 때문에 군관을 불러 물었더니, 원근을 불문하고 한 문중을 전부 잡아가기 때문이라고 하였습니다. 그걸로 보면 군사 모집할 적에 좋지 못한 일이 많이 있었다 보옵니다.

선조: 원균에게 수군을 나눠 맡기는 일에 대해서 판서判書로서는 어떻게 생각하는가?

이덕형(병조 판서): 그가 하려고만 한다면 신의 뜻으로는 당연하다고 생각하옵는데, 다만 서로 방해할 것만이 걱정되옵니다. 그러므로 반드시 중국 제도와 같이 참장參將이 나가 싸우는 때는 따로 독전하는 사람이 있어야만 할 것이옵니다.

선조: 해야 할 일은 속히 하는 것이 옳다. 원균도 오늘 정사에 할 수 있지?[159]

이정형: 원균이 통제사가 되면 일이 잘못 될까 두렵습니다. 갑자기 할 것이 못 되오니 자세히 살펴서 하시옵소서.

결국 원균을 편들던 자들은 이순신을 참소하여 삼도 수군통제

159 원균을 오늘 중으로 통제사에 임명하라는 뜻.

사 이순신을 하옥시키고, 대신 원균을 그 자리에 앉히도록 한다. 그러나 이 일이 얼마나 잘못된 일인지는 당시를 기록한 사관의 사필을 통해서 미루어 짐작할 수 있다. 『선조수정실록』 선조 30년(1597) 2월 1일.

통제사 이순신을 하옥시키라 명하고, 원균으로 대신하였다.

이보다 앞서 평행장平行長과 경상 우병사 김응서金應瑞가 서로 통하였다. 요시라要時羅가 그 사이를 왕래하였다. 그가 말한 바가 마치 가등청정加藤淸正과 사이가 좋지 않은 듯해서 우리나라는 그걸 믿었다. 이때에 왜적이 재침을 모의하면서 우리나라의 수군을 꺼려 하였고, 그 중에서도 더욱더 이순신을 꺼렸다. 이에 요시라를 보내서 말하기를 "강화하는 일이 이루어지지 않은 것은 실로 가등청정이 주장하고 있어서이다. 만약 그를 제거하면 나의 한이 풀리게 되고 귀국의 근심도 제거될 것이다. 모월 모일에 가등청정이 어느 섬에서 잘 것이니, 귀국에서 만약 수군을 시켜 몰래 잠복해 있다가 엄습하면 결박할 수가 있을 것이다." 하였다.

응서가 이로써 보고하니, 상이 황신黃愼을 보내 순신에게 비밀히 유시하였다. 그러나 순신은 "바닷길이 험난하고 왜적이 필시 복병을 설치하고 기다릴 것이다. 전함을 많이 출동하면 적이 알게 될 것이고, 적게 출동하면 도리어 습격을 받을 것이다." 하고는 미침내 거행하지 않았다. 그런데 그날 가등청정이 과연 다대포多大浦 앞바다에 왔다가 그대로 서생포西生浦로 향하였는데, 이는 실로 행장과 함께 작은 군사로 우리를 유인하고자 한 것이었다. 그런데 조정에서는 오히려 조정의 명령을 따르지 않은 것을 들어 순신을 하옥시켜 고문하게 하고, 마침내 전남 병사 원균을 통제사로 삼았다.

38 분열된 조정 의론

蓋是時에 朝論이 已歧矣라.

대개 이때에 조정 의론이 이미 갈라져 있었다.

上이 遣侍臣廉問하니 侍臣도 亦黨於均하여 反實以聞이라.

임금이 측근을 보내 살펴 물으니, 측근도 또한 원균과 당이 같아서 실제와는 반대로 보고하였다.

해설

이순신이 조정의 대신들에게 배격을 받게 된 이유는 원균의 중상 때문으로만 그렇게 된 것이 아니라, 유성룡을 상대로 한 반대 당의 당파적 투쟁이 큰 영향을 미쳤다. 이순신이 급히 체포된 것은 물론이려니와, 임진왜란에서 가장 혁혁한 공을 쌓은 의병장 김덕령 또한 서인에게 죽임을 당하였고, 곽재우도 죽음의 위기에서 겨우 빠져나와 산 속으로 도망친 것이 다 당론 때문이었다는 『당의통략』黨議

通略의 평가가 이를 뒷받침한다.

이건창李建昌의 『당의통략』에는 이순신이 고초를 겪을 수밖에 없었던 이유를 다음과 같이 기록하였다.

유성룡은 비록 강직한 절개는 모자라지만 그 재주와 식견은 중흥공신中興功臣의 으뜸이요, 이원익과 이덕형도 나라를 다시 일으키는 데 노고가 있었다. 유성룡은 이순신을 추천하였고 끝까지 힘써 보호하였으므로 서인과 북인이 유성룡을 미워하였고, 아울러 이순신까지 의심해서 헐뜯고 모략하는 것이 매우 심하였다.

유성룡도 『징비록』에서

조정의 의론이 둘로 나뉘어 각각 편을 드는 바가 있었는데, 이순신을 천거한 것이 나이기 때문에 나를 좋아하지 않는 이들은 원균과 합하여 이순신을 공격하기에 온갖 애를 다 썼다.

고 증언하고 있다.

화은華隱 신령申靈도 그의 『재조번방지』再造藩邦志에 그때의 사실을 쓰고 평하기를

서인은 원균의 편을 들고 동인은 이순신의 편을 들어 서로 공격하기에 다른 국사는 내던져 두었으니, 그러고 나라가 안 망하였던 게 다행이다.

라고 기록하였다.

동서 분당의 와중에서 유성룡이 북인들에게까지 미움을 사게 된 것은, 정여립 사건과 관련이 있다. 정철을 대신하여 위관(조사관)이 되었을 때 북인인 이발을 힘써 구하지 않았기 때문이었다. 이발은 서인이었던 정철조차 정여립 사건의 주모자가 아닌 점을 증언해 주었으나, 유성룡은 이발과 같은 동인이었음에도 서로 좋지 않았고, 또 두려워하고 조심하여 감히 구제하지 못하였다. 이발은 끝내 곤장을 맞고 죽었다. 이발이 죽는데도 유성룡이 구원하지 않은 것 때문에 정인홍 당은 드디어 유성룡과 원수가 되어서 남인과 북인으로 나누어졌다. 유성룡, 김성일, 이경중, 이덕형 등과 가까웠던 우성전이 남산南山에 살았고, 정인홍과 가까웠던 이발은 북악北岳에 살았기 때문이다.

갑오년(1594)에 선조가 한양으로 돌아왔을 때, 윤두수를 정승에서 파직시키고 유성룡과 김응남, 정탁이 서로 이어서 정승이 되었다. 이때 명나라 장수 호택胡澤이 와서 명나라 조정의 의중을 전하고 우리로 하여금 잠시 왜구들의 조공무역에 대한 간청을 들어 주라고 주청하라 하였다. 유성룡이 허락을 얻고자 하여 성혼과 함께 선조 앞에 나아갔다. 성혼이 극력 말하기를

"나라의 세력이 위태하고 급박하므로 모름지기 조금이라도 군대의 날카로운 기세를 늦추는 것이 스스로의 안전을 도모하는 것입니다."

하였는데, 선조가 대단히 성내어 박절하게 꾸짖었다. 유성룡은 입을 다물고 감히 말을 하지 못하고 물러나왔다. 이에 삼사三司가 글을 서

로 올려 '화친을 의론한 것'을 공격하였다. 김우옹과 유영경도 화친론을 공격하였는데, 김우옹은 오로지 성혼만을 공격하였다.

유영경과 이이첨은 북인이다. 두 사람은 유성룡을 미워하였는데, 소리 높여 말하기를

"화친을 주장하는 자는 유성룡인데, 지금 김우옹을 시켜서 오로지 성혼만을 공격하고 스스로 빠지니 유성룡은 참으로 간사한 자이다."

라고 하였다. 김우옹은 비록 정인홍과 정여립을 좋아하였으나 유성룡을 더욱 중요하게 여겼기 때문에 마침내 남인으로 활동하고 있었다.

선조가 처음 파천길에 성혼의 집이 있는 파주를 지나갈 때, 성혼은 그 사실을 모르고 집에만 있다가 나중에 선조에게 크게 꾸짖음을 당한 일이 있었다. 거기에다가 화친론을 제기하여 다시 한 번 꾸짖음을 당하자 성혼은 두렵고 부끄러워서 고향으로 돌아갔다가 얼마 되지 않아서 죽었다. 이때는 정철도 또한 죽은 때여서 이로부터 서인은 다 배척되고 남인과 북인이 번갈아 국정을 맡고 서로 공격하였다.

북인 이산해가 비록 축출당하였으나 선조는 그를 끝까지 잊지 않았다. 정탁이 이러한 선조의 뜻을 파악하고 이산해를 용서하라고 청하였는데, 김우옹이 정탁을 탄핵해서 정승 직위에서 쫓아냈다. 북인들이 이 일을 가지고 말하기를

"유성룡이, 이산해가 다시 등용되면 자신을 핍박할까 두려워해 김우옹을 시켜서 정탁을 축출한 것이다."

라고 하였다. 이로써 북인들이 유성룡을 더욱 미워하였다. 마침 명나라에 사신을 보내 양호楊鎬의 무고誣告를 변명할 일이 있었다. 선

조가 유성룡을 보내려 하자 유성룡은 칭병하고 사양하였다. 이 때문에 선조가 유성룡을 박대하였다. 북인 남이공과 김신국이 이산해의 아들 이경전의 벼슬을 청탁하였는데, 전랑銓郎 정경세가 허락하지 않았다. 남이공의 무리들은 정경세가 유성룡의 지시를 받아서 그러한가 의심하고, 유성룡이 화친을 주장한 죄상을 탄핵하고 모든 남인들을 함께 논박하였다.

김우옹이 유성룡을 구제하자, 이기李墍가 김우옹까지 함께 탄핵하였다. 대간 문홍도文弘道가 홍여순과 정인홍의 지시를 받고 소를 올려서 유성룡을 꾸짖었다. 그러자 이원익이 상소하여 유성룡은 청렴하고 충성스러운데 홍여순이 참소하고 무고하였다고 말하였다. 남북 당쟁의 골이 매우 깊은 상태였다.[160]

어전 회의 끝에 선조가 어사御史(남이신南以信)를 보내어 한산도로 내려가 사실을 조사해 오게 하였다. 그러나 어사마저 이순신을 모함하려 하였다. 돌아와서

"가서 들으니까 청정淸正 놈이 건너오다가 섬에 걸려서 이레 동안이나 꼼짝 못하였는데도 이 아무(이순신)는 나가 잡지 않았다는 것입니다."

라고 보고하였다. 이날 경림군慶林君 김명원金命元[161]이 대궐에 들어가서 경전을 강독하다가

160 李建昌, 『黨議通略』.

161 자는 응순應順, 경주 사람이다. 중종 29년(1534)에 나고 벼슬은 선조 때에 좌의정까지 이르렀으며 정여립의 옥사를 처리하여 경림군을 봉하였다. 임진왜란 때에 팔도 도원수八道都元帥 유도대장留都大將 등을 지냈으니 이때 나이 59세였다. 일찍이 퇴계 문하에서 『주역』周易을 배웠고 병서兵書와 무예도 능했으나 장수로 자처하지는 않았다. 임진란이 끝난 뒤 선조 35년(1602)에 죽으니 향년이 69세였다.

"왜적들이 배질에 익숙한데 이레나 섬에 걸렸더라는 말은 빈말인 듯합니다."

하였더니, 선조가

"내 생각에도 그렇긴 하다."

하였다.

그 뒤에 원균이 패하고 이순신이 다시 통제사가 되어 큰 공을 세웠을 때 지난날의 그 어사란 자가 옥당玉堂에 당직이 되어 들어갔다. 그때 어떤 친구가

"이레나 섬에 걸렸더라는 소문을 대관절 어디서 들었는가? 나도 그때 마침 전라도를 순시하고 있을 때인데, 나는 전연 그런 소문을 듣지 못하였는걸."

하였더니, 그 사람이 부끄러워하는 것이었다.[162]

162 「행록」.

39 이순신의 압송

丁酉二月에 舜臣이 被逮就拷하여 將置重典하다.

정유년(1597, 선조 30) 2월에 이순신이 체포되어 고문 끝에 장차 엄한 법률에 처해지게 되었다.

해설

병신년(1596, 52세) 겨울에 왜장 평행장平行長이 거제에 진을 치고 이순신의 위엄과 명망을 꺼려 온갖 계책을 내었다. 그 결과 부하 요시라要時羅[163]란 자를 시켜 반간反間[164]을 놓게 되었다. 요시라가 경상 좌병사 김응서金應瑞[165]를 통하여 도원수 권율에게 고하되

"평행장이 청정淸正과 서로 틈이 져서 그를 죽이려고 하는데, 청

---

163 「선조실록」에는 요시라(要矢羅)라고도 적었다. 대마도 사가 무라[佐賀村] 사람인데 본명은 야나기시치 다이부[柳七大夫]요 첫 이름은 요시로[與四郎]라 하였다.

164 적군의 간첩을 이용하여 도리어 내 편을 만드는 계략이나 또는 적편으로 간첩을 보내어 적의 정보를 탐색해 오도록 하고 적 편에 이간을 붙이는 것 등을 말한다.

165 응서는 처음 이름이고 나중에는 경서景瑞라고 하였다. 자는 성보聖甫요 김해金海 사람이다. 임진왜란 때 공을 세워 포도대장捕盜大將에 이르렀다. 광해군 11년(1619)에 건주위建州衛의 반란이 일어나자 명에서 구원병을 청하므로 평안 병사平安兵使로 있던 그는 부원수副元帥가 되어 원수 강홍립姜弘立을 따라 요좌遼左로 갔다가 명군과 함께 패하여 전직 속에서 죽었다.

정이 지금은 일본에 있지만 오래잖아 다시 올 것이라. 내가 그 오는 때를 확실히 알아 가지고 청정의 탄 배를 물색해서 가리켜 줄 것인즉, 조선에서는 통제사를 시켜 수군을 거느리고 바다로 맞아 나가게 하시오. 그러면 백 번 승첩한 수군의 위엄으로 그를 잡아 목을 베지 못할 리가 없을 것이니 조선의 원수도 갚게 될 것이요, 행장의 마음도 통쾌해질 것입니다."

하며 거짓으로 충성과 신의를 보이면서 간절히 권하여 마지 않았다. 조정에서는 이 말을 듣고 청정의 머리를 얻을 수 있을 것이라고 생각하였다. 이순신에게 칙령을 내려 일체 요시라의 계책대로 좇으라고 할 뿐, 그것이 실상 왜적의 술책에 빠지는 것인 줄은 알지 못하였다.

정유년(1597, 53세) 1월 21일 도원수 권율이 한산진에 이르러 이순신에게 하는 말이

"청정이 쉬이 다시 오리라 하니 해군은 꼭 요시라의 말대로 하라. 그래서 기회를 잃지 말도록 하라."

하였다. 이때 조정에서는 한창 원균의 말을 믿고 이순신을 비방하여 마지않았다. 이순신은 비록 마음 속으로 요시라에게 속는 것인 줄을 알면서도 감히 그 앞에서 그냥 물리쳐 버릴 수는 없었다. 상황을 예의 주시하면서 이순신은 철저히 병법의 원칙에 의거해 처신하였다. 『손자병법』은 다음과 같이 설파하고 있다.

전쟁에서 승리할 수 있다는 판단이 서면(故戰道必勝)

군주가 싸우지 말라고 해도 반드시 싸워야 하며(主曰無戰 必戰可也)

전쟁에서 승리할 수 없다는 판단이 서면(戰道不勝)

군주가 싸우라고 해도 싸우지 않아야 한다.(主曰必戰 無戰可也)

장수는 진격할 때 명예를 얻고자 해서는 안 되며(故進不求名)

후퇴할 때 처벌 받는 것을 피하려 하지 말 것이로되(退不避罪)

오로지 병사들을 보호하는 데 힘쓰고(惟人是保)

군주의 이익에 부합되게 해야 한다.(而利合於主)

이런 장수야말로 국가의 보배이다.(國之寶也)

그런데 권율이 육지로 돌아간 지 겨우 하룻만에 웅천熊川에서 온 보고가

"지난 정월 15일에 청정淸正이 장문포長門浦에 와서 닿았다."

는 것이었다. 조정에서는 청정이 무사히 도착하였다는 말만 듣고, 이순신이 그를 사로잡지 못한 것만을 꾸짖었다. 대간들의 여론이 분분하여 적을 놓쳐 버렸다는 것으로 벌을 내리기를 청하였다. 그리하여 마침내 잡아다 국문하라는 명령이 내렸다.

이순신은 수군을 거느리고 가덕加德 바다로 나가 있다가 잡아 올리라는 명령이 내렸음을 들었다. 곧 본진으로 돌아와 진중의 비품들을 계산하여 원균에게 인계하였다. 군량미가 9,914석인데, 밖에 있는 곡식은 계산에 넣지 않은 것이며, 화약은 4,000근이요, 총통은 각 배에 갈라 실은 것 말고 따로 300자루가 있었다. 그 밖에 다른 물품들도 모두 이렇게 정산하여 주었다.

도체찰사 이원익이 영남에 있다가, 이순신에게 잡아오라는 명령이 내렸다는 말을 듣고 곧 장계를 올렸다.

"왜적들이 제일 무서워하는 것이 우리 수군이요, 또 이 아무(이순신)는 바꿔서는 안 될 사람일뿐더러 원균을 보내서도 안 될 일입니다."

그러나 조정에서는 이원익의 말을 듣지 않았다. 이원익은

"이제는 나랏일도 다시 어찌할 길이 없게 되었다."

하고 탄식하였다.

2월 26일 이순신이 한산도에서 포박되어서 서울로 압송되었다. 가는 도중에 남녀노소 모든 백성들이 에워싸고 울부짖었다.

"대감 어디로 가시오. 인제 우리들은 다 죽었습니다."

3월 4일 서울에 도착하여 투옥되었다. 투옥된 저녁에 어떤 이가 와서

"위에서 극도로 진노하시고, 또 조정의 여론도 엄중하여 사태가 어찌될지 알 수 없으니 이 일을 어쩌면 좋겠소."

하고 걱정하였을 때, 이순신은 조용한 목소리로

"죽고 사는 것은 천명이다. 죽게 되면 죽는 것이다."

할 뿐이었다.

3월 13일 선조가 이순신을 고문 조사함이 어떻겠는가를 대신들에게 의논하게 하였다. 비망기로 우부승지 김홍미에게 전교하였다.

"이순신이 조정을 기망한 것은 임금을 무시한 죄이고, 적을 놓아 주어 치지 않은 것은 나라를 저버린 죄이며, 심지어 남의 공을 가로채 남을 무함하기까지 하며, 방자하지 않음이 없는 것은 기탄함이 없는 죄이다. 이렇게 허다한 죄상이 있고서는 법에 있어서 용서할 수 없는 것이니 율律을 상고하여 죽여야 마땅하다. 신하로서 임금을 죽인

자는 반드시 죽이고 용서하지 않는 것이므로 지금 형벌을 끝까지 시행하여 실정을 캐내려 하는데 어떻게 처리할 것인지 대신들에게 하문하게 하라."

선조의 하교가 떨어지기가 무섭게 이순신은 그 즉시 고문을 받았다.[166] 처음에 이순신이 묶여 오자 수군 여러 장수들의 친척으로 서울에 있는 자들이 혹시나 이순신이 죄를 다른 여러 장수들에게 돌릴까 걱정하여 두려워하지 않는 이가 없었다. 그러나 심문을 받는 이순신은 다만 일의 전말만 차례로 정연하게 진술할 뿐 조금도 주변 사람을 끌어넣는 일이 없었다. 모두들 탄복하며 이순신의 얼굴을 한 번만이라도 보고 싶어하는 이들까지 있었다.

이순신이 옥에 있을 때, 우수사 이억기가 사람을 시켜 글을 바치어 이순신에게 안부를 물었다. 이억기는 인편을 통해

"수군은 오래잖아 패할 것이오. 우리들은 어디 가서 죽을지 모르겠소."

라는 절박한 심정을 토로하였다. 그때 북도北道에 사는 지방 군사 몇 사람이 마침 과거 보러 서울로 올라왔다가 이순신이 옥에 갇혔단 말을 듣고 비분히 여겼다. 이순신을 석방시켜 북병사北兵使로 임명해 주기를 청하는 장계를 올리려고까지 하였다.[167]

유성룡은 이순신이 갇히던 상황을 『징비록』에 다음과 같이 기록하고 있다.

---

166 「행록」에는 12일에 고문을 당했다고 적혀 있어 서로 편차를 보이고 있다.

167 「행록」.

수군통제사 이순신을 잡아 옥에 가두었다. 처음에 원균은 이순신이 와서 자기를 구원해 준 것을 고맙게 여겨 서로 사이가 매우 좋았더니, 얼마 있다가 공을 다투어 점점 사이가 좋지 못하였다. 원균은 성품이 험피險詖하고 또 중외 인사와 연결이 많아 이순신을 무함함에 있어 힘을 남기지 않았다. 매양 말하기를 "이순신이 처음에 오지 않으려고 하는 것을 내가 굳이 청해서 왔으니 적을 이긴 공은 내가 수공首功이 되어야 할 것이라." 하였다. 이때 조론朝論이 두 갈래로 나뉘어 각각 주장하는 바가 있는데, 이순신을 천거한 사람은 나(유성룡)이므로 나와 좋지 않은 사람들은 원균과 합세하여 이순신을 몹시 공격하였다. 그러나 오직 우상 이원익만은 그렇지 않은 점은 밝히고, 또 말하기를 "이순신과 원균이 각각 맡은 바 지역이 있으니 처음에 즉시 구원치 않았다 해서 그것을 꼭 그르다고는 할 수 없다." 하였다.

이보다 먼저 적장 평행장이 자기의 사졸 요시라[與四郞]를 경상 우병사 김응서의 진에 자주 왕래시켜서 은근한 정을 보이었다. 이때 청정이 다시 나오려 함에 요시라는 비밀히 김응서에게 "우리 장수 행장이 말하기를, 이번 화의가 이루어지지 못한 것은 청정 때문이므로 나(행장)도 심히 미워하고 있는데, 모일에는 청정이 반드시 바다를 건너올 것이니, 조선 군사는 수전水戰을 잘하므로 해중에서 기다리고 있으면 능히 패살시킬 수 있을 것이니 이 기회를 놓치지 말라고 합디다." 하였다. 응서가 바로 이 사실을 조정에 아뢰니, 조정 의론은 이 말을 믿었고 해평군海平君 윤근수尹根壽[168]는 더욱 좋아라고 날뛰면서 이 기회를 놓치기가 아깝다 하여 연달아 임금께 아뢰서 이순신을 재촉하여 나가 싸우라

168 자는 자고子固요 호는 월정月汀이요 해평인海平人이며 군자감정軍資監正 변忭의 아들이고 영의정 두수斗壽의 아우이다. 중종 32년(1537) 출생. 명종 13년 무오에 문과에 올라 벼슬이 예조 판서, 좌찬성까지 이르렀다. 임진란 때에 형 두수와 함께 대가大駕를 호종하고 을미년에는 명장접반사明將接伴使로 영남에 내려왔다. 선조 37년 갑진에 호성공신扈聖功臣에 기록되고 광해군 8년 병진(1618)에 80세로 졸하였다. 시호는 문정文貞이다.

하였다. 그러나 이순신은 적의 간계에 빠지는 것이 아닌가 하여 주저하기를 여러 날 하였다. 이때 요시라가 다시 와서 “청정이 벌써 착륙하였는데, 조선에서는 왜 막아서 잡지 않는단 말이요.” 하고, 거짓으로 한이 되고 애석한 체 하였다.

이 사실이 조정에 들리자, 조정 의론은 모두 이순신을 허물하였다. 대간에서는 이순신을 잡아와서 국문하기를 청하고, 현풍玄風 사람 전현감前縣監 박성朴惺[169]이란 사람은 또한 그때 시론을 따라서 글을 올려 ‘이순신을 베자’라고 말하였다. 조정에서는 드디어 의금부 도사義禁府都事를 보내어 순신을 잡아오게 하고, 원균으로 대신 통제사를 삼았다. 임금께서는 이 일이 모두가 진실이 아닐 것이라 해서 특별히 성균사성成均司成 남이신南以信을 보내어 한산閑山에 가서 사찰해 오라 하였다. 남이신이 전라도에 들어가니 군민軍民들이 길을 막고 이순신의 원통함을 풀어달라 하는 자 헤아릴 수 없었건만, 남이신은 사실대로 보고하지 않고 말하기를 “청정이 해도에서 7일 동안이나 머물러 있었으니 우리 군사가 만약 나갔더라면 청정을 잡아올 수 있었을 것인데 이순신이 머뭇거려 그만 기회를 잃었습니다.” 하였다.

169 자는 덕응德凝, 호는 대암大菴, 생원 사눌思訥의 아들. 선조 임진란 때에는 경상 초유사 김성일의 막하에서 일을 도왔으며 정유재란 때에는 체찰사 이원익의 막하에서 일을 도왔다. 벼슬이 공조 정랑, 청송 부사까지 이르렀다. 선조 39년 병오(1606)에 58세로 졸하였다.

40 모친의 별세

相臣鄭琢이 白上言하되 舜臣은 名將이라 宜赦罪責效니이다 하니

재상 정탁이 임금께 글을 올려 아뢰되, "이순신은 명장이니 죄를 사면하고 공을 세우게 하는 것이 마땅합니다." 하니

上이 亦念其功하여 特原之하고 命從軍自效하니라.

임금이 또한 그 공을 생각하여 특별히 놓아 주고, 종군하여 스스로 공을 세울 것을 명하였다.

時에 舜臣母ㅣ 在牙山病沒이라.

이때에 이순신의 모친이 아산에서 병으로 죽었다.

舜臣이 便道奔哭하고 成服卽行할새 歎曰 吾一心忠孝ㅣ 到此俱喪矣라 하니

이순신이 지름길로 달려가 곡하고 상복 차림으로 길을 떠날 때 탄식하며 말하길, "내 일심 충효가 이에 이르러 모두 사라졌다."라고 하니

軍民이 遮擁號泣하다. 遠近이 嗟惜이러라.

군민이 그를 막아 부둥켜 안고 소리 놓아 울었다. 원근이 안타까워하였다.

해설

당시의 상황을 『징비록』은 다음과 같이 전하고 있다.

이순신이 옥에 갇히자, 상께서는 대신들에게 명령하여 이순신의 죄를 의논하라 하였다. 이때 홀로 판중추부사判中樞府事 정탁鄭琢[170]이 말하기를 "이순신은 명장이니 죽여서는 안 될 것이며, 군기軍機의 이해는 먼 곳에서는 헤아려 알 수 없는 것이온즉, 그가 나아가지 않은 것은 반드시 무슨 짐작이 없지 않을 것이오니, 청컨대 용서하시어 뒷날에 공을 이루도록 하시옵소서." 하였다. 조정에서도 이순신을 한 번 고문한 뒤 사형死刑을 감하고 삭직한 채 그대로 군중에 나가게 하였다. 이때 이순신의 늙은 어머니는 아산에 있었는데, 이순신이 하옥되었다는 말을 듣고 걱정 끝에 애타 돌아가셨다. 이순신이 옥에서 나와 아산을 지나다가 성복成服[171]하고 바로 권율權慄의 장하帳下로 가서 종군하였다. 사람들이 그 소식을 듣고 모두 슬퍼하였다.

170 자는 자정子精, 호는 약포藥圃, 청주인淸州人이며 현감縣監 원로元老의 증손이다. 중종 21년 병술(1526)에 생하다. 명종 13년 무오에 등과하여 벼슬이 좌의정에 이르렀으며 호성공신扈聖功臣에 기록되고 서원부원군西原府院君을 봉하였다. 선조 38년 을사(1605)에 80세로 졸하고 시호는 정간貞簡이다. 정탁이 이황李滉, 조식曹植 양 선생을 사사하였고 경사經史와 천문天文, 지리地理, 상수象數, 병가兵家의 유流에도 관통하였다. 임진란 때는 곽재우郭再祐, 이순신, 김덕령金德齡 등 명장을 천거하여 그들이 모두 위공偉功을 세웠으며, 특히 이순신이 무함을 당하여 하옥되었을 때는 정탁이 극력으로 신구하여 죽음을 면하게 하였다. 입조立朝한 지 50년 동안에 그르친 일이 적었으며 만년에는 전원에 물러가서 여생을 보전하였다.

171 상복으로 갈아 입고 곡함.

이순신은 정유년 4월 1일에 출옥하였다. 그는 출옥하자마자 곧장 유성룡의 집으로 찾아가 시국에 관한 많은 이야기를 나누었다.

『난중일기』 정유년(1597, 선조 30) 4월 2일.

'비. … [어두울 무렵에 성으로 들어가 정승(유성룡)과 이야기하다가 닭이 울어서야 헤어져 나왔다.]'

「행록」에 의하면,

4월 1일에 평복으로 원수(元帥)의 지휘 밑에 공로를 다시 세우도록 특사령이 내렸다. 11일에 어머님이 돌아가시므로 압령해 가는 도사(都事)에게 간청하여 성복하였다. 19일에 길을 떠나며 통곡하였다. "나라에 충성을 바치느라 하였건만 죄가 이미 이르렀고 어버이에게 효도하려고 하였건마는 어버이마저 가버리셨다."

라고 기록되어 있다.

41 원균의 폭정과 조선 수군의 몰락

元均이 代爲統制에 盡反前政하고 貯妓于運籌堂하여 酣飮不省事하다. 捶楚殘虐하여 一軍이 離心이라.

원균이 대신 통제사가 되자 이전의 정치를 모두 뒤엎고, 운주당에 기생을 모아놓고 술을 즐기며 업무를 살피지 않았다. 종아리 치고 매질함이 잔학하여 모든 군사들의 마음이 그를 떠났다.

要時羅又來言하되 大軍이 方渡海하니 可遮擊也라하여 朝廷이 又諭均促戰하다.

요시라가 또 와서 말하되, "대군이 바야흐로 바다를 건널 것이니 가로막고 공격할 만하다." 하여, 조정이 또 원균에게 유시하여 전투를 재촉하였다.

均이 旣反舜臣所爲하여 不敢言其難하다.

원균이 이미 이순신이 한 바를 반대하였던지라, 왜적을 막는 일이 어렵겠다고 감히 말하지 못하였다.

是年七月에 悉衆前進할새 倭船이 左右誘引하여 乘

夜掩襲하니

이해 7월에 모든 군사 무리를 앞세워 나아갔는데, 왜선이 좌우에서 유인하여 밤을 타 엄습하니

軍遂潰하여 均이 走死하고 舟師百餘艘는 皆沒이라.

군사가 드디어 궤멸하여 원균이 달아나다 죽었고, 함대 100여 척은 모두 침몰하였다.

而閑山이 亦陷하여 舜臣所儲置資糧兵械爲數年之需者ㅣ 一朝俱燼이라.

그리고 한산이 또한 함락되어 이순신이 비축해 놓은 군량미와 병장기계 몇 년치가 하루 아침에 모두 불탔다.

閑山이 旣破에 賊이 由西海下陸하여 進陷南原하니 兩湖를 已不可守矣러라.

한산이 이미 격파됨에 적이 서해를 통해 상륙하여 남원을 함락하니, 양호兩湖(충청, 전라)를 이미 지킬 수 없게 되었다.

해설

이순신이 삼도 수군통제사의 자리를 비운 동안 원균이 저지른 악행은 차마 눈뜨고 볼 수 없는 지경에까지 이르렀다. 이순신이 백의종군의 명을 받고 남하하는 도중에도 계속해서 그에게는 원균의 악행에 대한 보고가 속속 전해졌다.

『난중일기』 정유년 4월 27일.

저녁에 정원명鄭元溟의 집에 이르니 원수(권율)가 내가 온 것을 알고 군관 권승경權承慶을 보내어 조상하며 또 안부도 물었다. 위문하는 말이 자못 간곡하였다. 저녁에 이 고을 원이 보러 왔었다. 정사준鄭思竣도 보러 와서 원공元公(원균)의 망령되고 패악된 짓을 많이 말하였다.

『난중일기』 정유년 4월 30일.

병사 이복남이 식전에 보러 와서 원 공의 일을 많이 말하였다.

『난중일기』 정유년 5월 2일.

진흥국陳興國이 좌수영으로부터 와서 눈물을 흘리며 원(균)의 일을 이야기하였다.

『난중일기』 정유년 5월 5일.

늦게 충청 우후 원유남元裕男이 한산에서 와서 원 공(균)의 못된 짓을 많이 전하고, 또 진중의 장졸들이 모두 다 배반하므로 앞으로 일이 어찌 될지 알 수 없으리라고 하였다.

『난중일기』 정유년 5월 6일.

(왜 어서 죽지 않는지[172]). …정원명鄭元溟이 한산에서 돌아왔다. [흉한 자(원균)

의 못된 짓을 많이 이야기하였다.]

『난중일기』 정유년 5월 7일.

서산 군수(안괄安适)가 한산에서 왔다. [음흉한 자(원균)의 일을 많이 말하였다.]

『난중일기』 정유년 5월 8일.

원(균)이 편지를 보내어 조상하였으나, 이것은 원수(권율)의 명령이었다. (이경신李敬信이 한산에서 와서 음흉한 원가의 말을 많이 하였는데, 원가가 데리고 온 서리를 곡식 사라는 구실로 육지로 보내 놓고 그 처를 사통하려고 하니, 그 계집이 말을 듣지 않고 밖으로 나와서 악을 쓴 일이 있었다고 한다. 원이 온갖 계략으로 나를 모함하려 덤비니 이 역시 운수다. 뇌물로 실어 보내는 짐이 서울 길에 잇닿았으며 그렇게 해서 날이 갈수록 나를 헐뜯으니 그저 때를 못 만난 것만 한탄할 따름이다.)

『난중일기』 정유년 5월 11일.

광양의 전 현감 김성金惺이 체찰사의 군관이 되어서 화살대 구하러 순천에 왔다가 보러 왔다. [근래의 소문을 많이 전하는데, 그 소문이란 모두 흉인(원균)의 일이었다.]

---

172 5월 4일은, 지난 4월 13일에 돌아가신 이순신 모친의 생신이었다. 이날 이순신은 닭이 울자 일어나 앉아 돌아가신 어머님을 생각하면서 하염없이 눈물을 흘렸노라고 『난중일기』에 적고 있다. '왜 어서 죽지 않는지'라는 독백은 억울하고도 고단한 자신의 처지와 모친을 여읜 상심이 겹쳐지면서 나온 것으로 보인다. 모친이 돌아갔을 때, 이제 자신에게는 세상을 살 이유가 없어졌다고 한 이순신의 절규에서 확인되는 바와 같이, 이때를 기점으로 하여 이순신에게는 생사를 초월한 대승적 역사 의식이 구체적으로 자리를 잡아 간 것으로 보인다.

『난중일기』 정유년 5월 20일.

체찰사가 내가 머무르고 있다는 말을 듣고, 먼저 군관 이지각李知覺을 보냈다. 조금 있다가 또 군관을 보내어 "진작에 상제가 되었다는 소식을 듣지 못하였다가 이제야 듣고 놀라며 애도한다."고 조상하였다. 저녁에 만나 볼 수 있겠는가를 묻기에 나는 "저녁에 당연히 가서 뵙겠다."고 대답하였다. 어둘 녘에 가서 뵈니 체찰사는 소복을 입고 기다렸다. [조용히 일을 이야기하는 중에 체찰사는 개탄하기를 마지않았다. 밤이 되도록 이야기하는 중에 "일찍이 임금의 분부가 있었는데 거기에도 미안스런 말이 많았는바, 그 뜻을 알지 못하겠다."고[173] 하였다. 또 말하되 "음흉한 사람(원균)의 무고하는 행동이 심하였건마는 임금이 굽어 살피지 못하니 나랏일을 어찌 할꼬." 하는 것이었다.]

『난중일기』 정유년 5월 23일.

아침에 정사룡鄭思龍, 이사순李士順이 와서 보았다. [원 공(균)의 말을 많이 전하였다.]

『난중일기』 정유년 5월 28일.

늦게 하동현에 이르니, 그 고을의 원(신진申秦)이 서로 만나보기를 반가이 여기며 성 안 별사로 맞아들여 간곡한 정을 베풀었다. [그리고 원(균)의 미친 짓을

173 선조가 사실과 다른 말을 하면서 이순신의 삼도 수군통제사 직위를 박탈하고 투옥시키라고 지시한 것은 반드시 조정 안에 도사리고 있는 음흉한 원균 세력에게 현혹되어 그렇게 된 것이라는 점을 돌려 말한 것이다.

많이 말하였다.]

『난중일기』 정유년 6월 17일.

아침 식후에 원수에게 갔더니, 원 공의 정직하지 못한 것을 많이 말하였다. 또 비변사에서 내려온 공문을 보이는데 "원균의 장계에 수군과 육군이 함께 나가서 안골安骨(진해시 웅동 안골동)의 적을 무찌른 연후에 수군이 부산 등지로 진군하겠으니 안골의 적을 먼저 칠 수 없겠습니까." 하였고, 원수의 장계에는 "통제사 원균이 앞으로 나가지 않고 오직 안골의 적을 먼저 쳐야 한다고 말하며, 수군 여러 장수들은 많이들 다른 생각을 갖고 있을 뿐더러 원균은 안으로 들어가 나오지 아니하므로 절대로 여러 장수들과 합의하지 못할 것이라 일을 엎질러 버릴 것은 뻔합니다."라고 하였다.

『난중일기』 정유년 6월 19일.

진에 이르니, 원수와 황 종사관이 함께 나와 앉았다. 내가 들어가 뵈니 원수가 내게 원균의 일을 말하되, "통제(원균)의 일은 말할 수가 없소. 조정에 청하여 안골, 가덕을 모조리 무찌른 뒤에 수군이 나가 토벌해야 한다 하니 그게 무슨 심사겠소. 밀고 나가지 않으려는 뜻에 불과하기 때문에 사천으로 가서 (세수사水使에게 진격을) 독촉할 예정이오. (통제사는 내가 지휘할 것도 없소.)" 하였다. 내가 조정에서 내려온 분부를 보니 "안골의 적은 경솔히 들어가 칠 것이 못 된다."고 하였다.

7월 10일 비변사에서 수군 제장을 엄하게 독려할 것을 청하자 선조가 아뢴 대로 시행토록 하게 하였다. 원균에게도 "전일과 같이 후퇴하여 적을 놓아 준다면 나라에는 법이 있고 나 역시 사사로이 용서하지 않을 것이다."라고 엄하게 하유하였다. 여기서 말하는 전일은 개전 초에 원균이 왜선의 규모를 보고 놀래 스스로 70여 척의 함대를 수장시키고 달아난 것을 말함이다. 이처럼 선조는 원균이 저지른 전일의 과오를 누구보다도 잘 알고 있었다. 그러나 선조는 간신들의 이순신에 대한 빗발치는 모함을 등에 업고, 짐짓 원균을 등용하였던 것이다. 여기에 더해서 1년 전에 충청도 일대에서 서얼 출신 이몽학李夢鶴이 일으킨 반란으로 크게 충격을 받은 선조였다. 민심의 지지를 받는 이순신과 같은 명장이 언제든지 반도들에게 추대를 받을지도 모른다는 의구심 또한 떨쳐버릴 수 없었을 것이다. 그 즈음 백성들의 신망을 한 몸에 받던 의병장 김덕령이 제거된 것도 같은 맥락에서 이해될 수 있다.

그러나 이순신을 두려워하던 선조나, 원균을 편들던 간신들의 후원이 무색하게도 7월 16일 새벽에 원균이 죽었다. 7월 22일 선전관 김식이 한산도 사정을 탐사하고 돌아와서 보고한 내용은 이러하였다.

15일 2경(밤 10시 경)에 왜선 5, 6척이 갑자기 소동을 일으키며 불질을 하여 우리나라 전함 4척이 전부 타버리고 말았습니다. 우리 여러 장수들이 황급히 배를 출동시켜 간신히 진을 구축하였습니다. 닭이 울 무렵 왜선이 헤아릴 수 없이 와서 서너 겹으로 에워싸고 형도荊島 근처에 가뜩 널린 채 싸우거니 물러나거니 하여 도저히 당적할 도리가 없었사옵니다. 우리 군사들이 고성 땅 추원

浦秋原浦로 물러나 진을 쳤으나, 적세가 하늘을 찔러 우리 배들이 전부 불타고 깨어지고, 장수와 졸병들도 모두가 불타 죽고 빠져 죽었사옵니다. 신은 통제사 원균과 순천 부사 우치적과 같이 몸을 빼어 육지로 올라왔었사온데, 원균은 늙어 달아나지를 못하고, 홀몸으로 칼을 짚고 외로이 소나무 아래 앉아 있었사옵니다. 신이 달아나다 둘러보았더니 왜놈 6, 7명이 이미 칼을 휘두르면서 원균이 있는 곳에까지 이르렀는데, 원균이 죽었는지 살았는지는 자세히 알지 못하옵니다. 경상 우수사 배설과 옥포 · 안골포 만호 등이 겨우 보전하였사옵고, 모든 배들의 불타는 연기가 하늘을 찌르는데, 왜적들이 무수히 한산도로 향하는 것이었사옵니다.[174]

그토록 조정의 간신들이 이순신을 비방하는 반면, 용감무쌍한 장수로 극찬해 마지 않던 원균의 비극적 최후인 것이다. 이때 원균은 뒤뚱뒤뚱 살이 쪄 제대로 뛰지도 못하고 소나무 아래서 가쁜 숨을 몰아쉬다가 뒤쫓아온 왜적들에게 집단 난자를 당하였다.

일본을 대표하는 역사평론가인 야마지 아이잔[山路愛山]은 그의 대표작 『도요토미 히데요시』라는 책에서 이 부분을 다음과 같이 기술하고 있다.

원균이 만약 한산도를 나오지 않고 그대로 눌러 앉아 있었다면 이쪽(왜 수군)에서 공세를 취하기가 쉽지 않아 승패를 쉽사리 점칠 수 없었을 것이다. 그러나 그가 오히려 삼남에 주재하고 있던 명나라 육군과 책략을 도모하여 부산을 습격하여 일본군의 통로를 끊고 일본에서 건너오는 병사 수송선을 저지하려

174 『선조실록』 권90, 선조 30년 7월 22일.

는 작전을 세웠다.

이때 일본군은 이미 한산도 부근 육상에 있었기 때문에 조선 수군이 한산도를 떠났다는 소식이 급사를 통해 각 진영으로 전해졌다. 웅천에서 군선 제조를 마친 도도 다카토라, 와키사카 야스하루 등은 이 보고를 듣고서 "잘됐다. 조선 수군이 만약 당섬(거제)으로 와 주면 그곳은 여울이 얕아 대선의 진퇴가 어렵다. 그곳에서 기다리고 있다가 그들의 허를 찔러 승리를 거두지 못한 지난 번 해전의 치욕을 씻겠다."며 기다리고 있었는데 원균은 이러한 전략도 모른 채 대담하게도 배를 전진시켜 절영도에 도착하였다.

일본국의 수군은 이때까지 조선 수군을 꾀어 내려고 때때로 조선 선박 쪽으로 다가갔다가 돌화살이 날아올 지점이 되면 살살 물러나는 식으로 하여 마침내 절영도까지 이끌어 냈다. 이때 조선 수군은 종일 노를 젓느라 완전히 지쳐 있었다. 게다가 밤도 이슥하고 바람도 거세 배를 한 군데로 집중할 수 없자 일단 가덕도로 돌아가 병력을 쉬게 하려고 그대로 이 섬으로 들어갔다.

이때 가덕도에는 다카하시 나오츠구, 츠쿠시 히로카도 두 사람이 육상에 재진하고 있었다. 담수가 부족하여 심각한 갈증을 겪고 있던 조선 수군은 가덕도에 도착하자마자 앞다투어 배에서 내려 병사들이 정신없이 물을 마시고 있던 그 순간에 대기하고 있던 두 장군의 군대가 갑자기 튀어나와 이들을 습격하였다. 불의의 습격을 당한 조선군은 크게 패하여 장병 400여 명을 잃었다.

원균이 곧장 이곳을 벗어나 거제 칠삼도로 돌아오자, 원균이 헛되이 수군만 동원하고 전공을 세우지 못한 데 화가 난 권율은 상관의 권위로 원균을 고성으로 소환하여 곤장을 때려 실패를 꾸짖고 다시 진격하라는 명령을 내렸다. 심중의 불만을 삼키지 못한 원균은 평소 술버릇이 도져 폭음하고 그대로 잠들어 버려 장교들은 대장과 군사 회의를 열 기회를 갖지 못하였는데 그 한밤중에

홀연 일본 수군의 공격을 당하였다.

조선 수군이 완전히 궤멸되어 수습할 수 없게 되자 원균은 배를 버리고 상륙하였으나 몸이 살쪄 제대로 달리지 못하고 소나무 아래에 앉아 있는 사이 좌우 모두 흩어져 홀로 있다가 일본군에게 살해당하였다고도 하고 간신히 죽음을 면하였다고도 한다. 원균이 패하여 조선 수군이 완전히 파괴당하자 한산도는 곧바로 일본 손에 떨어졌고 병사 및 병량 수송도 자유로워져 일본군의 상황은 대단히 유리해졌다. 명나라에서는 한산도가 이미 일본군의 손에 떨어졌다는 보고를 듣고 별안간 당황하여 아직 관중에 주둔하고 있던 비왜총병관 마귀에게 여순에 있는 3,000명의 수군을 이끌고 빨리 가서 한강, 대동강을 지키고 일본 수군의 서하를 저지하고 운도運道[175]를 막으라고 명하였다는 이야기가 『명사』明史에 보인다. 이 해전의 성공은 조선에게는 심각한 타격을 입혀 전라도는 이때부터 일본군의 손에 떨어질 상황에 처하였다.[176]

『징비록』에는 원균의 최후를 다음과 같이 묘사하고 있다.

8월 초7일에[177] 한산의 수군이 무너지매, 통제사 원균과 전라 우수사 이억기는 죽고, 경상 우수사 배설裵楔[178]은 도망하였다. 원균이 이미 한산에 부임하자 이순신이 시행하던 약속을 모두 변경하고, 부하 장수들과 군사들도 이순신

175 왜군의 군량미 보급로.

176 야마지 아이잔 저, 김소영 역, 『도요토미 히데요시』, 21세기북스, 2012, 821-825쪽.

177 7월 16일의 오기로 보인다.

178 성주星州 사람으로 덕룡德龍의 아들. 정유년(1597) 재란 때에 경상 우수사로서 원균과 함께 나가 싸우다가 형세가 불리함을 보고 물러나와 한산도의 모든 시설을 불지르고 도망갔었다. 이순신이 새로 통제사의 임명을 받은 뒤에 그 아래 있으면서 언제나 겁내어 도망가려고 하더니 정유년 8월에 병을 치료하겠노라고 승낙을 받고 그 길로 도망해 버렸다. 기해년(1599) 3월에 도원수 권율이 선산善山에서 그를 잡아 서울로 올려 보내어 사형에 처하였다.

에게 신임을 받던 사람은 모두 쫓아버렸다. 이영남李英男은 자기의 전일 패전하던 실정을 자세히 알고 있는 사람이라 하여 더욱 미워하니, 군심軍心이 원분怨憤하기 시작하였다. …이때 적이 다시 침구하여 오는데, 평행장平行長은 또 요시라를 김응서에게 보내서 "왜선이 모일에 나올 것이니, 조선 수군은 이를 맞아 쳐 없애라." 하고 꾀었다. 도원수 권율이 더욱 이 말을 믿고, 또 전일에 이순신이 주저하고 싸우지 않다가 득죄하였으므로 날마다 원균에게 나가 싸우기를 독촉하였다. 원균도 또한 평시에 이순신이 적을 보고도 나가지 않은 것으로 이순신을 모함하고 자기가 그 소임을 대신 맡았으니, 이제 와서 왜적과 싸우기가 어려운 줄 알면서도 부끄러워 거절할 말이 없었다. 군사와 배를 다 거느리고 앞으로 나아갔다. 이때 언덕 위에 있던 적의 진영에서는 우리 배가 지나가는 것을 내려다보고 서로 전보하여 정세를 알고 있었다.

원균의 배가 절영도에 다다르자 풍랑이 일어나고 날은 벌써 어두웠는데, 배는 닿을 곳도 없고 해중海中에 왜선이 출몰하는 것이 보였다. 원균이 제군을 독려하여 앞으로 나아가니 군사들은 한산으로부터 종일토록 노를 저어 오노라 쉬지를 못하였고 또 기갈이 심해서 배를 운전할 수 없었다. 제선은 종횡으로 앞서고 뒤서며 잠깐 앞으로 갔다가 잠깐 뒤로 물러나거나 하고 있었다. 왜적들은 우리 군사를 더욱 피로케 하고자 우리 배에 가까이 나타났다가 거짓으로 달아나는 척하면서 교전치 않았다. 이때 밤은 깊고 바람은 세찬데, 우리 배들은 사방으로 흩어져 갈 방향을 알지 못하였다.

원균은 간신히 남은 배를 수습하여 가덕도加德島에 돌아왔다. 군사들이 갈증이 심해서 서로 다투어 배에서 내려 물을 마시는데, 왜병들이 섬 속에서 졸지에 내달아 덮쳤다. 이 싸움에 장사將士 400여 인을 잃었다. 원균은 또 물러나와 거제 칠천도柒川島에 이르렀다. 권율이 고성에 있다가 원균이 패전한 것을 듣고 급히 원균을 불러 벌을 주고 다시 나가 싸우라 독촉하였다. 원균은 군중에 돌아와 더욱 화가 나서 술을 마시고 취해 누웠다. 제장들이 원균을 보고 군사일을 의논하고자 하였으나 할 수 없었다.

이 날 밤중에 왜선이 와서 습격하여, 균의 군사는 크게 무너졌다. 균은 도망해 해변에 이르러 배를 버리고 언덕으로 올라갔다. 달아나려 하였으나, 몸이 비둔하여 갈 수가 없었다. 소나무 아래 앉았노라니 좌우 사람은 모두 흩어져 가버렸다. 이곳에서 원균은 적에게 죽었다고도 하고 혹은 피해 달아났다고 전한다. 그 확실한 것은 알 길이 없다.

원균의 죽음에 관해 『난중잡록』亂中雜錄에 다음과 같이 기록되어 있다.

원균이 몸뚱이는 살찌고 장대하였는데, 한 끼니에 한 말 밥을 먹었고, 또 생선이면 다섯 뭇씩 그리고 닭이나 꿩은 서너 마리씩 먹었다. 그래서 언제나 배가 무거워 잘 걷지 못하였다. 이때 패전하였을 적에도 앉아서 해를 입었다.

한편, 곡성谷城에 거주하는 생원 오천뢰吳天賚는 시를 지어 원균의 죽음을 다음과 같이 풍자하였다.

한산도 저 섬은 나라의 남쪽 관문
무슨 일로 조정에서 장수 자주 바꾸던고
원균이 나라를 저버린 것 아니라
원균의 배가 원균을 저버렸네.

『징비록』에는 당시 원균의 패전 원인을 다음과 같이 기록하였다.

이순신이 한산에 있을 때에 운주당이란 당을 짓고 밤낮으로 거기서 모든 장수들과 함께 병사兵事를 의논하여 비록 하졸下卒이라도 군사를 말하고 싶은 자는 와서 말하게 하여 군정軍情을 통하도록 하였고, 매양 전쟁할 때는 부하 장수들을 모두 불러서 계책을 묻고 전략을 세운 다음에 나가서 싸웠기 때문에 한 번도 패한 일이 없었던 것이다. 그런데 원균은 자기의 애첩과 함께 운주당에 거처하고, 울타리로써 당 안팎을 막아서 제장들이 그의 얼굴을 볼 수도 없었다. 또 술을 좋아해서 날마다 주정을 일삼아 부하사람에게 형벌을 남용하니, 군중軍中에서 가만히 수군거리기를 "만일 적병을 만나거든 우리는 달아나는 수밖에 없다." 하였다. 장수들도 서로 원균을 욕하며 비웃고 군사일을 품달하지 않은 까닭에 그의 호령이 부하들에게 시행되지 않았다.

『징비록』은 계속해서 다음과 같이 기록하고 있다.

(원균이 죽은 후) 이억기李億祺는 배 위에서 물에 뛰어들어 죽었다. 배설은 그 전에 원균이 반드시 패전할 것을 알고 여러 번 간하였다. 이날에도 칠천도는 물이 얕고 좁아서 배를 통행하기가 불편하니 딴 곳으로 옮겨 진을 치자고 말하였다. 원균이 모두 듣지 않았다. 배설은 사적으로 자기가 거느린 수군에게 경계하면서 싸움을 기다리라고 명하고 적병이 오는 것을 보자 먼저 달아났기 때문에 그가 거느린 군사는 홀로 보전되었다.

배설이 한산도에 돌아오자 불을 놓아 여사廬舍와 양곡, 군기軍器를 불사르고, 남아 있는 도민을 피란가게 하였다. 한산에서 이미 패전하자, 적군은 승기를 타고 서쪽으로 향해 쳐들어갔다. 남해와 순천이 차례로 함몰되었다. 적선은 두치진豆恥津에 이르러 하륙하고, 나아가 남원을 포위하였다. 양호(전라, 충청) 지방이 크게 진동하였다.

대개 적군이 임진년에 우리나라를 침범한 이후로 오직 수군에게만 참패를 당하였다. 평수길이 이것을 분하게 여겨 행장에게 반드시 조선 수군을 깨뜨리라고 책임지웠다. 이에 행장은 거짓으로 김응서에게 통하여 이순신으로 하여금 죄를 얻어 파면당하게 하였다. 다시 원균을 유인하여 바닷속으로 나오게 하여 그 허실을 다 알게 된 다음 불의에 습격하였다. 그들의 계책이 지극히 교묘하였다. 그러나 우리는 모두 그들의 꾀에 떨어지고 말았다. 참으로 슬픈 일이로다.

원균이 패전한 후인 『난중일기』 정유년 7월 18일.

맑음. 새벽에 이덕필李德弼이 변홍달卞弘達과 함께 와서 전하는 말이 "16일 새벽 수군이 밤 기습을 받아 통제사 원균이 전라 우수사 이억기, 충청 수사(최호崔湖) 및 여러 장수들과 함께 많은 해를 입고, 수군이 크게 패하였다."는 것이었다. 듣자니 통곡이 터져 나옴을 이길 길이 없다.

『난중일기』 정유년 7월 21일.

우후 이의득李義得이 보러 왔기에 패하던 정황을 물었다. 모든 사람이 울며 말하기를 "대장(원균)이 적을 보자 먼저 달아났다. (여러 장수들도 모두 그같이 뭍으로 달아나 이 지경에 이르렀다."는 것이었다. 대장의 잘못을 말하자면 입으로 다 옮길 수가 없고 그 살점이라도 뜯어먹고 싶다고들 하였다.) 거제의 배 위에서 자면서 거제

원과 새벽 2시께까지 이야기하였다. 조금도 눈을 붙이지 못해 눈병을 얻었다.

김식의 보고에 망연자실해진 선조는 7월 22일 당일로 즉시 시국 수습 회의를 소집하였다. 선조는 원균의 패전에 대해 천운이니까 어쩔 수 없는 일이었다고 애써 자위하였다. 그러면서도 왜 척후병을 설치하지 않았는지, 왜 물러나서 한산을 보전하지 못하였는지 짜증을 냈다. 선조는 원균이 패하고 난 이후에야 이순신이 중시하던 한산도 수비에 역점을 둘 것을 명한다. 사후약방문이었다.

선조: (김식의 서계를 대신들에게 내어 보이며) 주사舟師(수군)가 전군이 대패하였으니, 이제는 어찌할 길이 없소. 대신은 마땅히 명나라 도독 안찰아문按察衙門으로 가서 이것을 보고해야 할 것이오. 글쎄 원 충청도나 전라도 등지에는 혹시 남은 배가 있는지? 어찌 대책이 없다고 밀기만 하고 내버려 둘 수야 있겠소. 이제라도 남은 배들을 거두어서 수비할 계획을 세우는 것이 옳지.

(좌우가 모두 한 마디 말이 없이 한참이 흘렀다.)

선조: (목소리를 높여서) 그래 대신들은 왜 아무 대답이 없나. 이대로 두고 그저 아무것도 아니할 셈인가. 그래, 아무 대답도 아니하면 저절로 왜적이 물러가고 나랏일이 잘 되어질 거란 말인가?

유성룡(영의정): 감히 대답하지 않는 것이 아니옵니다. 하도 답답한 중이라 당장 무슨 좋은 계책이 생각나는 게 없으므로 미처 아뢰지 못하는 바이옵니다.

선조: 전부가 엎어져 버린 것은 천운이니까 어찌할 수가 없어. 원균이는 죽

었을망정 어찌 달리 사람이 없겠나. 어떻게든 각 도 전선들을 수습해서 속히 수비해야 할 것이야. 척후를 설치하지 않았던가? 왜 물러나서 한산을 보전하지 못하였나?

유성룡: 거의 한산에 가까이 오다가 거제 칠천도에 닿았는데 밤 아홉 시쯤 해서 적이 어둠을 타고 몰래 들어와서 뜻밖에 대포를 쏘고 우리 전함 4척을 불질렀습니다. 어리둥절한 중에 따라가 잡지 못하고, 그 이튿날은 날이 밝자마자 적들이 사면을 에워쌌기 때문에 우리 군사들은 부득이 고성으로 향해 가서 상륙하는 수밖에 없었습니다. 더욱이 적이 먼저 올라가 진을 치고 있었기 때문에 우리 군사들은 손을 쓸 도리가 없어 모조리 죽임을 당하고 말았다 하옵니다.

선조: 한산을 굳게 수비해서 범이 숲속에 든 형세를 갖추는 것이 좋았는데, 그런데 너무 독촉해서 긁어 내어 이같이 패전하게 된 것이야. 이건 사람이 한 짓이 아니요 하늘이 한 일이라 말한들 무슨 이익이 있겠는가. 어찌 대책이 없다고만 하고 아무것도 아니할 수야 있겠나. 당연히 남은 배를 수습해서 충청도와 전라도를 수비하게 하라.

이항복(병조 판서): 지금 할 일이라고는 통제사와 수사를 속히 임명하고, 그들을 시켜서 계획을 세우고 방비를 하도록 하는 것밖에 없사옵니다.

선조: 그래 그 말이 옳아. 적의 수가 극히 많다니 애당초 바람에 표류하였다는 말은 역시 거짓말이었고, 반드시 저항하지 못하고 스스로 물러난 것이 분명해. 한산은 형세가 아주 좋은 곳일 뿐더러 물목을 끊고 지키기에 적당한 곳인데, 거기를 내버리고 수비하지 않는다는 건 틀린 일이야. 원균이가 일찍이 절영도 앞바다로 나가는 것은 참 어렵다고 하더니 이제 과연 이렇게 되었어. 내가 전에 말한 바대로 저놈들이 6년 동안이나 버

티고 있는 것이 어찌 명나라로부터 봉후하는 서식 한 장 받으려는 것[179] 때문이겠나. 그리고 또 대관절 적선이 그전보다 훨씬 더 크다 하니 참말 그런가?

김응남(좌의정): 그러하옵니다.

선조: 대포나 불화살 같은 것도 역시 싣고 왔나?

김명원(형조 판서): 그건 모르겠사옵니다. 김식(선전관)의 말을 들으면 왜적들이 우리 배 위로 육박해 올라오기 때문에 장수와 군졸들이 언제 손쓸 도리도 없이 모두 죽어 버렸다고 하옵니다.

정광적鄭光績(좌승지): 우리 군사는 다만 총 일곱 자루밖에 쏘지 못하였다 하오니 참 통탄할 일이옵니다.

선조: 평수길이 매양 말하기를, 먼저 우리 수군을 깨뜨린 뒤에라야 육군을 무찌를 수 있다고 하였다더니 과연 그렇군.

노직盧稷(상호군): 초9일 싸움에 병졸들이 겁을 내어 화살 하나 못 쏘았다고 하옵니다.

선조: 이미 지나간 일이야 말해서 무엇 하나. 한편으로는 통제사를 임명해서 곧 남은 배들을 거두게 하고, 또 한편으로는 도독부에 보고하고 또 다른 한편으로는 황제에게 주달해야 할게야. (항복에게) 그래 전군이 죄다 깨어졌나? 그러고도 도망해서 산 자도 있었나?

이항복: 바닷속에서는 설사 패하였다 해도 혹시 도망해 살아 나오는 도리가 있사옵니다만 이번은 그렇지 못하옵니다. 좁은 목에서 머무르고 있다가 갑자기 적을 만나 군색스럽게 상륙한 것이니까, 아마 대개는 전군이 없어져 버린 것 같사옵니다.

---

179 명나라가 일본에 책봉 의식을 거행한 후 조공무역을 허락함을 말한다.

선조: (바다 지도를 꺼내어 항복에게 보이며) 물러나올 적에 미처 견내량까지 못 오고 고성 땅에서 적을 만났기 때문에 그렇게 패한 모양인가? 저리로 갔다면 한산으로 빠져 나가기가 쉬었을텐데, 이리로 오다가 그렇게 패하였었나?

이항복: 그러하옵니다.

유성룡: 만일 한산을 잃어버린다면, 남해란 본시 중요한 목인데 거길 그만 적이 점령하고 말 것이옵니다.

선조: 그럼 영의정은 남해를 걱정하는거요?

유성룡: 어찌 남해만 가지고 걱정하는 것이오리까?

김명원: 만일 장수를 보낸다고 하면 누가 할 만한 사람이오리까?

이항복: 오늘 할 일은 오직 거기 있사옵니다.

선조: 원균도 처음에 안 나가려 하였다더군. 남이공南以恭의 말을 들으니, 배설도 비록 군법에 저촉되어서 나 혼자 죽을망정 병졸들을 어찌 모두 죽을 땅에 갖다 두겠느냐고 하였다던데. 아닌게 아니라 무슨 일이나 그 때 정세를 보고할 일이요, 또 요해지를 든든히 지키고 있는 것이 제일인데 도원수가 원균을 독촉해서 이렇게 되었어. 그리고 또 지금 우리나라는 적의 군세를 알지 못하고, 그저 명나라 병정 명나라 병정 하고만 있으니, 적이 만일 움직여 일어서기만 한다면, 그래 명나라 병정 몇천 명쯤 가지고 방어해 낼 법한가? 물론 내 말을 들으면 나를 겁쟁이라고 그들의 비웃음을 입을지도 모르지만, 마麻 도독 군사는 만 명도 안 되고 양원楊元의 군사 3,000명으로 그래 남원南原이 수비될 듯하오? 적이 만일 전라도 연해안으로 배를 돌리면 남원 같은 건 마치 가마를 한길가에 놓아둔 것 같을텐데, 양원이 혼자 막아 낼 수 있을 것이겠는가? 명나라 군사

가 많이 온대도 서해안 지대는 혹시 보전될지 모르나, 삼남 지방은 수습하기 어려울 것이야.

이항복: 적이 만일 광양, 순천으로 향한다고 하면, 양원이 혼자서 수비할 리가 없을 것이옵니다.

유성룡: 명나라 군사도 인제는 의뢰할 만하지 못하옵니다. 그러니까 남은 배들을 거두어서 강화 등지를 수비하는 수밖에 없사옵니다.

윤두수(판중추부사): 비록 남은 배는 있다손 치더라도 군졸을 얻기 어려울 것입니다. 우선 통제사는 임명하지 말고 각도 수사들에게 명령해서, 그 고을 군사들을 거두어 모아 가지고 각각 제 고장을 지키도록 하는 것이 어떻겠사옵니까?

유성룡: 혹시 산동山東 수군이 나온다고 해도, 날씨가 점점 추워지면 꼭 나오리라고 기대할 수 없을 것이옵니다.

선조: 명나라 군사가 설사 나온다고 쳐도 적이 어찌 두려워할 리가 있겠는가. 혹은 말하기를 명나라 군사만 나오면 왜적은 물러갈 거라고 하지만, 그건 틀린 말이다. 자 한가한 이야기나 하는 것은 성패에 아무 이익이 없으니, 어서 대신들은 먼저 도독안찰에게 가서 보고하고 또 한편으로 수군을 수습하라. 이 밖에는 다른 좋은 방책이 없다. 내 말이 너무 지나치게 걱정하는 것 같지마는, 실상 명나라 장수들이 전에 늘 우리 수군을 의뢰한다고 하였는데, 이제 이 꼴을 보고 혹시 물러가 버리고 말 우려도 있어 하는 말이다. 만일 그러면 어쩔 것인가.

이항복: 그러나 반드시 경솔히 물러가지는 않을 것이옵니다.

선조: 한산도는 적에게 가까이 있어 외로운 군사를 가지고선 수비하기가 어려울 것이니까 전라 우도로 물러나서 수비하는 것이 좋을거야.

유성룡: 그렇게 하오면 남해를 반드시 뺏길 것이옵니다.

선조: 글쎄 난 몰라. 이제 만일 수군이 모두 없어졌다는 소식을 알기만 하면, 남쪽 인심은 모두 놀라서 다시 어쩔 수 없이 될 것이야. 그러나 어찌 대책이 없다고만 하고 아무 일도 아니하고 있을 것인가. 그래 어찌 죽기를 기다리고 약도 한 번 안 써 볼텐가. 그저 민망스럽다는 말만 하고 앉았으면 적이 물러가는가?

유성룡: 혹시 남해와 진도를 수비하다가 정 안 된다면, 그 다음엔 아무 지방으로든지 물러가 근거하는 것도 좋을 것이옵니다.

선조: 우리나라가 위로는 명나라가 있으니까 아무래도 적의 소유가 될 리는 없겠지만, 모든 일에 다시 힘을 쓰기만 바라오.

그리고 선조는 그 날짜로(7월 22일) 이순신에게 전라 좌도 수군절도사 겸 경상, 전라, 충청 삼도 통제사의 직함을 내리었다. 그런데 『실록』에는 앞에 보인 회의의 문답 기록 이외에 아무도 노골적으로 이순신을 다시 기용하자는 말을 한 것이 보이지 않는다. 다만, 그들 중에서 형조 판서 김명원과 병조 판서 이항복이 이순신을 다시 기용해 쓰자는 것을 주장하였다는 것을 알 수 있으니, 『징비록』에

경림군慶林君 김명원金命元과 병조 판서 이항복이 조용히 아뢰어 "이는 원균의 죄이옵니다. 생각건대 마땅히 이순신을 일으켜서 통제사를 삼아야 할 것이옵니다." 하여 그대로 좇으시다.

라고 한 기록이 있다. 뿐만 아니라, 『선묘중흥지』宣廟中興志, 『재조번

방지』再造藩邦志 등 여러 기록에 같은 기사가 적혀 있음을 보아, 이순신이 두 번째 기용될 때에는 누구보다도 김명원과 이항복 등이 앞장서서 주장하였던 것만은 사실이었던 것 같다.

42 이순신의 재기용

朝廷이 始悟行長之詐하고 復以舜臣으로 爲統制使하다.

조정이 비로소 행장의 속임수임을 깨닫고, 다시 이순신으로써 통제사를 삼았다.

舜臣이 以十數騎로 馳入順天府境하여 得兵船十餘艘하고 稍收亡卒數百하여 敗賊兵于於蘭島하다.

이순신이 수십의 기마로 순천부 경내로 치달아 병선 10여 척을 획득하고, 도망하였던 병졸 수백 명을 조금씩 거두어 어란도에서 적병을 패퇴시켰다.

해설

7월 22일 이순신을 다시 삼도 수군통제사에 임명하라는 선조의 지시가 이순신에게 도착한 것은 8월 3일이었다. 삼도 수군통제사로의 재기용은 자신의 억울함이 다소나마 해소되었다는 점에서 매우 감개무량한 바가 있었겠지만, 의외로 이순신은 이 사실을 매우 담담하게 기록하고 있다.

『난중일기』 정유년 8월 3일.

맑음. 이른 아침에 선전관 양호梁護가 뜻밖에 들어와서 교서敎書와 유서諭書를 가져왔는데, 분부의 내용인즉 겸삼도통제사兼三道統制使의 명령이었다.

「행록」에는 이때의 분위기를 다음과 같이 기록하고 있다.

8월 초3일[180] 한산이 패하였다는 보고가 이르자, 조정과 민간은 크게 놀라 떠들었다. 선조가 비국備局의 여러 신하들을 불러들여 물었으나, 여러 신하들은 황송하여 대답할 바를 알지 못하였다. 그 중에서 경림군慶林君 김명원金命元과 병조 판서 이항복이 조용히 아뢰었다.

"이것은 원균의 허물이옵니다. 오직 이순신을 다시 일으켜서 통제사를 삼아야 할 것이옵니다."

하니, 선조가 그대로 좇아 이순신을 다시 통제사로 임명하였다. 장수와 군사들도 이 소식을 듣고 차츰 모여들었다.

『징비록』에는 다음과 같이 기록되어 있다.

다시 이순신을 기용하여 삼도 수군통제사를 삼았다. 한산의 패전한 보고가 이르자 조야가 모두 놀랐다. 임금께서 비변사 제신들을 불러보시고 계책을 물었으나 군신群臣들은 당황하여 대답할 바를 몰랐다. 경림군 김명원과 병조 판서

180 한산도 패전의 소식이 조정에 보고된 것은 정확히 7월 22일이었다.

이항복이 조용히 임금께 아뢰기를 "이것은 원균의 죄이오니 마땅히 이순신을 기용하여 통제사를 삼으시옵소서." 하니, 임금께서 허락하시었다.

백의종군의 명을 받고 남하하던 중 삼도 수군통제사에 재기용된 이순신은 여러 가지로 전란의 참상을 목격한다. 그러나 이순신은 피란민들을 통해서 여전히 자신을 믿고 의지하는 여망을 확인하면서 힘을 얻었다. 동시에 그가 없는 사이 열세에 놓이게 된 전세를 안타까워한다.

『난중일기』 정유년 7월 29일.

늦게 냇가로 나가 군사를 점고하고 말을 달렸는데, 원수가 보낸 군대는 모두 말도 없고 활에 화살도 없으니 소용 없었다.

『난중일기』 정유년 8월 6일.

맑음. 옥과(玉果) 지경에 이르니 (순천과 낙안의) 피란민들로 길이 가득 찼다. 말에서 내려앉아 유시하였다. (그들은 울면서 "사또가 다시 오셨으니 인제는 우리가 살았다."고 하였다.)

『난중일기』 정유년 8월 9일.

맑음. 일찍 길을 나서 낙안(승주군 낙악면)에 이르니 5리 밖까지 많은 사람들이 보러 나왔다. 흩어져 달아난 까닭을 물으니 모두가 말하기를, 병사(李福男)가 적이 쳐들어온다고 떠들면서 창고에 불을 지르고 달아난 까닭에 백성들도 흩어져 도망가는 것이라 하였다.

『난중일기』 정유년 8월 13일.

하동 현감 신진申蓁이 와서 전하기를, 초3일 내가 떠난 후 진주 정개성鼎蓋城과 벽견성碧堅城도 (병사가) 스스로 외진外陣을 깨뜨려 버렸다는 것이다. 통탄할 일이다.

한편, 이순신은 백의종군이라는 고난의 길에서도 예의 그 청렴성을 잃지 않았다.

『난중일기』 정유년 6월 2일.

늦게 삼가현三嘉縣에 이르니 현감(신효업申孝業)은 벌써 산성으로 가고 없어 주인 없는 공관에서 잤다. (고을에서 심부름하는 사람이 밥은 지어 먹으라고 하는 것을 종들에게 먹지 말라고 타일렀다.)

『난중일기』 정유년 6월 3일.

비로 인해 출발할 수 없어서 그냥 묵었다. (아침에 종들이 고을 사람들의 밥을 얻어 먹었다고 하기에 종을 매 때리고 밥쌀을 도로 갚아 주었다.)

사람은 어려울 때 그의 진면목이 나타나는 법. 이순신은 청년 장교 시절부터 자신의 분수를 지키고자 고관대작들의 호의를 스스로 물리쳤다. 관직에 들어선 이후에도 그가 거처하는 방에는 이불과 옷가지뿐이었다. 말미를 얻어 부모를 찾아뵐 때는 자신에게 지급된 양식을 담당자에게 도로 반납하였다. 여기에 더해 옳지 않은 일과는 목숨을 잃더라도 절대로 타협하지 않았던 그 청렴함과 결연함이 백의종군이라는 고행 속에서도 빛을 발하고 있다.

이순신이 중도에 삼도 수군통세사에 임명되어 남행하던 중에 그를 사랑하던 백성들과 조우하던 장면을 「행록」은 다음과 같이 기록하고 있다.

이순신이 군관 9인과 군사 6인을 거느리고 진주晋州로부터 옥과玉果(전남 곡성군谷城郡)에 이르니, 피란민들이 길이 메이도록 오며 이순신을 바라보는 것이었다. 젊은 장정들은 처자를 보고 하는 말이

"자 우리 대감이 오셨다. 이제 너희들도 안 죽을 게다. 천천히 찾아들 오너라. 나는 먼저 대감 따라 가겠다."

하였다. 이러한 자들이 자꾸만 나왔다. 그래서 순천에 이르러서는 정예한 병정 60여 명을 얻고, 아무도 없는 빈 성으로 들어가서는 각각 무장을 하였다. 보성寶城에 이르러서는 120명이 되었다.

18일에 회령포會寧浦(전남 장흥군長興郡)에 이르니 전선이라곤 다만 10척뿐이었다. 이순신은 전라 우수사 김억추金億秋를 불러 병선을 거두어 모으게 하였다. 또 여러 장수들에게 분부하여 거북선 모양으로 꾸며서 군사의 위세를 돋구도록 하였다. 그리고 약속하되

"우리들이 임금의 명령을 같이 받들었으니, 의리상 같이 죽는 것이 마땅하다. 그런데 사태가 여기까지 이른 다음에야 한 번 죽음으로 나라에 보답하는 것

이 무엇이 그리 아까울 것이냐. 오직 죽은 뒤에야 할 것이다."

하였다. 모든 장수들도 감동하지 않는 이가 없었다.

24일에 어란포於蘭浦(전남 해남군海南郡) 앞바다에 이르렀는데, 28일에 적선 8척이 우리 배를 습격하려고 하였다. 이순신이 나발을 불고 기를 휘두르며 나서자 적들이 달아났다.

43 명량 해전; 세계 해전사의 신기원을 열다

朝廷이 以舜臣兵弱으로 使登陸進退어늘

조정에서 이순신이 거느린 병사의 형세가 약하다는 이유로, 육지로 올라와 진퇴하게 하거늘

舜臣이 奏曰 臣一登陸하면 則賊船이 由西海直上하리니 京師危矣리이다 하여 上이 從之하니라.

이순신이 아뢰어 말하길, "신이 한 번 육지에 오르면, 적선이 서해를 거쳐 곧바로 올라갈 것이므로 서울이 위험합니다." 하니, 임금이 그의 말을 따랐다.

時에 湖南避難士民百餘艘ㅣ 敢泊諸島어늘 舜臣이 與之約束團聚하여 列于軍後하여 與爲聲勢하고

이때에 호남의 피난 사민을 태운 배 100여 척이 여러 섬에 정박해 있거늘, 이순신이 그들과 함께 할 것을 약속하고, 군선 뒤에 정렬시켜 함께 떠들썩한 위세를 삼고

獨以十餘艘로 前하여 迎賊于珍島碧波亭下하니 賊

船數百이 來襲에 勢若山壓이라.

홀로 10여 척을 거느리고 앞으로 나아가 진도 벽파정 아래에서 적을 맞으니, 적선 수백 척이 와서 공격하는 형세가 마치 산이 누르는 것 같았다.

舜臣이 不爲動하고 一字整陣하여 砲矢四發하니 賊兵이 披靡할새

이순신이 움직이지 않고, 일자로 진열을 정비하여 대포와 화살을 사방으로 쏘니, 적병이 무너지는데

巨濟縣令安衛ㅣ 回船欲退어늘 舜臣이 立船頭하여 促遣小艓하여 命取安衛頭來하니

거제 현령 안위가 배를 돌려 퇴각하려 하거늘, 이순신이 뱃머리에 서서 작은 배를 재빨리 보내 안위의 머리를 가져오게 명하니

衛ㅣ 遂進船殊死戰하여 賊이 大敗하고 擒斬其名將馬多時하니 軍聲이 復振이라.

안위가 드디어 배를 이끌고 앞으로 나아가 죽기를 각오하고 싸우자 적이 크게 패하였고, 왜군 명장 마다시馬多時[181]를 잡아 베니 조선 수군의 함성이 다시 진동하였다.

捷聞에 上이 欲陞階崇品하니 言者ㅣ 以爵秩已高로 止賞諸將以下하고 楊經理는 在京하여 亦送銀緞慮賞하니라.

승첩 보고에 임금이 숭록대부崇祿大夫(종1품)로 품계를 올려 주려 하니,

181 왜군 수군장水軍將 구루시마 미치후사[來島通總]를 말함.

대간이 벼슬의 등급이 이미 높다고 하므로 여러 장수 이하에게 상을 내리는 데 그치고, 경리經理 양호楊鎬도 서울에 있다가 또한 은과 비단을 보내 상에 대신하였다.

時에 陸路被兵하여 糧運不繼하니 軍中이 患之어늘

이때 육로가 병화를 입어 군량 운반이 이어지지 못하니, 군사들 가운데에서 근심커늘

舜臣이 爲檄하여 告避亂諸船한대 諸船이 爭相助輸하고 并致衣服하여 士卒이 賴以飽煖하다.

이순신이 격문을 써서 피란한 여러 배들에게 고지하자, 여러 배들이 다투어 서로 운송을 돕고 아울러 의복까지 공급함으로써 사졸들이 이에 힘입어 배부르고 따뜻할 수 있었다.

해설

위의 『해동명장전』 원문은 9월 7일에 있은 벽파정 전투와 16일에 있은 명량 해전의 전투 장면이 구분되지 않고 하나의 장면처럼 계속 이어져 있다. 이와 유사한 서술 구조를 갖고 있는 것이 『징비록』이다. 『징비록』에서는 벽파정 전투의 상황을 다음과 같이 묘사하고 있다.

통제사 이순신이 왜병을 진도 벽파정 아래에서 대파하여 적장 마다시를 죽였다. 이순신이 진도에 이르러 병선을 수습하니 겨우 10여 척이었다. 이때 연해 사람이 배를 타고 피란하는 자가 무수하였는데, 이순신이 왔다는 소문을 듣고

기뻐하지 않는 사람이 없었다. 이순신이 여러 길로 이들을 불러 맞으니 원근 지방에서 구름처럼 모여들거늘, 이들을 군의 후면에 있게 해서 군의 형세를 돕게 하였다. 적장 마다시는 가장 수전에 능한 자로서 배 200여 척을 거느리고 와서 서해를 침범하고자 하여 양군이 서로 벽파정 아래에서 부딪치게 되었다. 이순신은 배 12척에 대포를 싣고 조수潮水를 따라와서 순류順流로 적을 치니, 적이 패해 달아났다. 이로부터 군의 명성이 크게 떨쳤다.

이제 벽파정碧波亭(津) 전투와 명량 해전의 전개를 다시 시간순으로 정리하면 다음과 같다. 이순신이 삼도 수군통제사로 복귀한 후 명량 해전을 치르기 직전까지, 이순신 휘하의 군영 내부는 한심지경이었다.

『난중일기』 정유년 8월 30일.

(배설은 적이 장차 많이 올 것을 염려해서 도망하려고도 하였으나 관하의 여러 장수들이 찾기도 하고, 또 나도 그 속내를 잘 알지마는 드러나지 않은 것을 먼저 발표하는 것은 장수로서 하는 방법이 아니므로 참고 있을 즈음, 배설이 제 종을 시켜 소지所志를 냈는데, 병세가 위중하여 조리를 하겠다고 하였다. 그래서 육지로 올라가서 조리하라고 처결해 주었더니, 배설은 우수영에서 육지로 올라갔다.)

앞서 원균이 패전하는 것을 지켜 본 경상 우수사 배설이 미리 겁을 집어먹고 꾀병을 내어 육지로 도망간 것이다. 「행록」에는

8월 29일에 진도珍島의 벽파진碧波津으로 나가 진을 쳤는데, 거기서 배설

이 군사를 버리고 달아났다.

고 기록되어 있다.

『난중일기』 9월 8일.

맑음. 여러 장수들을 불러서 대책을 토의하였다. 우수사 김억추金億秋는 겨우 만호萬戶에나 맞을까 대장 재목은 못 되는 인물인데, 좌의정 김응남金應南이 서로 정다운 사이라고 해서 억지로 임명해 보냈다. 통탄스럽다. (이러고야 조정에 사람이 있다고 할 수 있는가. 다만 때를 못 만난 것을 한탄할 뿐이다.)

한편, 이순신이 삼도 수군통제사로 복귀하였음에도 불구하고, 원균의 함대를 대파한 왜적은 이제 자신감을 얻고 조선 수군에게 선제 공격을 가하여 왔다. 그것이 9월 7일에 전개된 벽파진 전투였다. 다음은 벽파진 전투에 관한 당시의 기록이다.

『난중일기』 정유년 9월 7일.

맑음. 탐망 군관 임중형林仲亨이 와서 보고하되 "적선 55척 중에 13척이 벌써 어란포(해남군 송지면 어란리) 앞바다에 와 닿았는데, 아마 그 뜻이 우리 수군에 있는 것 같다." 하였다. 여러 장수들에게 군령을 내려 재삼 신칙하였다. 오후 4시께 적선 13척이 과연 대들었다. 우리 배들이 닻을 들고 바다로 나가서 적선을 추격하니 적선은 뱃머리를 돌려 도망하였다. 멀리 바다 밖까지 쫓아가다가 바람과 조수가 모두 역류요, 또 복병선이 있을 우려도 있어 더 쫓아가지 않았다. 벽파진으로 돌아왔다. (여러 장수들을 불러 모아 약속하되 "오늘밤에는 반드시 적의 야습이 있을 것이니 모든 장수들은 미리 알아서 준비할 것이며, 조금이라도 군령을 어기는 일이 있으면 군법대로 시행하리라." 하고 재삼 타일러 경계하게 하고 헤어졌다.) 밤 10시에 적선이 포를 쏘았다. 야간 경비를 하던 배들이 겁을 먹은 것 같아서 다시 엄령을 내렸다. 내가 탄 배가 곧바로 적선에 돌입하여 포를 쏘았다. 적이 범할 수 없음을 알고 밤 12시경에 물러났다.

삼도 수군통제사로 재기용된 이순신은 첫 번째 전투를 무사히 치러 냈다. 하지만 앞서 원균의 지휘하에서 조선의 수군이 워낙 크게 망가졌는지라, 조정에서는 이미 수군의 재기에 대해서 체념한 상태였다. 그리고 이순신에게 아예 수군을 포기하고 육군과 통합하라는 명령을 시달한다. 당시의 상황을 「행록」은 다음과 같이 전하고 있다.

이때에 조정에서는 수군이 무척 약한 탓으로 적을 막아 내지 못할 것이라 하여 이순신에게 육지에서 싸우라는 명령을 내렸다.

이에 이순신이 장계를 올렸다.

저 임진년으로부터 5, 6년 동안에 적이 감히 충청 · 전라를 바로 찌르지 못한 것은 우리 수군이 그 길목을 누르고 있었던 때문입니다. 이제 신에게 전선이 12척이 있사온바, 죽을 힘을 내어 항거해 싸우면 오히려 할 수 있는 일이옵니다. 이제 만일 수군을 전폐한다는 것은 적이 만 번 다행으로 여기는 일일뿐더러 충청도를 거쳐 한강까지 갈 것이라 그것이 신의 걱정하는 바입니다. 그리고 또 전선은 비록 적지마는 신이 죽지 않는 한 적이 우리를 업신여기지는 못할 것입니다.

이순신이 어렸을 때부터 담력과 책임감이 대단하였던 것은 사실이지만, 위의 장계 내용은 읽는 사람들을 질리게 한다. 이순신이 삼도 수군통제사에 복귀하였을 때, 원균의 패전으로 남은 총병력은 고작해야 순천과 보성에서 끌어모은 120여 명과 전선 12척에 불과하였다. 이렇게 적은 전선과 병력으로, 승기를 잡은 수백 척의 왜 선단과 맞붙는다는 것은 그야말로 계란으로 바위치기에 불과하였다. 이와 같이 패색이 짙은 상황인지라 조정에서는 수군을 버리고 육지로 후퇴하라는 명령을 시달하였다.

그러나 이순신은 모든 사람들의 예상을 뒤엎고, 바다에서 왜적과 맞서 싸우겠노라고 주장한다. 보통 사람이었다면 당시의 불리한 전세를 애써 강조함으로써 자신이 살아날 수 있는 길을 도모하였을 것이다. 그러나 이순신은 조정에서 제시한 호기를 차버리고, 오히려 자신의 목숨을 건 위험과 책임을 스스로 감내할 것이라고 공표한다. 조정에서 수군을 포기하라고 하였을 때, 이것을 어기고 싸우겠다고 한 것은 커다란 모험이었다. 싸움에서 지면 자신의 목숨이 온전치 못하려니와, 설혹 이기더라도 조정에서 시비를 걸면 꼼짝없이 항명죄에 걸릴 수 있었다. 둘째, '신이 죽지 않는 한 적이 우리를 업신여기지 못할 것'이라는 강한 자신감을 피력하고 있다. 아마 이 당시 조정에 있는 사람들은 이 말을 정신 나간 자의 허장성세虛張聲勢로 생각하였을 것이다. 이러한 말을 하고도 이순신이 싸움에서 진다면, 이순신은 목숨을 부지하기가 힘들었을 것이다.

그렇다면 이순신은 왜 이와 같이 자신을 죽음의 구렁텅이로 몰아넣을 수도 있는 배수진을 치면서까지 왜적과의 해전을 주장하였던 것일까? 그것은 첫째, 남해 바다를 내어 주었을 경우 왜군이 전라, 충청 해역을 거쳐 곧장 한강을 통해 서울로 진격할 수 있다는 전략적 판단에 의거한 것이다. 여기서 우리는 임진왜란 개전 초에 탄금대에서 전사한 신립을 떠올리게 된다. 왜군의 북상을 저지하기 위해 삼도 도순변사의 직임을 갖고 급파되었던 신립은 한 사람이 능히 1,000명을 지킬 수 있다는 천혜의 요충지인 문경 새재를 버리고 충주 탄금대의 너른 모래밭 위에서 배수진을 전개하였다. 그 결과 우세한 화력과 기동력을 갖춘 왜군에게 몰살당하는 비극을 초래하였다. 문경 새재에 복병이 있지 않을까 우려하던 왜군은 신립이 이를 버리고 물러났다는 소식을 듣고 휘파람을 불면서 문경 새재를 넘었다 한다. 또한 신립은 전쟁 초에 바다를 버리고 육전에 힘을 쏟자고 주장하였던 인물이다. 이순신의 반대에 의해 조정에서 수군을 유지하기로 하였던 적이 있었다. 두 사람의 사이에는 벌써 요충지를 선점, 방어하여 몸통을 보호하는 전략적 판단에서부터 큰 격차를 노정하고 있었다.

둘째, 장계에서 확연히 드러나는 바와 같이, 이순신이 열세에도 불구하고 왜군 함대와 정면 승부를 택한 것은 스스로에 대한 자신감에서 우러나온 것이다. 이순신은 젊은 시절부터 무예에 출중하였을 뿐만 아니라, 병법에 정통하여 제갈량을 능가하는 실력을 갖추고 있었다.

무엇보다도 중요한 세 번째 이유는, 모든 것을 바쳐서라도 나라를 지켜 내야 한다는 강한 책임감이었다. 이것은 설혹 자신이 싸움에 실패하여 목숨을 잃거나 역적으로 몰리는 수가 있다 하더라도 남해 바다를 지켜 내야만 조선 전체를 보전할 수 있다는 그의 치밀한 전략적 판단에서 나온 것이다.

그러나 왜군의 입장에서 보면 벽파진 전투는 탐색전에 불과하였다. 13척의 선단을 발진시켜, 재기용된 이순신을 시험한 왜군은 이제 어마어마한 수의 함대를 동원하여 이순신을 초토화시키고자 하였다. 9월 16일 아침은 그 유명한 12척 대 '133척'의 대결이라고 하는 세계 해전 사상 전무후무한 명량 해전이 기다리고 있었다.

이순신은 전투를 앞두고 항상 꿈을 꾸었다. 신기한 것은 그 꿈은 늘 정확하게 들어맞았다. 명량 해전을 앞두고 꾼 꿈도 그러하였다.

『난중일기』 정유년 9월 13일.

맑음. 북풍이 크게 불었다. (꿈이 이상도 하였다. 임진년 승전할 때의 꿈과 대강 같았다.)

『난중일기』 정유년 9월 14일.

임준영任俊英이 육지를 정탐하고 달려와서 하는 말이 "적선 200여 척 가운데 55척이 이미 어란於蘭 앞바다로 들어왔다."고 하였다. 또 사로잡혀 갔다가 도망해 돌아온 김중걸金仲乞의 말을 전하였다. 중걸이 이 달 초6일 달마산達磨山에서 왜적에게 붙잡혀서 묶여 가지고 왜선에 실렸는데, 김해 사람을 만나 왜장에게 빌어서 결박을 풀고 같은 배에서 지낼 수 있었다 한다. 한밤중 김해 사람이 귀에 대고 몰래 말하기를 "조선 수군 10여 척이 우리(왜적) 배를 추격해서 혹은 쏘아 죽이고 또 배를 불태웠으니 보복하지 않을 수 없다. 각 처의 배를 불러 모아 조선 수군을 모두 죽인 연후에 곧바로 서울로 올라가자."고 하더라는 것이다. 이 말을 다 믿을 수는 없으나 또한 그럴 만한 이치도 없지 않아 곧 전령선傳令船을 우수영에 보내서 피란민들을 타일러 육지로 올라가게 하였다.

『난중일기』 정유년 9월 15일.

수척의 적은 수군으로는 명량을 등지고 진을 치는 것이 불가하므로 우수영 앞바다로 진을 옮겼다. 여러 장수들을 불러 약속하여 말하기를 "병법에 이르기를 죽으려 하면 살고, 살려고 하면 죽는다 하였고, 또한 사람이 길목을 지키면 1,000명도 두렵게 할 수 있다는 말이 있는데, 모두 오늘 우리를 두고 이른 말이다. 너희 여러 장수들은 살려는 것으로써 마음을 삼지 말라. 조금이라도 명령을 어긴다면 마땅히 군율에 처할 것이다." 하고 재삼 엄히 약속하였다. 밤에 신인神人이 꿈에 나타나서 "이와 같이 하면 크게 이기고, 이와 같이 하면 패할 것이다."라고 일러 주었다.

이순신이 병사들에게 훈시한 저 '필사즉생必死即生 필생즉사必生即死'의 병법이 여기에서 등장하고 있다. 명량 해전에 임하는 이순신의 각오가 어떠하였으리라는 것을 어렵지 않게 짐작할 수 있다. 전투 전날 밤 이순신의 꿈 속에 신령님이 나타나 전술을 지시하였다는 것은 그의 노심초사가 얼마나 깊었는지를 방증한다. 영화보다도 더 드라마틱한 명량 해전의 긴박한 장면을 「행록」은 다음과 같이 전해 준다.

16일 이른 아침 적이 바다에 깔려 명량鳴梁(전남 해남군과 진도와의 사이)을 거쳐 우리 진을 향하여 올라왔다. 이순신은 모든 장수들을 거느리고 나가 막았다. 적은 열 겹으로 에워싸고 패를 갈라 순번대로 싸웠다. 이순신이 닻을 내리고 배를 멈추었다. 적이 대장선인 줄 알고 마침내 333척이 나와 에워쌌다. 그 형세가 몹시 위급해졌다. 여러 장수들이 이순신은 다시 헤어나기 어려울 것이라 생각하고 각각 1리쯤이나 물러났다. 이순신은 한 사람의 목을 베어 매어 달고 지휘 독려하며 진군하였다.

미조항 첨사 김응함金應諴이 배를 돌려 들어왔다. 거제 현령巨濟縣令 안위安衛[182]도 또한 이르렀다. 이순신이 일어나 뱃머리에 서서 큰 소리로 안위를 부르며

"네가 군법에 죽고 싶으냐?"

하고, 다시 또 불러

"안위야 참말 네가 군법에 죽고 싶으냐? 네가 물러간다고 살 듯싶으냐?"

하자, 안위도 황급하여

"예. 어찌 감히 죽을 힘을 다하지 않사오리까."

182 순흥順興 사람으로 문의공文懿公 문개文凱의 후손이요 증참판 경신敬信의 아들이다. 자는 대훈大勳이요 힘과 용기가 있었고 무예를 겸비하였다. 임진년에 무과에 올라 정유년에 이항복의 추천으로 거제 현령이 되어 이순신을 따라 명량 해전에서 분투하니 이때 35세였다. 이순신이 장계하여 『무경칠서』武經七書를 하사하고 전라 병사로 임명하였다. 정온鄭蘊의 상소로 안위는 이순신 다음 가는 장수라 하여 선무공신에 책정되었고, 병자호란 때에는 74세의 늙은 장군으로 출전하여 북진하다 은진恩津에 와서 강화가 성립되었다는 소식을 듣고 통곡하며 돌아갔다. 뒤에 김제金堤 학당사學堂祠에 배향되었다.

하고 돌진해 들어가 싸웠다.

적의 배 3척이 달라붙어 안위의 배가 거의 함락되게 되었다. 이순신은 자기 배를 돌려 들어가 그것을 구출하였다. 안위도 죽기로 싸워 적선 2척을 무찔렀다. 적의 기운이 조금 꺾이면서 잠깐 새에 적선 30척이 연달아 깨어졌다. 죽은 자도 그 수를 알 수 없었다. 적이 지탱하지 못하고 포위를 풀고 달아났다.

이순신이 한산도에 있었을 때에 왜인 준사俊沙란 자가 안골포安骨浦 적진으로부터 죄를 범하고 항복해 와서 우리 진중에 머물러 있었다. 이날도 준사가 이순신이 탄 배에 같이 있었다. 바다에 떠있는 적의 시체들 속에 문양을 수놓은 붉은 비단 옷을 입은 자가 있는 것을 굽어보았다. 손가락으로 가리키며

"저것이 안골포 왜장 마다시馬多時요."

하고 외쳤다. 이순신이 갈고리를 이용하여 뱃머리로 끌어 올리게 하였다. 아직도 죽지 않았다. 준사가 좋아라고 날뛰며

"그래 바로 마다시요."

하므로, 이순신이 명하여 목을 베었다.

그날 피란하는 사람들이 높은 산 위에 올라가 바라보면서 적선 들어오는 것을 300까지는 헤아렸으나, 그 나머지는 얼마인지 몰랐다. 그 큰 바다가 꽉 차서 바닷물이 안 보일 지경이었다. 우리 배는 다만 10여 척이라 마치 바윗돌이 계란을 누르는 것 같았다. 더구나 여러 장수들이 원균 밑에서 패전한 뒤에 갑자기 큰 적을 만난 것이라 기운이 죽고 혼이 빠져 모두들 달아나려고만 할 뿐이었다.

다만 이순신만이 죽겠다는 결심으로 바다 복판에 닻을 내리자 금방 적에게 포위를 당하였다. 마치 구름과 안개 속에 파묻히는 것과 같았다. 시퍼런 칼날이 공중에 번뜩이고 대포와 우뢰가 바다를 진동하였다.

피란하는 이들이 서로 보고 통곡하며

"우리들이 여기 온 것이 다만 통제사 대감만 믿고 온 것인데, 이제 이렇게 되니 우린 이제 어디로 가야 하오?"
하였다. 얼마 있다 다시 보니, 적선이 차츰 물러나는데, 이순신의 탄 배는 아무 탈 없이 우뚝 서 있었다. 그러자 적도 다시 패를 갈라 순서에 따라 덤벼들었다. 이렇게 하기를 종일토록 한 끝에 결국 적이 크게 패하여 달아났다. 이로부터 이순신을 의지하는 남쪽 백성들의 마음이 더욱더 두터워졌다.

원균의 패전으로 조선 수군이 다 쓰러진 뒤에 임명을 받아, 지치고 흩어진 군사들을 거두어 모은 뒤였다. 군량이나 무기 등속도 보잘것 없었다. 그런데다가 철이 또한 늦은 가을이라 해상의 날씨가 무척 찼기 때문에 이순신이 그것을 걱정하였다. 문득 몇백 척인지 헤아릴 수 없이 많은 피란선들이 모여드는 것을 보고 이순신은 영을 내려 물었다.

"큰 적들이 바다를 뒤덮는데 너희들은 어쩌자고 여기 있느냐?"
그들은 모두

"저희들은 다만 대감님만 바라보고 여기 있는 것입니다."
라고 대답하였다. 이순신은 다시 영을 내렸다.

"너희들이 내 명령대로 한다면 내가 너희들 살 길을 지시해 줄 것이요, 만일 그렇지 않으면 어찌할 길이 없다."
모두들 말하였다.

"어찌 감히 명령에 복종하지 않사오리까?"
이순신은 다시 영을 내려

"이제 장수와 군사들이 배도 고프고 옷도 없어 이대로 가다가는 모두 죽게 될 것이다. 하물며 적을 막아 주기를 어떻게 바랄 것이냐? 너희들이 만일 여벌의 옷이나 양식을 내어서 우리 군사들을 도와 준다면 이 적을 무찌를 수 있을 것이다. 그래서 너희들도 죽음을 면할 것이다."
라고 말하였다. 대중들이 모두 그대로 실행하여 마침내 양식을 얻어 여러 배에 갈라 싣고 또 군사들로 옷 입지 않은 자가 없게 되었다. 그리고 승첩을 거두었다.

이보다 앞서 피란민들에게 명령하여 배를 옮겨 적들을 피해 가라 하였다. 그러나 그들은 모두 이순신을 떠나 가려 하지 않았다. 그래서 이순신은 그 모든 배들을 시켜 먼 바다에 늘여 세워 마치 후원하는 배처럼 꾸며 놓았다. 이순신이 앞으로 나가 힘써 싸우므로 적들이 크게 패하였다. 게다가 이순신이 후미에 꾸며 놓은 가짜 군선들을 보고는 우리 수군이 아직도 왕성하다고 하면서 감히 다시 쳐들어오지 못하였다.

이상이 명량 해전을 기록한 「행록」의 기사이다. 그런데 명량 해전에 관해서 각 사료마다 가장 큰 차이를 보이는 것은 조선 수군과 맞선 왜군 함대의 숫자이다.

위에서 본 바와 같이 「행록」에는 적선의 수가 333척, 『이충무공전서』에 수록된 「연표」와 『난중일기』에는 330여 척, 『난중일기』 초고본 원문에는 각각 133척과 130여 척으로 표기되어 있다. 『난중일기』 정유년 일기는 두 책인데 제1책은 4월 1일부터 10월 8일까지로 끝나 있고, 제2책은 다시 8월 5일부터 12월 30일까지로 끝나 있다. 그러므로 8월 5일부터 10월 8일까지는 두 책이 중복되어 있는데, 기사는 약간 가감이 되어 있다. 제2책에서는 간지干支가 틀린 것이 고쳐져 있고, 기사가 좀더 자세하게 적혀 있다. 그럼 『이충무공전서』, 『난중일기』 초고본 제1책, 『난중일기』 초고본 제2책 중의 명량 해전 관련 기사를 소개하기로 한다.

먼저, 『이충무공전서』의 내용이다.

정유년 9월 16일. '맑음. 이른 아침 별망別望(척후병)이 와서 보고하기를 "적선 부지기수가 우리 배로 직향한다." 한즉 제선諸船에 닻을 들고 바다로 나가라고 명령하였다. 적선 330여 척[183]이 우리 배들을 에워쌌다. 제장들이 스스로 헤아리기를 중과부적이라 여기고 회피할 방책을 도모하였다. 우수사 김억추金億秋가 먼 곳에 물러나 있었다. 내가 노를 재촉하여 돌진하면서 지자地字 · 현자玄字와 같은 각양의 총통을 어지럽게 쏘니 마치 풍뢰風雷와 같았다. 군관 등이 선상에 모여 서서 (포환과 화살을) 비처럼 쏘아 대니 적도가 능히 당해 내지 못하였다. 잠깐 가까워지고 잠깐 물러나기도 하였으나 둘러싼 수가 너무 많아서 앞을 예측할 수 없었다. 한 배의 사람들이 서로 돌아보며 사색이 되었다. 내가 침착하게 타이르길 "적이 비록 1,000척이라도 감히 곧바로 우리 배에 덤벼들지 못할 것이다. 조금도 동요 말고 힘을 다해 적을 쏘라."고 하였다. 제장의 배를 돌아보니 먼 바다에 물러나서 관망만 하고 나오지 않았다. 배를 돌려 바로 중군中軍 김응함의 배로 가서 먼저 목을 잘라 효시하고 싶었지만, 내 배가 머리를 돌리면 여러 배가 점점 더 멀리 물러나고 적선이 달려들게 되어 사세가 낭패될 것이었다. 중군에게 군령을 내리는 기와 초요기招搖旗를 세웠다. 중군장 미조항 첨사 김응함의 배가 내 배로 다가왔다. 거제 현령 안위의 배가 먼저 왔다. 내가 뱃전에 서서 친히 안위를 불러 말하기를 "네가 군법에 죽고 싶으냐." 하고, 다시 불러 "안위야 군법에 죽으려느냐? 물러가면 살 듯싶으냐?" 하였다. 안

183 『이충무공전서』에는 원래 330여 척으로 나와 있지만, 이은상이 『이충무공전서』를 번역하면서 이 부분만 133척으로 고쳐 놓았다. 이은상, 『완역 이충무공전서』 上, 442쪽 참조.

위가 황망히 적선 가운데로 돌입하였다. 또 김응함을 불러 말하기를 "너는 중군이 되어 멀리 달아나 대장을 구하지 않았으니 죄를 어찌 피할 수 있겠느냐." 하였다. 형벌로 다스리고 싶었으나 적세가 또한 급하여 우선 공을 세우도록 하였다. 두 배가 곧바로 들어가 서로 선봉이 되어 싸우려 할 때, 적장이 그 휘하선 3척에게 지휘하니 일시에 개미처럼 안위의 배에 달라붙어 배에 기어올랐다. 안위와 배 위의 군사들이 죽기를 각오하고 공격하다가 거의 힘이 다할 즈음, 내가 배를 돌려 우리와 같이 곧바로 들이닥쳐 (포와 화살을) 마구 쏘아 댔다. 적선 3척이 완전히 부서졌다. 녹도 만호 송여종과 평산포 대장 정응두의 배가 와서 힘을 합해 적을 공격하였다. 항복한 왜인 준사는 안골 적진에서 투항해 온 자인데, 내 배 위에 있다가 구부려보며 말하기를 "문양이 있는 붉은 비단옷을 입은 자가 바로 안골진安骨陣의 적장 마다시"라고 하였다. 내가 김석손에게 뱃머리로 당겨올리게 하니 준사가 펄쩍 뛰며 말하길, "이 자가 마다시다."라고 하였다. 곧바로 마디마디 베게 하니 적의 사기가 크게 꺾였다. 여러 배가 일시에 북소리와 함께 나란히 진격하여 각자 지자, 현자포를 쏘고 화살을 비오듯 쏘았다. 적선 30척이 깨어지고 적선이 물러나 퇴각하여 다시는 감히 우리 군대에 접근하지 않았다. 이는 실로 천행이다. 물살이 매우 험하고 또한 고립된 것이 위험하여 당사도唐笥島로 이진하였다.

다음은 『난중일기』 제1책의 기사이다. 정유년 9월 16일.

맑음. 이른 아침 망군望軍이 와서 보고하기를 "적선 무려 200여 척이 명량鳴梁(해남군 문내면 명량)을 거쳐 곧바로 진치고 있는 곳으로 온다."고 하였다. 여러 장수를 불러 약속을 밝힌 다음 닻을 들고 바다로 나갔다. 적선 133척이 우리 배를 에워쌌다. 대장선이 홀로 적선 속으로 들어가 포환과 화살을 풍우같이 쏘아 대건만 여러 배들은 바라보면서 진군하지 않아 사태를 헤아릴 수 없게 되었다. 배 위에 있는 군사들이 서로 돌아보며 질려 있었다. 나는 부드럽게 타이르되 "적이 비록 1,000척이라도 감히 곧바로 우리 배에 덤벼들지 못할 것이다. 조금도 동심 말고 힘을 다해 적을 쏘라."고 하였다. 그리고 여러 배를 돌아보니 이미 1마장 가량 물러났고, 우수사 김억추가 탄 배는 멀리 떨어져 가물가물하였다. 배를 돌려 바로 중군 김응함의 배로 가서 먼저 목을 잘라 효시하고 싶었다. 그렇지만 내 배가 머리를 돌리면 여러 배가 점점 더 멀리 물러나고 적선이 달려들게 되어 사세가 낭패될 게 뻔하였다. 그래서 중군에게 군령 내리는 기와 초요기를 세웠다. 김응함의 배가 가까이 오고, 거제 현령 안위의 배도 왔다. 나는 뱃전에 서서 친히 안위를 불러 말하기를 "네가 군법에 죽고 싶으냐." 하고, 다시 불러 "안위야 군법에 죽으려느냐, 물러가면 살 듯싶으냐." 하였다. 안위가 황급히 곧바로 들어가 싸우려 할 때 적장의 배와 다른 두 적선이 안위의 배에 달라붙었다. 안위의 격군 칠팔 명이 물에 뛰어들어 헤엄을 쳤다. 거의 구하지 못할 것 같았다. 그래서 나는 배를 돌려 바로 안위의 배가 있는 데로 갔다. 안위 배 위의 군사들이 죽기를 한하여 마구 쏘아 대었다. 내 배의 군관들도 빗발같이 쏘아 대며 적선 2척을 남김없이 모조리 섬멸하였다. 천행 천행이다. 우리를 에워쌌던 적선 30척도 깨뜨렸다. 모든 적들이 당해 내지 못하자 다시 범접해 오지 못하였다. 그곳에 머무르려 하였으나 물이 빠져 배를 정박시키기 어려웠다. 건너편 ○○포로 진을 옮겼다가, 달빛을 타고 당사도(신안군 암태면)로 옮겨 밤을 지냈다.

다음은 『난중일기』 제2책의 기사다. 정유년 9월 16일.

맑음. 이른 아침에 특별 정찰 부대가 보고하기를 "적선이 수효를 알 수 없을 만큼 많이 명량으로 해서 곧장 우리가 진치고 있는 곳을 향해 들어온다."고 하였다. 곧 여러 배에 명령하여 닻을 올려 바다로 나가니, 적선 130여 척이 우리 배를 에워쌌다. 여러 장수들은 적은 군사로 많은 적을 대적하는 것이라 스스로 낙심하고 모두 회피할 꾀만 내었다. 우수사 김억추가 탄 배는 벌써 2마장 밖에 나가 있었다. 나는 노를 바삐 저어 돌진하며 지자 · 현자 등 각종 총통을 마구 쏘았다. 탄환은 폭풍우같이 쏟아지고 군관들이 배 위에 총총히 들어서서 화살을 빗발처럼 쏘았다. 적의 무리가 감히 대들지 못하고 나왔다 물러갔다 하였다. 그러나 여러 겹으로 둘러싸여 형세가 어찌 될지 알 수 없어 온 배에 있는 사람들이 서로 돌아다보며 얼굴빛이 질렸다. 나는 조용히 타이르되 "적선이 비록 많다 해도 우리 배를 바로 침범하지 못할 것이니 조금도 마음을 동하지 말고 다시 힘을 다해서 적을 쏘아라." 하였다. 여러 장수의 배들을 돌아보니 먼 바다에 물러가 있었다. 배를 돌려 군령을 내리려 해도 적들이 더 대들 것이라 나가지도 돌아서지도 못할 형편이 되었다. 호각을 불어 중군에게 군령을 내리는 기를 세우라 하고 또 초요기를 세웠다. 중군장 미조항 첨사 김응함의 배가 차츰 내 배 가까이 왔다. 거제 현령 안위의 배가 그보다 먼저 왔다. 나는 배 위에 서서 친히 안위를 불러 "안위야 군법에 죽고 싶으냐. 네가 군법에 죽고 싶으냐? 도망간다고 어디 가서 살 것이냐?" 하니, 안위도 황급히 적선 속으로 돌입하였다. 또 김응함을 불러 "너는 중군으로서 멀리 피하고 대장을 구원하지 않으니, 죄를 어찌 면할 것이냐? 당장 처형할 것이로되, 적세가 급하므로 우선 공을 세우게 한다." 하였다. 그래서 두 배가 적진을 향해 앞서 나갔다. 적장이 탄 배가 그 휘하의 배 두 척에 지령하여 일시에 안위의 배에 개미 붙듯이 하였다. 안위와 그 배에 탄 사람들이 죽을 힘을 다해서 모난 몽둥이로 혹은 긴 창으로 혹은 수마석水磨石 덩어리로 무수히 치고 막다가 기진맥진하였다. 나는 뱃머리를 돌려 바로 쫓아 들어가서 빗발치듯 마구 쏘아 댔다. 적선 3척이 거의 다 엎어지고 자빠졌을 때 녹도 만호 송여종과 평산포 대장 정응두의 배가 뒤쫓아왔다. 협력해 쏘아 죽여 적은 한 놈도 몸을 움직이지 못하였다. 투항한 왜인 준사는 안골에 있는 적진으로부터 항복해 온 자였다. 내 배 위에 있다가 바다에 빠져 있는 적을 굽어보았다. 그림 무늬 놓은 비단 옷을 입은 자가 바로 안골에 있던 적장 마다시라고 말하였다. 내가 무상無上(갑판수) 김돌손을 시켜 갈구리로 낚아 올렸다. 준사가 좋아 날뛰면서 "그래 마다시다." 하고 말하였다. 곧 명령하여 토막토막 자르게 하니, 적의 기운이 크게 꺾였다. 우리 배들은 적이 다시 범하지 못할 것을 알고 일제히 북을 울리고 함성을 지르면서 쫓아 들어갔다. 지자, 현자 대포를 쏘았다. 그 소리가 산천을 뒤흔들었다. 화살을 빗발처럼 쏘아 적선 31척을 깨뜨리자 적선은 퇴각하였다. 다시는 우리 수군에 가까이 오지 못하였다. 싸움하던 바다에서 그대로 정박하고 싶었으나 물결도 몹시 험하고 바람도 역풍이었다. 형세 또한 위태롭고 외로워 당사도로 옮겨 가서 밤을 지냈다. 이번 일은 참으로 천행이었다.

그런데 이해 11월 10일 조선 정부가 명나라의 제독총병부提督摠兵府에 보낸 자문咨文에서 인용한 이순신의 치계를 보면, 조선 수군의 전선이 12척이 아니라 13척이었다고 기록되어 있다.

한산도(칠천량 해전)에서 패전한 이후 전선과 무기가 거의 다 흩어져 없어졌습니다. 그래서 신(이순신)은 전라 우도 수군절도사 김억추 등과 함께 전선 13척과 정탐선(哨船) 32척을 모아가지고 해남현 해로의 요충을 가로막고 있었는데,

적의 전선 130여 척이 이진포 앞바다에서 이쪽을 향하여 왔습니다. 신은 수사 김억추, 조방장 배흥립, 거제 현령 안위 등을 지휘하여 각각 전선을 정비하고 진도의 벽파정 앞바다에서 적들과 죽음을 무릅쓰고 힘껏 싸웠습니다. 그리하여 대포로 적선 20여 척을 쳐부수고 쏘아 죽인 것만도 대단히 많았는데, 바다에 빠져 떠 있는 적 8명의 목을 베었습니다.[184]

아무튼, 명량 해전에서 수모를 당한 왜군은 그 보복으로 이순신의 아산 집을 습격하였다. 이순신의 셋째 아들 면은 이들과 맞서 싸우다가 장렬히 전사하였다. 『난중일기』에는 그때의 정황이 다음과 같이 기록되어 있다.

『난중일기』 정유년 10월 1일.

병조의 역지驛子가 공문을 가지고 내려와서 아산 집이 적에게 분탕질당해 잿더미가 되어 남은 것이 없다고 한다.

『난중일기』 정유년 10월 14일.

새벽 2시쯤 꿈에 내가 말을 타고 언덕 위를 가다가 말이 헛디디어 냇물 가운데 떨어지긴 하였으나 거꾸러지지는 않았다. 막내 아들 면이 엎디어 나를 안는 것 같은 형상을 보고 깨었다. 무슨 조짐인지 모르겠다. …저녁에 어떤 사람이 천안서 와서 집안 편지를 전하는데 봉함을 뜯기도 전에 뼈와 살이 먼저 떨리고 정신이 혼란해졌다. 겉봉을 대강 뜯고 열(둘째 아들)의 글씨를 보니, 거죽에

184 『선조실록』 권94, 선조 30년 11월 10일.

'통곡' 두 자가 씌어 있었다. 면의 전사를 알고 간담이 떨어져 목놓아 통곡하였다. 하늘이 어찌 이다지도 인자하지 못하시는가. 간담이 타고 찢어지는 것 같다. 내가 죽고 네가 사는 것이 이치에 마땅한데 네가 죽고 내가 살았으니 이런 어긋한 일이 어디 있을 것이냐. 천지가 깜깜하고 해조차도 빛이 변하였구나. 슬프다. 내 아들아, 나를 버리고 어디로 갔느냐. 남달리 영특하기로 하늘이 이 세상에 머물러 두지 않는 것이냐. 내가 지은 죄 때문에 앙화가 네 몸에 미친 것이냐. 내 이제 세상에 살아 있은들 누구에게 의지할 것이냐. 하룻밤 지내기가 1년 같구나.

『난중일기』 정유년 10월 19일.

맑음. (새벽에 고향 집의 종 진辰이 내려왔기에 죽은 아들을 생각하여 통곡하는 꿈을 꾸었다. …어두울 무렵에 코피를 한 되 남짓이나 흘렸다. 밤에 앉아 생각하고 눈물짓고 하였다. 어찌 다 말하랴. 이제는 영령이라 불효가 여기까지 이를 줄을 어떻게 알았으랴. 비통한 마음 가슴이 찢어지는 듯하여 누를 길이 없다.)

이순신은 아들 면의 전사로 인해 밤새도록 피눈물을 흘렸다. 비통함에 빠진 이순신은 식음을 끊다시피 하였다. 이순신의 애통함이 계속되자, 보다 못한 도원수가 사람을 보내어 기운을 차릴 것을 청하였다.

『난중일기』 정유년 12월 5일.

맑음. …도원수의 군관이 유지有旨를 가지고 왔는데, "이번 선전관 편에 들으니 통제사 이순신이 아직도 상제의 예법대로만 지키고 방편을 좇지 않아 여러 장수들이 민망히 여긴다고 하니, 사정私情이야 간절하지만 국사가 한창 바쁘고 옛 사람의 말에도 전쟁에 나가 용맹이 없으면 효가 아니라 하였다. 전쟁에 나가 용감하다는 것은 소찬이나 먹어서 기력이 곤비困憊한 자로서는 능히 하지 못하는 일이다. 『예기』에도 원칙을 지키는 경經이 있고 방편을 취하는 권權이 있어 꼭 원칙대로만 지킬 수는 없는 것이다. 경은 내 뜻을 생각하여 소찬 먹는 것을 치우고 방편을 좇도록 하라."는 것이었다. 그리고 아울러 고기 반찬을 하사하셨으므로 감동, 감동하였다.

명량 해전은 바다를 버리고 후퇴하라는 조정의 지시에도 불구하고, 이순신이 죽기를 각오하고 싸운 전투였다. 여기에서 그는 세계 해전사에서 유례를 찾아볼 수 없는 대승리를 거두었다. 그렇지만 왜군에게 보복을 당해 사랑하는 셋째 아들 면을 잃었다. 이순신은 극진히 사랑하던 막내 아들을 적에게 잃고, 두 달 가까이 식음을 전폐한 채 피눈물을 흘렸다.

정유재란이 발발하자 조정 대신들은 가족들을 피란시키느라 여념이 없었다.[185] 그에 뒤질세라 국왕 선조도 나인들과 어린 왕자들을 피란시키라고 전교한다.[186] 이틀 후에는 나인들과 왕자들을 해주로 피신시키라고 구체적인 지시를 하달한다.[187] 정치 지도자들이 제 살 궁리만을 찾는다는 소문이 퍼지면서, 도성 안은 피란 가는 백성들로 아수라장이 되고 말았다. 이에 사헌부와 승정원에서는 나인들

185 『선조실록』 권91, 선조 30년 8월 8일.
186 『선조실록』 권91, 선조 30년 8월 10일.
187 『선조실록』 권91, 선조 30년 8월 12일.

과 왕자들을 피란시키라는 선조의 명을 거둘 것을 건의한다.

나인들과 왕자들을 피란시킨다는 소문이 퍼지자 인심이 궤산潰散할 지경입니다. 동궁의 시녀까지 해주로 떠난다고 하니, 대소 군민이 이제 다시는 기댈 곳이 없사옵니다. 윗사람이 책임을 지지 않으니 모든 백성이 달아날 생각을 품는 것은 당연하옵니다. 명군 또한 조선을 지켜 줄 명분이 없어 철군하게 되면 흉적이 그 다음날로 돌입할 것이옵니다. 그렇게 되면 상께서 후궁들을 지키시려고 해도 할 수 없을 것이옵니다.[188]

승정원에서는 계속해서 왕자와 나인들이 대피하는 것에 대해서 국왕의 재고를 간청하였다. 그리고 사헌부와 사간원 양사에서 합동으로 계문을 올려 왕자와 후궁이 피란 가는 것을 금지시키라고 주청하였다. 하지만 그때마다 선조의 대답은 "번거롭게 하지 말라."는 것이었다.[189] 보다 못한 유성룡은 영의정직을 사직함으로써 선조의 처사가 잘못된 것이라는 뜻을 강력하게 표명하였다.[190]

이순신이 목숨을 바쳐 나라를 구하고자 노심초사할 때, 또 그 결과로 사랑하는 자식을 잃고 비통에 빠져 있을 때, 국왕과 조정 대신들은 나라를 책임지려 하지 않고 제 식구들 건사하기에 혈안이 되었다. 면의 죽음에 관해서 「행록」은 다음과 같이 기록하고 있다.

10월 14일 이순신이 우수영에 있다가 아들 면葂이 죽었다는 기별을 들었

188 『선조실록』 권91, 선조 30년 8월 12일.
189 『선조실록』 권91, 선조 30년 8월 14일.
190 『선조실록』 권91, 선조 30년 8월 22일.

다. 면은 이순신의 막내아들로서 용기와 지혜가 있었다. 또 '말타고 활쏘기'에도 능하여 이순신은 늘 자기를 닮았다고 사랑하였다. 그해 9월에 어머님을 모시고 아산 본가에 가 있다가 왜적들이 여염집을 분탕질한다는 말을 듣고 달려 나가 싸우다가, 길에서 복병의 칼에 찔려 죽었다.

이순신이 그 기별을 듣고 너무 애통한 나머지 그로부터는 정신이 날마다 쇠약해 갔다. 그 뒤에 이순신이 고금도古今島(전남 莞島郡 古今面)에 친을 치고 있던 어느 날이었다. 낮잠이 어슴푸레 들었는데 면이 앞으로 와서 슬피 울면서

"저를 죽인 왜적을 아버지께서 죽여 주십시오."

라고 말하였다. 이순신이

"네가 살았을 때 장사였는데, 죽어서는 적을 죽일 수가 없느냐?"

하고 물었다.

"제가 적의 손에 죽었기 때문에 겁이 나서 감히 죽이지를 못하옵니다."

이 말을 듣고 이순신이 문득 깨어 일어나 곁의 사람들을 보고

"내 꿈이 이러이러하니 웬 일인고?"

하며 중얼거리듯 말하였다. 슬픔을 스스로 억제하지 못하고 그대로 팔베개를 베고 눈을 감았다. 몽롱한 가운데 면이 또 와서 울며

"아버지로 자식의 원수를 갚는 일에 저승과 이승이 무슨 간격이 있겠습니까? 원수를 같은 진 속에 두어 두고 제 말을 예사로 듣고 죽이지를 않다니요."

하면서 통곡하고 가버렸다. 이순신이 깜짝 놀라서 물으니, 과연 새로 잡혀 온 왜적 하나가 배 속에 갇혀 있다 하였다. 이순신의 명령으로 그 놈의 소행 내력을 물었다. 바로 면을 죽인 그 놈이 틀림없었다. 이순신은 그 자를 동강 내어 죽이라 명령하였다.

명량 해전에서 대승을 거둔 이후의 기사가 「행록」에 다음과 같이 기록되어 있다.

9월 16일 저물 녘에 당사도로 진을 옮기었다. 피란하는 사람들도 모두 와서 벽파진 싸움의 승전을 치하하였다.

11월 승첩한 보고가 서울에 이르자 임금도 너무 기뻐서 곧 여러 신하들에게 명령하여

"이 장계는 양 경리楊經理[191]에게 보이도록 하라."

하였다. 경리는 남별궁南別宮[192]에 있다가 우리 임금에게 공문을 보내어

"근래에 이런 대첩이 없소이다. 내가 가서 괘홍掛紅[193]의 예식으로 그 공로를 표창해 주고도 싶으나 길이 멀어서 가지 못하고, 이제 붉은 비단과 은자銀子 얼마를 보내니 모름지기 이 뜻으로 포상해 주시오."

하였다. 그리하여 임금도 글을 내려 가상히 여기시고, 숭정대부崇政大夫[194]로 승진시키려 하였다. 그러나 대간들이 이순신의 품계가 이미 높고 또 일이 끝난 뒤에 다시 더 보답할 것이 남지 않을 것이라고 아뢰어 중지하였다. 다만 부하 여러 장수들에게만 벼슬을 높여 주었다.

191 명나라 장수 양호楊鎬. 상구商丘 사람이다. 정유년에 두 번째 왜란이 일어나게 되어 명나라에서 새로운 구원병이 오게 되었을 적에 양호는 요동遼東 포정사布政使로 있다가 흠차경리欽差經理 조선군무도찰원朝鮮軍務都察院 우첨도어사右僉都御史로 임명되어 조선에 왔다. 명량 해전이 지난 뒤 12월에 울산성 포위 전쟁에서 패전했음에도 불구하고 승첩한 것으로 보고했던 일로 탄핵되었다가 뒤에 청나라 병정이 무순撫順을 치자 병도우시랑兵都右侍郞으로 복권되어 출전했다가 패하여 옥에 갇혔다가 사형되었다.

192 중국 사신을 접대하던 곳으로 서울 회현동會賢洞에 있었다. 본시 태종 때의 부마 조대림趙大臨의 집이었다고 전한다.

193 공로를 세운 장수의 몸에 붉은 비단을 걸치고 그 공로를 표창해 주는 의식.

194 종1품계.

『징비록』에는 삼도수군통제사로 복귀한 후 다시 민정을 훌륭하게 관리하던 이순신의 면모를 다음과 같이 기록하였다.

이때(벽파진 전승 직후) 이순신의 휘하에는 군사가 이미 8,000여 명이나 있었는데, 고금도에 진주하였다. 그러나 군량이 떨어졌음을 걱정하여 「해로통행첩」海路通行帖을 만들고 영을 내려 "삼도 연해를 통행하는 공사선公私船 중 첩지가 없는 배는 간세奸細(간첩)로 인정하고 통행치 못하게 할 것이다." 하니, 피란하던 백성들이 모두 와서 첩지를 받아 갔다. 이순신은 배의 대소로써 등급을 정하여 곡식을 내고 첩지를 받게 하였다. 대선은 3석, 중선은 2석, 소선은 1석을 내게 하였다. 피란하던 사람들이 재물과 곡식을 모두 싣고 바다에 들어왔기 때문에 곡식 내는 것은 걱정하지 않고, 통행하는 데 금지하지 않는 것을 좋아해서 곡식을 내었다. 순일旬日(10여 일) 동안에 군량 1만여 석을 얻게 되었다. 이순신은 또 민가에 있는 구리와 쇠를 모아 대포를 만들고, 나무를 베어 배를 만들며 모든 일을 잘 처리하였다. 원근 지방의 피란민이 집을 짓고 막을 만들고 또한 장사로써 생계를 삼으니, 섬 안에서 능히 수용할 수 없는 형편이었다.

44 이순신의 검소함

舜臣이 雖復起從戎이나 猶素食하여 日數溢米하고 籌畫調度하여 夜不就寢하니 形容이 頓瘁라.

이순신이 비록 다시 재기하여 장수의 직임을 맡았으나, 오히려 매우 검소한 식사를 하여 날이 갈수록 쌀이 남았고, 계획을 세우고 앞날을 예측하느라 밤에도 잠을 자지 않으니, 형상과 용모가 초췌하였다.

上이 特遣使하여 諭旨從權하고 仍賜滋味하니 舜臣이 涕泣勉受하더라.

임금이 특별히 사신을 보내 유지를 내려 권도(임시방편)를 따르게 하고, 함께 좋은 음식을 하사하니, 이순신이 눈물을 흘리며 공경히 받들었다.

戊戌春에 移鎭康津古今島하고 募民屯耕하니 南民이 織屬歸之하여 遂成大鎭이라.

무술년(선조 31) 봄에 강진 고금도로 진을 옮기고, 적은 백성으로 둔전을 만들어 농사지으니, 남쪽 백성들이 띠처럼 줄을 지어 돌아와서 드디어 큰 진영을 이루었다.

해설

「행록」에는 다음과 같이 기록되어 있다.

12월 초5일 나주羅州 땅 보화도寶花島(목포 앞바다 고하도高下島)에 있었다. 조정에서 이순신이 굳이 상제의 예법을 지켜 소찬만 먹는다는 소식을 듣고 분부를 내려 육식하기를 권하였다. 임금의 분부가 있었는데 "들으니 그대가 아직도 상례의 법대로만 지키고 방편을 좇지 않는다 하니, 사정으로는 간절하나 이제 나랏일이 한창 어려운 고비가 아니냐. 옛 사람의 말에 '전쟁에 나가 용기 없는 것도 효도가 아니다.' 하였다. 전쟁에 있어서의 용기도 본시 소찬이나 먹어서 기운과 힘이 곤비하고 쇠약해진 사람으로서는 할 수 없는 일이요, 또 예에도 예법의 원칙과 방편이 있어 반드시 원칙만을 꼭 지키라 한 것만이 아니니, 내 뜻을 받아 속히 방편을 따르도록 하라." 하였다. 그와 아울러 육물을 보내왔다. 이순신은 슬픈 마음을 억누를 길이 없었다.

무술년(1598, 54세) 2월 17일에 고금도로 진을 옮기고, 백성들을 모아 경작케 하니 위엄 있는 소문이 크게 떨쳤다. 그 섬은 강진康津에서 남쪽으로 30여 리쯤 되는 곳에 있어 산이 첩첩이 둘러싸 지세가 기이하고, 또 그 곁에 농장이 있어서 아주 편리하였다. 이순신은 백성들을 모아들여 농사짓게 하고, 거기서 군량 공급을 받았다. 그리하여 군대의 위세가 이미 강성해져 남도 백성들로 이순신을 의지해 사는 자들이 수만 호에 이르렀다. 군대의 장엄함도 한산진보다 10배나 더하였다.

45 명나라 원군의 횡포

是秋에 都督陳璘이 領水兵五千하고 東來하니

그 가을에 도독 진린이 수병 5,000을 거느리고 동쪽으로 오니

陳이 爲人이 捍驁하여 上이 憂其失歡일새 密諭以善待하니

진린이 사람됨이 사납고 거만하여, 임금이 그가 기뻐하지 않을까 걱정하였으므로 비밀히 유서를 내려 잘 대접하라 이르니

舜臣이 盛具威儀하고 迎于遠島하며 至則大設宴犒하니 漢人이 皆喜라.

이순신이 위엄 있게 의장을 잘 갖추어 멀리 떨어진 섬에까지 가서 맞이하였고, 본영에 이르러서는 잔치를 크게 벌여 음식을 베푸니, 명나라 병사들이 모두 기뻐하였다.

然이나 猶搶奪閭店하여 我人이 騷然커늘 舜臣이 忽令軍士하여 毁撤屋蓋하고 搬衣囊下船하니

그러나 (명나라 병사들이) 오히려 마을을 노략질하여 조선 사람의 인심이 소란커늘, 이순신이 홀연히 군사에게 명을 내려 가옥의 지붕을 부수고 옷가지를 담은 자루를 옮겨 배에 싣게 하니

陳이 驚怪하여 使人問之한대

진린이 놀라고 괴상히 여겨 사람을 시켜 물으니

舜臣이 對曰 天兵之來에 如仰父母러니 今見暴掠에 士卒이 不堪하여 各者遁避하니 我爲大將하여 不能獨留라 將移他島라커늘

이순신이 대답하여 말하길, "천병天兵(명나라 군대)이 온다기에 부모를 우러러보듯 하였는데, 지금 폭력과 약탈을 당함에 사졸이 감당하지 못하여 각자 달아나고 피하니, 내가 대장이 되어서 혼자 머물 수는 없는지라 장차 다른 섬으로 옮기려 합니다." 하거늘

陳이 大慚懼하여 卽詣舜臣摧謝하고 挽留甚誠하니

진린이 크게 부끄럽고 두려워, 즉시 이순신에게 나아가 곡진하게 잘못을 빌고, 함께 남아 있기를 지극한 정성으로 청하니

舜臣曰 大人이 若聽某言이면 卽留耳라.

이순신이 말하길, "대인이 내 말을 들으면 머물 것입니다." 하였다.

陳曰 敢不一從公言이리오.

진린이 말하길, "어찌 공의 말을 한결같이 좇지 않으리오." 하니

舜臣曰 天兵이 奴隷我人하여 無所顧憚이니 大人은

幸訴某便宜禁斷하면 則兩軍이 相保無事矣리라.

이순신이 말하길, "천병이 우리나라 사람을 노예처럼 부리기를 반성하거나 꺼리는 바가 없으나, 대인이 다행이 나의 호소를 듣고 마땅하게 금단한다면, 양국 군사가 서로 보호되어 무사할 것입니다." 하였다.

陳이 許諾하니 其後에 漢人이 犯禁이면 輒繩治之하여 島中이 遂帖然하니라.

진린이 허락하니, 그 후에 명나라 군사가 금법을 범하면 즉시 잡아다가 다스려서 섬 안이 드디어 편안해졌다.

해설

정유재란 시기 명 수군의 조선 참전은 원균 휘하의 조선 수군이 일본 수군에게 패하여 거의 궤멸되었던 상황이 결정적인 동기로 작용하였다. 조선 수군의 궤멸은 일본군의 전라도 진공을 가능케 하였거니와, 명에게는 서해 수로를 통한 본토 진공의 우려를 자아내게 하였다. 이에 명은 강남의 수군을 동원하여 해방海防에 부심하는 한편 조선에 수군을 파견하는 조처를 취하게 되었던 것이다.[195]

임진왜란 때 원군으로 온 명나라 군사들의 횡포는 이루 다 형용할 수가 없었다. 그나마 수군은 육군에 비해 그 횡포가 덜한 편에 속하였다. 명의 육군, 그 가운데서도 북병北兵이 조선에 끼친 민폐는 대단히 큰 것이어서 조선 조야는 명군의 효용에 대해 상당한 의문을

195 한명기, 「정유재란기 명 수군의 참전과 조명연합작전」, 『임진왜란과 이순신 장군의 전략 전술』, 1998, 112쪽.

제기하고 있는 형편이었다. 전란을 극복한 것이 명군의 지원 때문에 가능하였다는 인식의 한편에 조선의 전야田野가 황폐해진 것 역시 명군 때문에 말미암은 것이라는 원망이 자리하고 있었다.[196] 나아가 명군은 군량만 축내고 민폐만 끼칠 뿐, 전투는 제대로 하지도 못한다고 여기는 부정적인 인식도 상당히 퍼져 가고 있었다.[197]

당시 조선에 들어와 포학을 자행하던 명나라 수군 제독 진린의 모습을 『징비록』은 다음과 같이 증언하고 있다.

이윽고 명나라 수병도독 진린陳璘[198]이 나와 고금도에 내려와 이순신과 합세하였다. 진린은 성품이 사나워서 다른 사람과 많이 틀어지니 사람들이 많이 꺼리었다. 임금께서 청파靑坡 들까지 나와 진린을 전송하시었다. 나는 진린의 군사가 수령을 때리고 욕보이기를 함부로 하고 노끈으로 찰방察訪 이상규李尙規의 목을 매어 끌어서 얼굴이 피투성이가 된 것을 보았다. 역관을 시켜 말렸으나 듣지 않았다. 나는 같이 앉았던 재상들을 보고 말하기를 "가석하게도 이순신의 군사가 또 패하겠구나. 진린과 같이 군중軍中에 있으면 (그에게) 견제를 당하고, 의견이 틀리면 반드시 장수의 권한을 빼앗고 군사들을 학대할 것이다. 이것을 제지하게 되면 화를 더 낼 것이고, 그대로 두면 한정이 없을 것이니 이순신의 군사가 어찌 패하지 않겠는가." 하였다. 여러 사람들도 내 말을 옳게 여기고 서로 탄식할 따름이었다.

196 『선조실록』 권123, 선조 33년 3월 11일.

197 한명기, 앞의 글, 111쪽.

198 명나라 광동廣東 옹원翁源 사람인데 자는 조작朝爵이요 호는 용애龍厓이다. 세종世宗 가정嘉靖 말엽(1566)에 지휘첨사指揮僉使가 되었으며, 신종神宗 만력萬曆 이래로 전공을 여러 번 세워 마침내 무술년에 어왜총병관禦倭摠兵官이 되어 수군을 거느리고 와서 이순신과 합세하여 끝까지 싸워 공을 세우고 돌아갔다. 죽은 뒤에 태자태보太子太保를 추증하였다.

유성룡을 포함한 대소 신료들은 포학한 성품의 진린 때문에 이순신이 반드시 곤경에 처할 것이라고 근심하였다. 그렇지만 이순신은 오히려 진린을 자기 사람으로 만드는 놀라운 수완을 발휘한다. 『징비록』에 의하면,

이순신은 진린이 온다는 소식을 듣고 군인들을 시켜 크게 사냥하여 사슴, 돼지, 바다고기 등을 많이 잡고 술을 풍성하게 준비하여 기다렸다. 진린의 배가 바다에 들어오자 이순신이 군대의 의장을 갖추어 멀리까지 나가 영접하였다. 이미 본영에 도착함에 진린의 군사를 많이 먹여 제장 이하 모두 흠뻑 취하지 않은 사람이 없었다. 명나라 사졸들이 서로 전해 말하기를 "과연 양장良將이로다." 하였고, 진린도 또한 마음이 흐뭇하였다. 진린이 온 지 얼마 안 되어 적선이 근방의 섬을 침범하자, 이순신이 군사를 보내 패퇴시켰다. 적의 머리 40급을 베어서 모두 진린에게 주어 공功을 보고케 하였다. 진린은 기대 이상의 대우에 더욱 기뻐하였다. 이로부터 모든 일을 이순신에게 물었다. 뿐만 아니라 나갈 때에도 이순신과 교자轎子를 나란히 타고 다니되 감히 앞서 가지 아니하였다.

「행록」에는 이순신이 명나라 수군과의 갈등을 해결하는 장면이 보다 자세하게 묘사되어 있다.

7월 16일 명나라 수군 도독水軍都督 진린이 수군 5,000명을 거느리고 왔다. 이순신은 진린의 군사가 온다는 말을 듣고 술과 안주를 성대하게 차렸다. 또 군대의 의장을 갖추고서 멀리 나가 맞아들여 큰 잔치를 베풀었다. 여러 장수 이하로 잔뜩 취하지 않은 이가 없었다. 병졸들도 서로 이르기를

"과연 훌륭한 장수이다."

하며 감탄하였다.

진린의 위인이 사납고 오만하였기 때문에 임금이 걱정하여 미리 이순신에게

"두터이 대접하여 도독을 노여워하지 않게 하라."

고 밀지를 내려보냈다.

도독의 군사들이 처음 오자마자 약탈을 일삼았기 때문에 우리 군사와 백성들은 고통스러워하였다. 어느 날 이순신은 군중에게 명령을 내려 크고 작고 간에 가옥들을 한꺼번에 헐게 하고 이순신도 자기 옷과 이부자리를 배로 운반해 내게 하였다.

도독이 곳곳에서 집들을 헐어 젖히는 것을 바라보고 이상히 여겨 하인을 보내어 이순신에게 물었다. 이순신은 대답하기를

"우리 작은 나라 군사와 백성들이 귀국 장수가 온다는 말을 듣고 마치 부모 바라보듯 하였는데, 이제 귀국 군사들이 행패와 약탈로 일을 삼기 때문에 백성들이 견딜 도리가 없어 모두가 뿔뿔이 피해서 달아나려고만 한 것이다. 그래서 나도 대장의 몸으로 혼자 여기 남을 수가 없기 때문에 같이 배를 타고 다른 곳으로 가려는 것이다."

하였다. 하인이 돌아가 그대로 아뢰자, 도독이 깜짝 놀라 곤두박질로 달려와서 이순신의 손을 잡고 만류하였다. 한편, 하인을 시켜 이순신의 옷과 이부자리를 도로 실어 올리며 (떠나지 말 것을) 간절히 애걸하였다. 이순신은

"대인이 만일 내 말대로 하면 그렇게 하겠소이다."

하였다. 도독도

"어찌 안 들을 리가 있겠소."

하므로, 이순신은 이렇게 말하였다.

“귀국 군사들이 나를 속국 신하라 하여 조금도 꺼림이 없소. 그러니 만일 방편상 내게 그것을 금할 수 있는 권한을 허락해 주신다면, 서로 보존할 도리가 있겠소만….”

도독이

“그렇게 하지요.”

하고 승낙하였다.

그러고부터는 도독의 군사로도 범하는 자가 있기만 하면 이순신이 법규대로 다스렸다. 명나라 군사들도 이순신을 도독보다 더 무섭게 여겨 온 군중이 편안해졌다.

46 이순신을 존경한 진린

鹿島萬戶宋汝悰이 與漢船으로 俱進擊賊할새 獲船六首級七十이나 漢人은 無所得이라.

녹도 만호 송여종이 명나라 전선과 더불어 함께 나아가 왜적을 공격하였는데, 적선 6척과 수급 70을 획득하였으나, 명나라 군사는 얻은 바가 없었다.

陳이 方與舜臣으로 接宴이라가 聞之하고 慚怒하니

진린이 바야흐로 이순신과 더불어 주연을 벌이다가, 그 소식을 듣고 부끄러워 성을 내니

舜臣曰 大人이 來統我軍에 我軍之捷은 卽天兵之捷이라 何敢私焉이리오 請盡納所獲하노니 願大人은 悉以奏聞하라.

이순신이 말하길, "대인이 와서 우리 군대를 통솔하니, 우리 군대의 승리는 곧 천병의 승리입니다. 어찌 감히 개인적인 것이겠습니까? 획득한 바를 모두 바치고자 하오니, 원컨대 대인은 모든 공적을 보고하십시오." 하였다.

陳이 大喜曰 素聞컨대 公은 東國名將이라 하더니 今果然矣로다.

진린이 크게 기뻐하며 말하길, "일찍이 듣건대 공은 동국의 명장이라 하더니, 지금 과연 그렇소이다." 하였다.

宋汝悰이 失望自訟커늘 舜臣이 笑曰 賊首는 乃腐觜也라 與漢人何惜고 汝功은 自有吾狀奏라 하니 汝悰이 亦服이러라.

송여종이 실망하여 스스로 원망하거늘, 이순신이 웃으며 말하길 "적의 머리는 곧 썩어 없어질 것인데, 명나라 병사에게 준 것을 어찌 아까워하는고. 너의 공은 내 장계 안에 그대로 살아 있다." 하니 송여종이 또한 복종하였다.

自是로 陳이 察舜臣軍制勝하고 節節欽服하여 借我板屋하고 大船은 自駕하여 軍務大小를 動心咨訪하며

이때부터 진린이 이순신의 군대가 필승하는 것을 보고 매번 공경하고 탄복하였다. 우리의 판옥선을 빌려 큰 배에는 자기가 직접 승선하여 군무의 대소사를 마음을 써서 묻고 살피며

每言 舜臣은 非小國人物이라 若入仕中朝면 當爲天下上將이어늘 惜乎屈於此라 하고

매번 말하기를, "이순신은 작은 나라의 인물이 아니다. 만약 중국 조정에 들어가 벼슬한다면 마땅히 천하의 상장군이 될 것이거늘, 아깝다. 이런 곳에서 꿈을 펴지 못하는도다." 하고

上書宣廟하여 言하되 李某는 有經天緯地之才와 補天浴日之功이라 하니 蓋心服也러라.

선조에게 글을 올려 "이순신은 경천위지經天緯地[199]의 재주와 보천욕일補天浴日[200]의 공이 있다."라 하니 대개 마음으로부터 우러나온 것이다.

해설

「행록」에 의하면,

18일 적선 100여 척이 녹도를 침범해 온다는 보고가 있었다. 이순신과 도독이 각각 전선을 거느리고 금당도金堂島(長興郡)에 이르니, 다만 적선 두 척이 우리를 보고 달아날 뿐이었다. 이순신과 도독은 하룻밤을 지내고 이내 돌아왔다. 이순신은 녹도 만호 송여종宋汝悰을 남겨 두어 배 여덟 척으로 절이도折爾島(高興郡)에서 복병하게 하였다. 도독도 30척을 남겨 두어 사변에 대비하도록 하였다.

이순신은 24일에 여러 장수에게 명령하여 왜선을 절이도에서 깨뜨리게 하였다. 이날 이순신은 도독을 위하여 운주당運籌堂[201]에 술자리를 열고 한창 취한 판이었다. 도독 부하로서 천총千摠[202] 벼슬에 있는 어떤 자가 절이도로부터

199 천하를 다스림.

200 보천補天은 여와씨女媧氏(복희씨伏犧氏의 여동생으로 중국 상고의 제왕)가 하늘의 이지러진 데를 기운 고사. 욕일浴日은 의화義和가 해를 목욕시킨 고사. 전하여 국가에 큰 공이 있음을 이름.

201 운주運籌는 본시 운주유악運籌帷幄에서 나온 말인데 전략을 구상해 내는 곳이니 곧 대장이 거하는 곳을 이름이다. 이순신이 있던 본영의 처소는 언제나 이 이름으로 부를 수 있는 것이다. 그러므로 한산도에서뿐 아니라 이곳 고금도에서도 그 이름을 통상 명칭으로 쓴 것이다. 다만 제승당制勝堂이란 것은 한산도에 있던 이순신의 처소를 말한다.

202 중국 무관 벼슬 이름으로 명나라 때 처음 삼대영三大營에 파총把摠을 두었다가 뒤에 천총을

와서

"오늘 새벽에 적을 만났는데 조선 수군들이 모조리 다 잡고 명나라 군사들은 풍세가 순조롭지 않아서 싸우지 못하였습니다."
고 아뢰었다.

도독이 크게 성이 나서 끌어내라고 호령하며 술잔을 던지는 등 안색이 달라졌다. 이순신은 그 뜻을 알고

"대감은 명나라 대장으로 와서 해적들을 무찌르는 것이라 이곳 진중의 모든 승첩이 바로 대감의 승첩인 것입니다. 우리가 베어 온 적의 머리들을 전부 대감에게 드리겠습니다. 대감이 여기 온 지 몇 날도 안 되어 황제에게 공로를 아뢰면 얼마나 좋겠습니까."
하고 도독의 화를 풀어 주었다.

도독이 크게 기뻐하며 이순신의 손을 잡고서

"내가 본국에서부터 장군의 이름을 많이 들었더니, 과연 허명이 아니었소."
하고, 종일토록 취하며 즐기었다.

그날 송여종이 잡아다 바친 배가 6척이요, 적의 머리는 69개였다. 모두 도독에게 보내고 그대로 장계하였다. 임금도 이순신이 명나라 장수의 체면을 세워 준 것을 가상히 여기시어 유서를 내렸다.

도독이 진에 있은 지 오래 되어 이순신의 호령하고 지휘하는 절도를 보아 익숙해졌다. 또 자기는 배가 비록 많다 해도 적을 막아 내기는 어려울 것이라 짐작하고, 매번 전투가 있을 적마다 우리 판옥선을 타고 이순신의 지휘를 받기 원하였다. 모든 호령과 지휘를 모두 양보하였다. 또 반드시 이순신을 '이야'李爺

더 두었는데 공훈 있는 신하로써 임명하더니 청나라 때는 하급 군직으로 지금의 중위 정도로 떨어졌다.

라고 높여 불렀다.

"공은 작은 나라에서 살 사람이 아니다."

라고 하면서, 중국으로 들어가 벼슬하라고 여러 번 권하였다.

9월 15일 모든 적들이 곧 철수할 것 같다는 보고가 있었다. 이순신과 도독은 19일에 좌수영左水營 앞바다를 거쳐 20일에 순천順天의 예교曳橋(왜교倭橋 신성포新城浦)로 나가 진을 쳤다. 거기는 바로 적장 평행장平行長의 진 앞이었다. 적이 장도獐島(전남 승주군昇州郡)에다 군량을 쌓아 두었는데, 해남 현감海南縣監 유형柳珩을 보내어 뺏아 오고, 남은 것은 모조리 불태워 버렸다.

47 왜적의 탈출 시도

陸軍提督劉綎이 以苗兵來하여 與陳으로 相約夾攻行長하다.

육군 제독 유정劉綎이 묘족 병사를 데리고 와서, 진린과 함께 행장을 서로 협공할 것을 약속하였다.

舟師ㅣ 進戰港口하되 勝負未決한대 劉師는 違約不至하다.

수군이 항구에 나와 싸웠으나 승부가 나지 않았는데, 유정의 군대는 약속을 어기고 나타나지 않았다.

蓋行長이 已聞關白秀吉死하고 亟謨撤退하되 畏我舟師阻前하여 啖劉以利리라.

대개 행장이 이미 관백 수길秀吉이 죽었다는 소식을 듣고 빨리 철퇴하고자 하였으나, 우리 수군이 앞을 막을 것을 두려워하여, 유정을 구워삶는 것이 이롭다고 여긴 것이다.

故로 緩其攻하고 又潛款于陳하여 求假道甚切하니

陳이 亦中其賄하여 欲許之어늘

그러므로 그 공격을 늦추고, 또 몰래 진린과 조약을 맺어 빠져나갈 길을 구하는 것이 매우 절박하였으니, 진린이 또한 그 뇌물에 마음을 두어 허락하고자 하거늘

舜臣이 用木片密書하여 投示하고 諷刺其非하니 陳이 赧然而止라.

이순신이 나무 조각에 밀서를 써서 전달해 보이고 그 잘못을 풍자하니, 진린이 부끄러워 그만 두었다.

行長이 知之하고 又遣使于我하여 遺以銃劍하니 舜臣이 峻辭却之하다.

행장이 그것을 알고 또 우리에게 사신을 통해서 총검을 보내니, 이순신이 준엄하게 사양하고 그것을 물리쳤다.

倭方絕糧하여 頗買漢糧일새 遂閉營不出하니 陳이 慚失利하여 欲舍行長하고 往擊南海賊하여 促舜臣先發하니 舜臣이 力爭不從이라.

왜가 바야흐로 군량이 끊어지려고 하자 자못 명군의 군량을 사먹었는데, 마침내 군영을 폐쇄하고 나오지 않으니, 진린이 이익을 잃은 것이 애석하여 행장은 버려두고 남해의 적을 가서 치고자 이순신을 재촉해 먼저 발진하도록 하니, 이순신이 힘써 다투고 따르지 않았다.

行長이 益困하여 請援于泗川屯賊하여 擧火相應하

니 泗川賊은 卽薩摩州軍也라.

행장이 더욱 곤핍하여, 사천에 주둔한 적에게 구원을 청하자 불을 들어 상응하니, 사천의 적은 곧 살마주薩摩州 군대였다.

强勇無敵하고 持重不輕戰이라가 見行長急하고 悉衆而至하다.

강하고 용맹하여 적수가 없고, 진중하여 가볍게 싸우는 법이 없는데, 행장이 급한 것을 보고 모든 무리를 모아 당도하였다.

해설

당시 명의 주요 관심은 내지의 해방海防에 있었기 때문에 조선에 파견된 수군은 명 연안의 수군과 이른바 '기각지세'掎角之勢를 이루는 데 치중하였다. 일본군에 대한 선제공격이나 장거리 작전 등을 회피하였다. 진린의 명 수군도 애초 일본군에게 별다른 전의를 보이지 않았다. 오히려 지휘권을 내세워 조선군의 전투 의지를 억제하였다. 실제 전투가 벌어질 때는 그를 방관하였다. 그 배후에는 형개邢玠, 유정劉綎으로 대표되는 명군 지휘부의 '양전음화'陽戰陰和, 즉 겉으로는 일본군과 싸우는 척 하면서 속으로는 그들과 화호和好하려는 기도가 자리하고 있었다. 이와 같은 상황에서 명 수군의 존재는 이순신에게 오히려 걸림돌로 인식될 수 있었다.[203]

「행록」에 의하면,

203 한명기, 「정유재란기 명 수군의 참전과 조명연합작전」, 『임진왜란과 이순신 장군의 전략 전술』, 1998, 112쪽.

21일 이순신이 해남 현감 유형柳珩[204] 등을 보내어 적진으로 진격하게 하였다. 적 여덟 놈을 죽이고 조수가 물러나 물이 얕아지므로 돌아왔다. 그날 명나라 육군 제독 유정劉綎이 묘병苗兵[205] 1만 5,000명을 거느리고 예교曳橋 북쪽에 와서 진을 쳤다.

24일 적장 평의지平義智[206]가 정예병 100여 명을 이끌고 남해로부터 예교에 이르렀다. 철병하는 것을 행장行長과 의논하려고 하였다.

11월 초2일에 육군과 협공하기로 약속하고 이순신은 도독의 수군들과 함께 나가 싸웠다. 승부가 미처 나기 전에 사도 첨사蛇渡僉使 황세득黃世得[207]이 탄환에 맞아 죽었다. 황세득은 이순신의 처 종형이었다. 여러 장수들이 들어가 조문

204 명종 21년(1586)에 나니 자는 사온士溫이요 호는 석담石潭이며 진주晋州 사람이다. 죽당竹堂 진동辰同의 손자다. 어려서 일찍 아버지를 여의었다. 어머니 임씨林氏가 가난하여 애씀에도 불구하고 그는 늘 말 달리고 칼 쓰는 일에만 종사하므로 어머님이 울면서 학업을 권하여 한때 글과 산업에 힘쓰기도 하였다. 그러다가 임진란이 일어나자(27세) 붓을 던지고 칼을 집고 나서 창의사倡義使 김천일金千鎰의 막하에서 활약하고 서쪽으로 의주義州 행재소行在所에까지 가서 선전관宣傳官이 되었다. 선조가 그의 사나이다움을 보고 또 진동辰同의 손자임을 알고서 국사에 힘쓰기를 격려하며 말을 하사하기까지 하였다. 남해 현감南海縣監으로 나간 유형은 정유년 원균의 패전 뒤에 비분 강개하여 이순신에게로 와서 남은 군사 거두는 일에 같이 힘쓰고 다음 해 순천順天 왜교倭橋에서 적을 막을 때에 명나라 군사들이 조수 물러나는 것을 모르고 배 3척이 얕은 바다에 걸렸는데 그 배들의 뒤에다 줄을 매고 끌어내는 일을 지휘하여 성공한 일도 있었다. 마지막 노량 해전에서는 탄환을 맞기 여섯 군데 그리고도 활을 놓지 않았다. 이번 전공으로 부산진 수사가 되고 또 경상 우수사가 되었다가 다시 제5대 삼도 수군통제사가 되었다. 평소에 체찰사 이덕형이 이순신에게 뒷날 전통을 받을 만한 인물을 물었을 때 이순신은 "충의와 담략이 유형의 바른 편에 설 사람이 없을 것이오."하고 대답하였던 만큼 과연 그는 이순신의 인정을 받았던 것이다.

205 묘족苗族 출신의 군졸. 묘족은 지금 중국 호남湖南 귀주貴州 지방에 많이 살고 있는 종족인데 황제黃帝의 증손 변명卞明의 후예라고도 한다.

206 대마도주 소 요시토시[宗義智]를 말함. 1568년에 나니 선조 원년에 해당한다. 21세에 도주의 지위를 이어받고 다음 해에 도요토미 히데요시[豊臣秀吉]의 명령을 받아 가신家臣 야니가와 시게노부[柳川調信]을 따라 조선으로 내왕했으며 또 임진란에 제1착으로 고시니 유키나카[小西行長]와 같이 침략해 들어왔다. 그 뒤로 전쟁 외교 등에 골고루 참례하여 도요토미 히데요시의 앞잡이가 되었다. 1615년에 죽으니 48세였다.

207 자는 사구士求요 성주星州 사람이며 직산稷山에서 살았다. 선조 때 과거하고 장흥 부사長興府使로 있다가 임진란 때 이순신 막하에서 공을 세웠으며 무술년(1598) 9월 이순신과 명나라 제독 유정과 연합작전할 때(유정은 약속을 어기고 출전치 않음) 힘써 싸우다가 전사하였다. 뒤에 호조 참판을 증직하였다.

하였더니, 이순신은

"세득은 국사로 죽었으니, 그 죽음이 영광스럽다."

고 말하였다. 그런데 이때 약속하였던 유 제독이 나와 싸우지 않았기 때문에 도독은 격분하였다.

초3일 이순신과 도독이 군사를 내어 보내 한창 싸우고 있었다. 이순신이 조수가 물러나는 것을 보고 도독에게 빨리 배를 돌리도록 하였으나 도독이 듣지 않았다. 결국 사선沙船 19척이 얕은 바닥에 얹히어 왜적의 포위를 당하고 말았다.

이순신은 그것을 그냥 앉아서 보고 있을 수 없었다. 배 일곱 척을 내어 무기와 군사들을 많이 싣고 곧바로 장수를 보내며

"적들이 우리 배가 얕은 바다에 얹히는 것을 보면 반드시 기회를 노려 한꺼번에 빼으려고 할 것이다. 그러니 너희들은 힘써 싸우되 조수의 상태를 보아 곧 돌아오도록 하라."

고 주의시켰다. 우리 7척의 배들은 한결같이 그 명령대로 하여 온전히 다 돌아왔다. 그러나 명나라 사선들은 모조리 함몰을 당하고 말았다.

초6일 사로잡혀 갔던 변경남邊敬男이란 자가 적진에서 탈출하여

"지난 8월에 일본에서 돌아왔는데, 왜적의 괴수 평수길平秀吉이 이미 죽고 여러 두목들이 서로 자리를 다투어 아직 결정을 보지 못하여 여기 있는 여러 적들도 급히 철거해 돌아가려는 것입니다."

라고 보고하였다.

14일에 평행장이 속히 돌아가고 싶긴 하지만, 우리 수군이 가로막고 있는 것이 걱정스러웠다. 그래서 도독에게 많은 뇌물을 바치고 진을 물려 달라고 청하였다. 도독도 그것을 들어주려 하였다. 그날 밤 초저녁에 왜의 작은 장수가

일곱 놈을 거느리고 배를 타고 몰래 도독부都督府로 들어갔다. 돼지와 술을 바치고 돌아갔다.

15일에도 왜의 심부름꾼이 또 도독부로 왔다. 16일에는 도독이 그 부하 장수 진문동陳文同을 적의 영문으로 보냈다. 얼마 있다가 왜적 오도주五島主라는 자가 배 세 척에 말과 창과 칼 등속을 싣고 와서 도독에게 바치고 돌아갔다.

그러고부터는 왜의 심부름꾼으로 도독부에 왕래하는 자가 끊이지 않았다. 마침내 도독이 이순신에게 화친을 허락해 주자는 것이었다. 이때 이순신은

"대장으로 화친을 말할 수 없을뿐더러, 이 원수는 놓아 보낼 수 없소."

하니, 도독도 부끄러이 여기었다.

왜의 심부름꾼이 또 오자, 도독은

"내가 너희 왜들을 위해서 통제사에게 말하였다가 거절을 당하였다. 이제 두 번 다시 말하기는 어렵다."

하였다.

행장이 이순신에게도 사람을 보내어 총과 칼 등속을 선물로 가지고 와서 간청하였다. 이순신은 단호히 물리치며

"임진년 이래로 적을 무수히 사로잡아 총과 칼을 얻은 것이 산만큼 쌓였는데, 원수의 심부름꾼 놈이 여기는 무얼 하러 온단 말이냐."

하였다. 적이 아무 말도 못하고 물러갔다.

행장이 또 사람을 보내어 하는 말이

"조선 수군은 마땅히 명나라 수군과 서로 딴 곳에 진을 쳐야 할 텐데, 어째서 같은 곳에서 진치고 있는 것이오?"

하고 물었다. 이순신은

"우리 땅에서 진 치는 것이야 우리 생각대로 할 일이지, 너희들의 알 바가

아니다."

하였다. 이때 도독은 적의 뇌물을 많이 받고, 놈들의 빠져 나갈 길을 터주려고 이순신에게

"나는 여기에 있는 행장은 잠깐 이대로 내버려 두고, 먼저 남해에 있는 적을 토벌하러 가야겠소."

라고 말하였다. 이순신이

"남해에 있는 것은 모두 우리 백성으로 적에게 포로된 사람들이지 왜적이 아니오."

라고 응수하였다. 도독이 다시

"이미 적에게 붙은 이상 그것도 역시 적이라 할 수 있소. 이제 거기 가서 토벌하면 힘 안 들이고 머리를 많이 벨 수 있을 것이오."

라고 하였다. 이순신은

"황제께서 적을 무찌르라고 명령하신 것은 실로 우리나라 사람들의 생명을 구원하라는 것 아닙니까. 그런데 이제 구해 내오지는 아니하고 도리어 그들을 죽이겠다는 것은 황제의 본의가 아닌 것 같소."

하였다. 도독은 성을 내며

"우리 황제께서 내게 장검[208]을 주셨소."

하고 위협하였다. 이순신은 다시

"한 번 죽는 것은 아깝지 아니하오. 나는 대장이 되어 결코 적을 내버리고 우리 백성을 죽일 수는 없소."

라고 말하며, 한참이나 다투었다.

17일 초저녁에 행장이 횃불을 들어서 남해에 있는 적들과 호응하였다. 그

208 황제의 권한을 위임한 지휘자의 상징.

것은 행장이 구원을 청하는 것이었다. 그래서 곤양昆陽·사천泗川의 적들이 노량으로 와서 호응할 것이라는 정보가 입수되었다. 이순신은 모든 장수들에게 영을 내려 군비를 엄하게 하고 기다리게 하였다.

18일에 남해와 부산에 있는 여러 적들이 구원하러 오려 하였다. 이순신이 도독에게

"우리 군사들이 앞뒤로 적을 받게 될 것이니, 저 묘도猫島(전남 여수시 묘도동을 이루는 섬)로 가서 모든 장수들과 새로 약속하여 최후 결전하는 것이 좋겠소."

라고 말하자, 도독도 그대로 따랐다.

저녁 6시쯤 적선이 남해로부터 무수히 나와서 엄목포嚴木浦에 정박하였다. 또 노량으로 들어오는 것도 얼마인지 몰랐다. 이순신은 도독과 약속하고 그날 밤 10시쯤에 같이 떠나 새벽 2시쯤에 노량에 이르렀다. 적선 500여 척을 만나 아침이 되도록 크게 싸웠다.

이상이 「행록」의 기사이다. 임진왜란과 관련하여 각종 사료들이 가장 큰 편차를 보이는 것은 명량 해전에서의 왜선 숫자이다. 그것은 앞에서 기술한 바와 같다. 그 다음에 큰 편차를 보이는 것이 바로 노량 해전에서의 왜선 숫자이다. 위에서 보는 바와 같이 「행록」과 『선묘중흥지』宣廟中興誌에서는 왜선 수를 500여 척이라고 못박고 있다. 그렇지만 『선조실록』 선조 31년 11월 27일 도체찰사 이덕형의 장계에서는 적선이 '300여 척'이었다고 기록하고 있다.

이 달(11월) 19일 사천, 남해, 고성에서 적들이 탄 배 300여 척이 합세하여 노량도露梁島에 도착하자 통제사 이순신이 수군을 거느리고 곧 나가 맞받아 싸

웠습니다. 명나라 수군도 합세하여 나가 싸웠습니다. 왜적이 크게 패하여 물에 빠져 죽은 자가 이루 헤아릴 수 없이 많았는데 왜적의 배 200여 척이 깨지고 침몰되어 사상자는 수천여 명이나 되었습니다. 왜적의 시체와 깨어진 배의 널판, 무기, 의복이 바다를 덮고 떠돌아서 물이 흐르지 못할 지경이었고 바닷물이 온통 시뻘겋게 되었습니다.[209]

209 『선조실록』 권106, 선조 31년 11월 27일(무신).

48 아! 큰 별이 지다

是夕에 大星이 隕海中이어늘 軍中이 怪之하더라.

그 저녁에 큰 별이 바다 가운데 떨어지거늘, 군중이 괴이하게 여겼다.

舜臣이 與漢船으로 迎戰于露梁할새 自夜至朝數十合에 賊兵이 敗却이러니 忽有飛丸하여 中舜臣而殞하다.

이순신이 명나라 전선과 더불어 노량에서 적을 맞아 싸울 때, 밤부터 아침에 이르기까지 수십 차례를 겨룬 끝에, 적병이 패해 물러나는 순간 홀연히 날아온 탄환이 있어, 이순신이 이를 맞고 죽었다.

舜臣之姪莞이 有膽勇하여 卽抱尸入房하여 匿不發哭하고 擧旗督戰을 如故하니 舟中이 皆不知라.

이순신의 조카 완莞이 담력과 용기가 있어 곧 시신을 싸서 방에 넣고, 이순신의 사망 소식을 숨기고 울지 않았으며, 깃발을 들어 독전하기를 전과 같이 하니, 배 안 사람들이 모두 몰랐다.

都督이 爲倭船所圍일새 我軍이 救之라. 日午에 賊이

敗走하고 行長도 以其間出舟外洋하여 遁去라하니 陳이 遣人來勞하니 舟中이 已發喪矣라.

도독이 왜선에 포위되었을 때, 우리 수군이 구해 주었다. 정오에 적이 패하여 달아나고 행장도 그 사이 배를 먼 바다로 빼내서 달아났다 하니, 진린이 사람을 보내 와서 노고를 치하하고자 하였는데, 배 안은 이미 발상[210]한 뒤였다.

都督이 聞之하고 自仆于椅下하여 擊地大慟하고 兩陣이 皆哭에 聲殷海中이라.

도독이 소식을 듣고 의자 아래로 엎어져 땅을 치며 크게 비통해하였고, 양 진이 모두 슬피 울었는데, 그 소리가 바다를 덮었다.

上이 震悼하여 遣官弔祭하며 特贈議政府右議政하다.

임금이 놀라 애도하고 해당 관리를 보내 조문하였으며, 특별히 의정부 우의정에 추증하였다.

해설

「행록」에 의하면,

그 날 밤 자정에 이순신이 배 위로 올라가 손을 씻고 무릎을 꿇고 하늘에 빌었다.

"이 원수를 무찌른다면 지금 죽어도 유한이 없겠습니다."

210 초상난 것을 발표함.

그러자 문득 큰 별이 바다에 떨어졌다. 보는 이들이 이상히 여겼다.

19일 새벽에 이순신이 한창 독전하다가 문득 지나가는 탄환에 맞았다.

"싸움이 한창 급하다. 내가 죽었단 말을 내지 마라."

이순신이 말을 마치고, 세상을 떠났다.

이순신이 죽을 때에 맏아들 회薈와 조카 완莞이 활을 쥐고 곁에 섰다가, 울음을 참고

"이렇게 되다니! 기가 막히는구나!"

"그렇지만 지금 만일 곡성을 내었다가는 온 군중이 놀라고 적들이 또 기세를 얻을지도 모릅니다."

"그렇다. 그리고 또 시체를 보전해 돌아갈 수 없을지도 모른다."

"그렇습니다. 전쟁이 끝나기까지 참는 수밖에 없습니다."

라고 말하고, 곧 시체를 안고 방안으로 들어갔다. 그렇기 때문에 오직 이순신을 모시고 있던 종 김이金伊와 회와 완 등 세 사람만이 이순신의 죽음을 알았다. 이순신이 친하게 믿던 부하 송희립 등도 알지 못하였다.

그대로 기를 휘두르며 독전하기를 여전히 하였다.

유성룡이 쓴 『징비록』에도 이순신이 왜적의 탄환에 맞아 순국하던 당시 그의 임종을 조카 완이 지켰던 것으로 기술하고 있다.

이때 행장은 순천 예교芮橋에 성을 쌓고 굳게 지켰다. 유정이 대병大兵으로 진격하였으나 이기지 못하고 순천으로 돌아왔다가 다시 나가 치는데, 이순신은 명나라 장수 진린과 함께 해구를 끼고 닥쳐 오니, 행장은 사천에 있는 적장 심안돈오沈安頓吾에게 구원을 청하였다. 돈오頓吾가 수로로 와서 구원하거늘, 이순

신이 진격하여 크게 깨트려 적선 200여 척을 불사르고 적병을 무수히 죽였으며 적을 쫓아 남해 지경까지 이르렀다. 이순신이 친히 시석矢石을 무릅쓰고 힘써 싸우다가 날아오는 탄환이 그의 가슴을 뚫고 등으로 나가니, 좌우 사람들이 부축하여 장중으로 들어갔다. 이순신은 "지금 싸움이 급한 때니 내가 죽었단 말을 내지 말라." 하고, 말을 마치자 숨을 거두었다. 이순신의 조카 완[211]은 본래 담략이 있는 사람인데, 이순신의 죽음을 숨기고, 이순신의 명령이라 하여 싸움을 급히 독려하니, 군중은 그의 죽음을 알지 못하였다.

이순신의 최후 장면에는 이설이 분분하다. 그의 최후를 지킨 인물이 누구인지, 이순신을 대신하여 북채를 물려받아 전투를 독전한 이가 누구인지 하는 것 등이다.

『선조실록』 무술년(1598) 11월 27일 기사는 다음과 같다.

사신이 가로되… 이순신이 친히 스스로 왜놈을 쏘다가 적탄에 가슴을 맞아 배 위에 쓰러졌다. 그 아들이 곡하려 하므로, 군심이 어지러워질 것이라 하여 이문욱李文彧이 곁에 있다가 그 울음을 저지시키고 옷으로 공의 시체를 가린 뒤에 그대로 북을 울리며 나가 싸웠다. 장수들이 모두 이순신이 죽지 않은 줄 알고 기운을 돋우어 공격하였다. 적이 마침내 대패하고 말았다. 그리하여 사람마다 죽은 이순신이 산 왜적을 무찔렀다고 일컬었다.

211 자는 열보悅甫이다. 나이 20에 이순신을 따라 전쟁에 참가하여 공을 많이 세웠으며 노량 싸움에 이순신이 적탄에 맞아 쓰러지매 완이 그 유명대로 상喪을 발표하지 않고 전군을 지휘 독려하여 드디어 승첩을 얻었다. 선조 32년 기해에 무과에 합격하고 인조 초년에 수사水使가 되었으며 또 이괄李适을 토벌한 공로로써 가선대부嘉善大夫에 승진되고 의주 부윤義州府尹이 되었다. 인조 5년 정묘에 강홍립姜弘立이 청병을 이끌고 입구하매 이완이 힘껏 싸우다가 힘이 다 되어 드디어 화약고를 불사르고 아우 신藎과 함께 타죽었다. 뒤에 병조 판서를 증직하였다.

『선조실록』에서는 이순신의 최후를 목격한 인물은 아들인 회와 장수 이문욱이었고, 그 순간을 수습한 것은 이문욱으로 되어 있다. 그런데 여기서 이문욱이란 이름은 손문욱孫文彧의 오기이다. 무술년 12월 18일자 도원수 권율의 장계에

도원수 권율이 장계하였으되, 통제사 이순신이 죽은 뒤에 다행히 손문욱 등이 마침 지혜 있게 처리하여 죽음으로써 싸웠사온데 문욱이 친히 판옥선에 타고 있어 적세를 살펴보고 지휘 독전하였사옵니다.

라고 기록되어 있다. 그리고 12월 25일의 『선조실록』 기사에도

군공청軍功廳에서 장계하되, 도원수의 장계에 수군의 승첩한 공로는 보통 다른 전쟁과 같이 일률적으로 논상할 수는 없다 한 말에 의하여 대신들에게 의논하였던바, 모두들 원수가 말하는 내용을 보고 또 다른 소문을 참작해 보면 과연 보통 전쟁과는 다르옵니다. 손문욱으로 말하면 그 지휘 독전한 공로가 비록 당상 직위를 주어도 아까울 것이 없을 것 같고 또 우치적, 이섬, 우수, 유형, 이언량 등도 또한 계급을 올려야 할 것이라고들 하오나, 이들은 모두 다 정규적인 조건 이외의 일이오매 어떻게 하오리까. 상께서 전하되, "대신과 비변사 당상들이 각각 이 일을 헌의하나 여기서는 그 자세한 것을 알 수가 없고, 또 해전한 사람들이 특별히 이런 사람들만이 아닐 것이니, 원수에게 다시 물어서 처리하는 것이 좋을 것 같다." 하였다.

라고 기록되어 있다.

그런데 다른 한편 안방준安邦俊(1573-1654)의 『은봉전서』隱峰全書에 의하면, 이순신이 전사하던 그때 곁에서 북채를 대신 받아 친 사람은 군관 송희립宋希立이었다는 것이다. 그러므로 결국 세 가지 기록으로 나뉘어 있는 셈이다. 첫째는 『이충무공전서』의 모든 기록에, 충무공이 전사하던 그 순간에는 아무도 아는 이가 없었고, 다만 아들 회와 조카 완과 종 금이뿐이었다는 것, 둘째 『실록』에 적혀 있는 도원수의 장계 중에 손문욱이란 이가 아들의 울음을 제지해 가며 뒤처리를 하였다는 것, 셋째 안방준의 『은봉전서』에 나오는 송희립의 이야기이다. 그러나 역시 확인할 자료가 부족하므로 결국은 『이충무공전서』의 기록대로 좇아 두는 수밖에 없을 것이다.[212]

「행록」에는 노량 해전 말미의 광경을 다음과 같이 기록하고 있다.

적이 도독의 배를 에워싸서 거의 함몰을 당하게 되자, 여러 장수들이 이순신의 배에서 지휘 독전하는 것을 보고 서로 다투어 달려들어 포위 속에서 구원해 내었다.

전투가 끝난 뒤에 도독이 급히 배를 저어 가까이 와서

"통제사! 속히 나오시오. 속히 나오시오."

하고 외친다. 완이 뱃머리에 서서 울면서

"숙부님은 돌아가셨습니다."

하였다.

도독은 배 위에 넘어지기를 세 번. 큰 소리로 통곡하면서

"죽은 뒤에도 나를 구원해 주셨소!"

212 이은상, 『완역 이충무공전서』 하, 66쪽.

하고 다시금 가슴을 치며 한참이나 울었고, 도독의 군사들까지도 모두 다 고기를 내어 던지고 먹지를 않았다.

『징비록』에는 같은 장면이 다음과 같이 기록되어 있다.

(이순신이 죽고) 진린의 탄 배가 적에게 포위된 것을 보자, 이완은 군사를 지휘하여 구원하니 적이 흩어졌다. 진린은 이순신이 자기를 구원하였다고 사례하려 사람을 보내어 비로소 이순신의 죽음을 들었다. 진린은 의자에서 땅에 몸을 던지면서 "나는 통제사가 와서 나를 구원한 줄 생각하였는데, 어찌 죽었단 말인고." 하고 가슴을 치며 크게 통곡하였다. 일군一軍이 모두 통곡하여 곡성이 해중海中에 진동하였다.

명 수군은 '양전음화'陽戰陰和 정책에 따라 실제 일본군과의 싸움에 소극적인 자세로 일관하였다. 그렇지만 이순신은 끝내 진린 휘하의 명군을 전장으로 이끄는 탁월한 능력을 발휘하였다. 이순신에 의해 이끌려 나온 입장이었지만, 일단 전투가 시작되자 명군은 왜란 당시의 어떤 전투에 비해서도 적극적으로 전투에 임하였다. 그 상징적인 사례가 부총병 등자룡鄧子龍의 분전이었다. 이순신과 진린은 전투 도중 위기에 처한 상대방을 각각 한 번씩 구원해 준 바 있거니와 조선 수군과 명 수군은 적절히 협력하면서 왜란 당시 거의 유일무이한 연합 작전의 선례를 남기게 되었다.[213]

213 한명기, 「정유재란기 명 수군의 참전과 조명연합작전」, 『임진왜란과 이순신 장군의 전략전술』, 1998, 112-113쪽.

이순신의 전사와 더불어 왜란도 끝이 나자, 당시의 상황을 조사하였던 좌의정 이덕형은 원균을 두둔한 선조의 입장에도 불구하고 이순신을 표창해야 한다고 분명하게 주장하였다. 한편, 당시 사관史官의 이순신에 대한 평가는 어떠하였는지 살펴보자.

이순신은 충성스럽고 용맹한 사람이었으며, 더욱이 재능과 지략이 뛰어났다. 군기가 엄하면서도 사졸들을 사랑하였기 때문에 모든 사람이 기꺼이 그를 따랐다. 이전의 통제사 원균은 탐욕스럽고 잔혹함이 지나쳐 군내의 인심을 크게 잃었기 때문에 사람들의 마음이 이반되었다. 이로 말미암아 정유년 한산도에서 크게 패배하였다. 원균이 죽은 후, 이순신이 다시 통제사에 임명되었다. 이순신이 처음에 한산도에 본영을 잡았을 때, 사졸들을 모으고 병기를 장만함과 아울러 널리 둔전을 설치하고 소금과 생선을 팔아 군량을 넉넉하게 하니, 수개월 만에 그의 군의 위세가 크게 떨쳐 마치 산에 호랑이가 버티고 있는 형세처럼 되었다.(중략)

왜적이 마침내 대패하니, 사람들은 죽은 이순신이 살아 있는 왜적을 격파하였다고 하였다. 그의 죽음이 알려지자 호남 지방의 사람들이 모두 통곡치 않는 자가 없었으니, 비록 늙은 노파에서 어린 아이들에 이르기까지 슬퍼하여 마지 않았다. 그의 높은 충성심과 나라를 위하는 마음과 자기 몸을 잊고 의를 위하여 목숨을 버리는 그의 생애는 비록 옛날의 어진 장수라 하여도 이보다 더할 수는 없다. 아깝다. 우리나라의 사람을 잘못 씀이여. 이순신으로 하여금 그 재주를 마음껏 발휘하지 못하게 하였도다. 만약 이순신을 정유년 간에 통제사에서 해임하지 않았다고 한다면, 어찌 한산도에서 패전하였을 것이며, 또 어찌 양호兩湖가 적의 소굴이 되었겠는가. 아, 애석하다.[214]

그러나 왜란이 끝난 지 이미 반 년 가까이 지나 해를 넘겼는데도 선조는 이순신의 전공을 선뜻 인정하지 않았다. 이순신의 전공을 인정하면, 원균을 삼도 수군통제사에 발탁한 데 대한 인책론이 고개를 들 수밖에 없었기 때문이었다. 선조는 이를 차단하기 위하여 적극적으로 원균을 옹호하고 나섰다.

원균이 패전한 후 모든 사람들이 그를 비방하고 있지만, 원균은 용맹과 지략이 있는 사람이라고 생각한다. (중략) 한산도에서 패전한 후로는 다투어 모든 잘못을 그에게 돌리고 있다. 이는 그만의 잘못이 아니다. 조정에서 그로 하여금 진격하도록 재촉하였기 때문이다. 그가 보낸 장계를 보면 안골포의 적세로 보아 속히 진격할 형세가 아니라, 육군이 먼저 적을 쫓은 후에야 나아갈 수 있었다. 그러나 도원수가 속히 진격케 하며 곤장을 치니, 반드시 패전할 것을 알면서도 부득이 쳐들어간 것뿐이니, 이것이 과연 원균만의 잘못이라 할 수 있겠는가?[215]

그러나 이러한 선조의 변명은 공평하지 못한 것이었다. 이미 이순신이 통제사에서 해임되기 훨씬 전부터 적극 공세를 취하지 못하는 까닭 중의 하나로 이 문제를 거론하였지만, 선조를 위시한 원균의 옹호자들은 이를 중요하게 검토하지 않았다. 뿐만 아니라, 오히려 이순신이 왜적을 잡기 싫어서 수를 쓰는 것이라고 몰아부쳤다. 이때 원균은 자기가 통제사가 되면 일거에 왜적을 섬멸할 적극적 공

214 『선조실록』 권107, 선조 31년 11월 27일.
215 『선조실록』 권133, 선조 34년 1월 17일.

세를 취하겠다고 주장하였다. 이러한 주장에 선조는 기꺼이 동조하였던 것이다. 결국 선조는 자신의 곤란한 입장을 모면하기 위하여 원균을 옹호하지 않을 수 없었음을 보여 준다. 또한 그는 "원균의 후원자에는 고관 대작도 많다."는 점을 내세워, 국왕이 원균을 두둔하였던 이유가 당시의 정국과 긴밀하게 연결되어 있음을 강조하였다.

원균이 도원수에게 곤장을 맞아 하기 싫은 전투에 억지로 나아갔다는 변명도 원균을 더욱 초라하게 만드는 것이다. 『손자병법』을 보라. 장수는 적의 동태를 면밀히 살피고 이긴다는 확신이 있을 때 병사를 움직이는 것이다. 전투의 결정은 오직 장수의 판단 문제이다. 이순신은 이러한 병법의 원칙에 투철함으로써 자신의 전술을 고집하다가 역모로 몰려 고문까지 당하였다. 결과적으로 선조는 더이상 원균의 한산도 패전의 책임을 두둔하는 것이 어렵게 되자, 임진왜란 초기의 일을 들어 원균을 옹호하였다. 당시 전라 좌수사였던 이순신은 임진왜란 초기에 경상도 수역으로 진격하기를 꺼려하였는데, 원균이 적극적으로 강권하다시피 하여 겨우 출전하였다는 것이다. 그러므로 임진왜란 당시 이순신이 거느린 수군의 승리는 원균 때문에 얻을 수가 있었다는 것이다.[216]

그러나 이 또한 선조의 억지에 불과하였다. 우선 관할 구역 밖으로 진격함에 있어서 신중을 기해야 하는 것이 군율이다. 그래서 개전 초에 전라 좌도를 담당한 이순신의 막료들이 이순신이 경상도 해역으로 출격하는 것을 말린 것이다. 그럼에도 불구하고 이순신은 오히려 관할 지역 고수론을 주장하는 부하 장수들을 윽박지르면서까

216 『선조실록』 권163, 선조 36년 6월 26일.

지 경상도 해역으로 출동할 것을 지시하였다. 더욱이 왜군이 처음 쳐들어왔을 때 경상 우수사였던 원균은 단 한 차례의 싸움도 하지 않고 도망치고 말았다. 그러므로 선조의 주장은 전혀 고려할 가치도 없는 것이었다. 다만 이렇게 국왕이 앞장서서 우겨대는 바람에 왜란이 끝난 지 무려 6년이 지난 선조 37년(1604) 10월에 결국 원균을 이순신, 권율과 함께 선무宣武 1등 공신에 올려놓게 되었다.[217]

공이 큰 이순신을 깎아 내리고, 패전의 책임이 큰 원균을 전쟁의 영웅으로 내세우려는 어처구니 없는 의도 때문에 이처럼 오랜 시일이 걸린 것이다. 선무공신 1등에까지 오르게 되었다는 것을 내세워 원균이 큰 전공을 세운 인물인 것처럼 옹호하려는 견해가 얼마나 잘못된 것인가를 알 수 있다.[218]

217 『선조실록』 권180, 선조 37년 10월 29일.

218 鄭杜熙, 『朝鮮時代 人物의 再發見』, 一潮閣, 1997, 81-84쪽.

49 추모의 행렬

柩返牙山舊居할새 一路士民이 號泣設祭하여 千里不絕하며 部曲이 請于朝하여 立祠水營에 賜額忠愍하다.

이순신의 관이 아산 옛집에 돌아올 때, 길가의 모든 사람들이 소리 내어 울며 제사를 지내니 그 인파가 천 리를 이었고, 마을 사람들이 조정에 청원하여 수영(여수)에 사당을 세우고 '충민'이라는 액자를 내렸다.

巨濟兵民도 亦建祠하여 以時禱祀하며 湖南人은 立碑于東嶺하여 以紀戰功하다.

거제 병사와 백성도 역시 사당을 세워 때마다 제사하며, 호남인은 동령東嶺[219]에 비석을 세워 전공을 기렸다.

亂定에 錄壬辰勳하여 加贈左議政하고 賜效忠仗義迪毅協力宣武功臣하고 封德豊府院君하고 賜諡忠武

219 삼도 수군통제영이 있던 여수의 동령을 말함. 이곳에 이순신의 공적을 기리는 비석이 세워져 있다.

하니라.

전란이 끝난 후에 임진공훈록에 기록하고, 좌의정을 더하여 내리고, '효충장의적의협력선무공신'을 내리고, 덕풍부원군에 봉하고, '충무'라는 시호를 내렸다.

해설

이순신의 장례와 관련하여 『선조수정실록』에

그의 운구 행렬이 이르는 곳마다 백성들이 모두 제사지내고, 수레를 붙잡고 울어 수레가 앞으로 나아갈 수 없었다.[220]

고 기록되어 있다.

이순신이 죽자, 비변사에서는 즉시 이순신의 사당을 세울 것을 요청하였다.[221] 그러나 그후 아무런 진척을 보지 못하다가, 선조 33년(1600) 정월 16일에 당시의 좌의정 이항복이 왕명을 받들어 남방을 시찰하러 여수(전라 좌수영)에 도착하였던 것이 충민사忠愍祠를 세우게 된 경위이다. 이항복의 동향 보고로 이듬해인 선조 34년(1601)에 사당 건립 사업이 전격적으로 추진되었다.

통제사 이시언李時言이 실지로 그 일을 맡고, 충청 수군절도사

220 『선조수정실록』 권32, 선조 31년 11월 1일. 그런데 이순신이 사망한 날짜는 11월 19일이었으니, 해당 기사가 『선조수정실록』의 11월 1일자에 기재되어 있는 것은 사후 실록 편찬 과정의 오류라고 할 수 있다.

221 『선조실록』 권107, 선조 31년 12월 1일.

오응태吳應台와 전라 우도 수군절도사 김응추金應秋, 목포 만호 전희광田希光, 금갑도 만호 송희립宋希立, 발포 만호 소계남蘇季男, 가리포 첨사 변홍달卞弘達, 전라도 병마절도사 안위安衛 등이 주축이 되었다. 또 평소에 이순신의 아래에 있던 모든 장교 관리들이 모두 다 진력하여 즐거이 공사터로 나오고, 모든 기술자들도 여러 재주를 기울여 일제히 공사함으로써 금방 사당을 준공할 수 있었다. 이에 이항복이 사당에 액자 내려 주기를 청하여 '충민'이라 사액하였다.[222]

이순신의 사후 일들이 「행록」에 다음과 같이 기록되어 있다.

영구는 고금도에서 떠나 아산으로 돌아왔다. 연로의 백성들은 남녀노소 없이 통곡하며 뒤를 따랐다. 선비들은 제물을 차리고 제문을 지어 곡하였다. 친척의 죽음을 슬퍼하듯 하였다.

도독과 여러 장수들도 모두 만장을 지어 슬퍼하였다. 마지막 군사들을 철수하여 돌아갈 때 도독이 신창현新昌縣[223]에 들어서면서 제사지내려 오는 뜻을 미리 알렸다.

그러나 마침 형 군문邢軍門[224]의 차관差官이 서울로 속히 올라가자고 재촉하므로 도독이 다만 백금 수백 냥을 보냈다. 아산현에 이르러서는 이순신의 아들들을 만나 보았다.

회薈가 나가 길에서 도독을 만나 말에서 내렸다. 도독도 말에서 내려 손을 맞잡고 통곡하며 울었다.

222 李恒福, 「忠愍祠記」.
223 아산 서남부 지역으로 서해 쪽에서 아산으로 들어오는 길목이다.
224 형개邢玠를 이름. 정유재란시 명나라에서 새로 파견된 군문총독軍門總督.

"그대는 지금 무슨 벼슬인고?"

회가

"선친의 장례도 미처 치르지 않았기 때문에 아직 벼슬할 때가 아닙니다."

라고 하였다. 도독이

"중국에서는 비록 초상 중에 있어도 공로와 상을 내리는 법전은 폐하지 않는데, 그대 나라에서는 무척 더디다. 내가 상감께 말씀 올리겠다."

고 하였다. 임금도 예관禮官을 보내어 제사하고, 의정부 우의정을 증직하였다.

그 이듬해 기해(1599, 서거 1년 뒤) 2월 11일에 아산 금성산錦城山 밑 유방酉方[225]에 자리잡은 언덕 위에 장사지냈다. 덕연군德淵君을 모신 선영에서는 서쪽으로 1리쯤 되는 곳이었다.

그 뒤 16년 되는 갑인년(1614, 광해군 6)에 어라산於羅山 임방壬方[226]에 자리잡은 언덕 위에 옮겨 모셨다. 덕연군 선영에서는 북쪽으로 1리이다.

이순신의 부하들이 이순신을 위하여 사당을 세우기를 청하였다. 조정에서는 그것을 그대로 좇아 좌수영 북쪽에 사당을 세우고 '충민'忠愍이란 액자를 써서 내렸다. 봄 가을로 두 번 제사지내며, 이억기를 함께 제사하였다. 호남에 있는 군사와 백성들은 이순신을 추모하여 서로 다투어 재물을 바쳐 사사로이 비석을 만들고 관찰사에게 글을 새기도록 청하였다. 관찰사가 진안 현감鎭安縣監 심인조沈仁祚를 보내어 '이장군수루비'李將軍隨淚碑라 써서 동령東嶺 마루 위에 세우게 하였다. 거기는 좌수영으로 내왕하는 길목이었다.

호남에 사는 중들이 이순신을 위하여 재齋를 올리는데 절마다 안 올리는 곳이 없었다. 그 중에 자운慈雲이란 자는 이순신의 진중에 따라다니기도 하고,

---

225 자子는 북쪽, 묘卯는 동쪽, 오午는 남쪽, 유酉는 서쪽에 해당한다. 유좌酉坐라는 것은 서쪽에 자리잡은 것을 말한다.

226 서북쪽에 자리잡고 앉아 동남쪽을 향하는 방위.

또 늘 승군 대장으로 많은 공을 세운 이였다. 그는 이순신이 서거한 뒤에 정미 600석으로 노량에다 큰 수륙재水陸齋[227]를 열고 또 음식을 성대히 차려 충민사忠愍祠에 제사까지 지냈다.

그리고 옥형玉泂이란 이도 역시 중으로서 이순신을 위하여 군량을 대어 자못 신임을 받던 이였다. 이때 와서 스스로 아무런 보답도 드린 것이 없다고 생각한 나머지, 이리로 와서 충민사를 지키며 날마다 쓸고 닦고 죽기까지 떠나지 않았다.

전북 함열咸悅 사람 박기서朴起瑞는 그 양친이 모두 적에게 죽었지만, 자기는 절름발이라 종군하여 복수하지 못한 것을 한으로 여겼다. 이순신이 여러 번 승첩하였다는 소문을 듣고 마음으로 늘 받들고 있었다. 이순신이 세상을 떠났다는 소식을 듣고는 복을 입고 3년상을 치르며 소상小祥 때나 대상大祥 때나 모두 와서 제사지냈다. 그리고 영남 해변 백성들도 개인적으로 착량鑿梁(경남 통영군)에다 초가로 사당을 짓고 어디로 출입할 적마다 반드시 제사지냈다. 착량은 한산도에서 가까운 곳이다.

이운룡李雲龍이 통제사가 되자 민심을 따라서 거제에다 크게 사당을 지었다. 무릇 전선이 떠날 때마다 반드시 가서 아뢰었다.

갑진년(1604, 선조 37, 서거 6년 후) 10월에 임진란 때의 공로를 논평하여 상을 내리게 되었을 때, 이순신으로써 으뜸을 삼았다.

효충장의效忠仗義 적의협력迪毅協力 선무공신宣武功臣 대광보국大匡輔國 숭록대부崇祿大夫 의정부議政府 좌의정左議政 겸영경연사兼領經筵事 덕풍부원군德豐府

227 죽은 이의 영혼을 위한 제사다. 불교에서 행하는 시아귀회施餓鬼會 중의 한 가지로서 물과 들에 음식을 흩여서 괴로운 여러 귀신들을 공양하는 법회다. 본시 신선은 음식을 흐르는 물에서 구하고 귀신은 음식을 정지淨池에서 구한다는 뜻에서 취한 것인데 양무제梁武帝(502-549) 때에 처음으로 금산사金山寺에서 이 재齋를 열기 시작했다. 수륙회水陸會, 비제회悲濟會라고도 한다.

院君을 추증하고 돌아간 부모 이상에게도 은전[228]을 입히며 정려旌閭[229]를 세워 표창하였다. 인조 21년 계미년(1643)에 시호를 충무忠武라 하였다.

이순신이 서거한 뒤, 통제사 이순신을 제사하는 명 수군 도독 진린과 영의정 오윤겸, 여양부원군 민유중을 포함한 조선을 대표하는 명사들의 추모하는 글이 줄을 이었다. 영의정 이항복의 「전라좌수영대첩비」를 필두로 하는 조선 명유들의 비문과 사당 기문記文, 시문, 그리고 영조 · 정조로부터 순조 · 고종에 이르기까지 이순신을 추도하는 국왕들의 제문 등 이순신과 관련된 많은 글들이 씌어졌다.

이순신은 절체절명의 위기에 빠진 조선을 구해 내는 큰 공을 세우고도 죽은 지 6년 만에야 공신에 책봉되는 수모를 당하였다. 그것은 많은 사람들의 반대에도 불구하고, 공이 없는 원균을 1등 공신으로 만들려는 국왕 선조의 부당한 아집 때문이었다. 그리고 만일 임진란에 참여한 명나라 장수들의 요청과 압박이 없었다면, 그나마 이순신을 기리는 사당의 건립도 선조대에 제대로 수행되지 못하였을 것이다. 이순신이 세운 위대한 공적은 오히려 선조대 이후에 들어서서야 제대로 평가를 받기 시작하였다. 이순신이 서거한 지 194년만인 1792년(정조 16) 이순신을 추모하던 개혁 군주 정조가 비로소 이순신의 글을 모아 『이충무공전서』李忠武公全書를 발간하게 하였다.

228 시종侍從이나, 수사水使, 병사兵使 등의 아버지로서 70 이상된 노인에게 가자加資를 내리는 것을 말함.
229 충신, 효자, 열녀 등을 위하여 그 마을 앞에 정문을 세우고 표창하는 것.

50 이순신, 그 위대한 이름이여

舜臣이 居家에 有篤行하여 操守貞介하고 其治軍은 簡而有法하여 不妄殺一人하다.

이순신이 집에 있을 때에는, 독실하게 행동하여 조심하고 지키며 곧고 굳음이 있고, 군사를 다스림에는 간략하면서도 법도가 있어, 한 사람이라도 망령되이 죽이지 않았다.

而三軍이 壹志하여 莫敢違令하며 臨陳對敵에 意思從容하여 見可而進하고 知難而退라.

그리하여 삼군이 뜻을 하나로 하여 감히 명령을 어기지 않았으며, 진에 임해 적을 상대할 적에는 뜻과 생각을 침착하게 하여, 기회를 보면 나아가고 어려울 것 같으면 물러났다.

故로 身死陳中하되 紀律이 猶自若하여 卒以取勝하며 其在陳에 遠斥候하고 嚴警衛하여 賊來에 必先知之하니 士卒이 服其神明이러라.

그러므로 몸은 진중에서 죽었으되, 기율이 오히려 저절로 그러한 듯 하여 병졸들이 승리를 거두었으며, 그가 진에 있을 때에는 멀리까지 척후를 하고 경비를 엄히 하여 적이 옴에 반드시 먼저 그것을 아니, 사졸이 그 신명스러움에 복종하였다.

每夜休士에 必自理箭羽하고 常以空拳으로 與射士하여 必待賊船逼前然後에 散箭與之하며

매일 밤 사졸들을 쉬게 할 적에도 반드시 혼자서 화살의 깃털을 다듬었고, 항상 빈 쇠뇌를 사수들에게 주어 반드시 적선이 가까이 올 때까지 기다린 연후에야 화살을 나누어 주었으며

又自操弓齊射하니 將士ㅣ 扶掖諫止曰 何不爲國自愛오 하면

또 몸소 활을 잡고 함께 쏘니 장병들이 옆에서 붙잡고 말리면서 말하기를, "어찌 나라를 위해 스스로를 아끼지 않으십니까?" 하면

舜臣이 指天曰 我命이 在彼하니 豈可令汝輩로 獨當賊乎아 하더라.

이순신이 하늘을 가리켜 말하길, "내 목숨이 저기 있으니, 어찌 너희들만 홀로 적을 감당하게 할 수 있겠는가?" 하더라.

當時論者ㅣ 以爲 立身之節과 死亂之忠과 行師用兵之妙는 不但爲中興元功이라 雖古之名將이라도 無以過也라 하고

당시에 논평하는 자들이 생각하길 "몸을 세우는 절도와 전란에 목숨을 바치는 충성과 군사를 운용하는 신묘함은 다만 중흥의 으뜸가는 공일 뿐만 아니라, 비록 옛날의 이름난 명장이라도 이보다 나을 수는 없다." 하였는데

姪莞이 後爲義州府尹에 遇金兵猝至하여 拒戰而死하니 人謂 有乃叔之風이라 하더라.

조카 완이 나중에 의주 부윤이 되어 금나라[230] 병사의 갑작스런 침입을 만나 맞서 싸우다 죽으니, 사람들이 말하길 "숙부(이순신-역자)의 기풍이 있다."고 하였다.

해설

이순신의 사후 그에게 쏟아진 찬사는 이루 다 옮길 수 없을 만큼 많다. 그만큼 이순신이 우리 민족사에 끼친 공훈은 필설로써 형용할 수 있는 것이 아니다. 이제 결론에 대신하여 이순신의 인물됨과 역사적 위상에 관한 대표적인 평을 소개하고자 한다.

먼저 이순신이 서거한 직후 그의 인품을 논한 무술년(1598) 12월 6일 좌의정 이덕형의 장계.

이순신의 위인은 신이 일찍 얼굴을 만나본 적이 없고, 또 편지 한 번 통해본 일도 없어 그가 어떤 인물인지 알지 못하였사옵니다. 다만 전일에 원균이 늘 그의 처사가 옳지 못하다고만 이야기하기에 혼자 생각하되, 그가 재주는 있기는 하나 순진하고 용감한 것은 남보다 못한가보다 하고 여겼더니, 이제 신이 경

230 금나라는 여진족이 세운 나라이니, 여기서 금나라는 곧 후금을 말한다. 이완은 1627년 후금의 침략으로 정묘호란이 일어나자, 싸우다 전사하였다.

상도로 들어와 해변에 사는 이들이 모두 입을 맞대고 그를 칭찬하며 숭배하여 마지못함을 듣고, 또 그가 4월에 고금도로 처음 들어가서 온갖 것을 시설하고 배치하는 것이 사리에 적합하여 겨우 서너 달 지나는 동안에 민간과 군량이 지난날 한산도에 있던 것보다 더 많았더라는 말을 듣고서는, 비로소 그의 재주가 보통 사람을 지나는 바 있음을 알았사옵니다.

더욱이 유劉 제독이 싸움에 뜻이 없어 신이 자주 사람을 수군으로 보내어 이순신에게 명령하여 정세에 따라 적당히 하도록 하였는데, 그가 정성을 다하여 나라에 몸을 바치고 죽음으로써 맹세하며 경륜과 계획을 세우는 것이 모두가 볼 만하기로, 신은 혼자 생각에 우리나라 수군에 대한 일은 대장으로 적합한 이를 얻었으니 실로 걱정이 없다고 하였사옵니다. 그랬더니 불행히도 적의 칼부리 앞에 지레 죽어 버리매, 앞날엔 책임지워 배치하기에 이런 사람을 얻기란 어려울 것이라 참으로 아깝고 통분하옵니다. 마지막 승첩을 이루던 날에 군량 운반하는 인부들도 이순신이 죽었단 말을 듣고는 비록 아무것도 모르는 늙은이나 어린이들까지도 많이 나와 울며 서로 위로하는 것이었으니, 백성들에게 이와 같은 동정을 얻는 일이 어찌 우연한 일이겠사옵니까? 또한 군량 등 모든 일을 조치하고 처리하는 일이란 그 범위가 심히 큰 것인데 하루 아침에 주관하는 이가 없어지매 반드시 쓸린 듯이 흩어져 버리게 될 것이옵니다. 특명으로 새 통제사를 내셔서 이것을 정성껏 정리하고 장병들을 어루만져 모든 것이 없어지고 흩어지지 않도록 해야 할 것입니다.

그리고 또 이순신이 나라를 위하여 직책에 죽은 일이야말로 옛날의 명장에게 비겨 부끄러움이 없사온즉, 표창하는 일을 조정으로부터 특별히 시행하시기를 바라옵니다.[231]

---

231 『선조실록』 권107, 선조 31년 12월 7일.

김육은 『해동명신록』의 말미에서 이순신의 인품에 관해서 다음과 같이 기록하고 있다.

공이 항상 말하기를, "장부가 세상에 태어나 쓰여지면 목숨을 바치고, 쓰여지지 않으면 들에서 밭을 가는 것으로 족하다. 만약 권귀에게 아첨하여 일시의 영예를 훔친다면 내가 매우 부끄러워 하리라."고 하였다. 대장이 되어서도 이 도를 가지고 변하지 않았다. 사람에게 형벌이나 상을 줄 때에도 한결같이 귀인인지의 여부나 친소 관계를 고려하지 않았고, 그 사안의 경중만을 따졌으므로 모든 부하들이 두려워하면서도 그를 사랑하였다. 왜교倭橋의 싸움에서 공의 처형(손윗 동서)인 황세득이 전사하였다. 제장들이 조문하니 공이 말하기를 "세득은 왕사王事(국가의 일)로 죽은 것이니 그 영광을 슬퍼하지 말라." 하였다.

공이 군영에 있은 7년 동안 심신이 고달프고 피곤한데도 일찍이 여색을 가까이 하지 않았다. 싸움에 이겨 상을 타면 제장들에게 나누어 주고 숨겨 남겨둔 것이 없었다. 일찍이 원균과 더불어 오랫동안 사이가 좋지 못하였는데, 자제들에게 경계하여 말하기를 "만약 그에 대해 묻는 사람이 있으면, 너희들은 마땅히 그가 공이 있다고 말하고, 단점은 말하지 말라."고 하였다. 두 형이 먼저 죽었으므로 공이 그 남겨진 아이들을 보살폈는데, 마치 자기가 낳은 것처럼 하였다. 무릇 집안에 물건이 있으면 반드시 먼저 조카를 배려하고 자식은 나중에 하였다. 그대들은 여기에서 공의 행동거지를 알 것이며, 또 가정에 돈독하였음을 알 것이다.

일본의 해군 대좌 사토 데츠타로[佐藤鐵太郎]는 일본 해군대학의 강의에서 이순신 장군에 대해서 다음과 같이 평가하였다.

예부터 장군으로서 기정분합奇正分合의 묘법을 다한 자는 한둘에 그치지 않는다. 나폴레옹이 "전全으로써 그 분分을 쳤다."라고 하는 것도 이 뜻에 틀림없다. 그런데 해군 장군으로서 이를 살피면 먼저 동양에 있어서는 한국의 장군 이순신, 서양에서는 영국의 장군 넬슨을 들지 않으면 안 된다. 이순신은 실로 세상을 뒤덮을 만한 해장海將이다. 불행히도 생을 조선에 태어났기 때문에 용명勇名도 지명智名도 서양에 전하지 않고 있지만, 불완전하지만 임진왜란에 관한 문헌을 보면 실로 훌륭한 해군 장군이다. 서양에 있어서 이에 필적할 자를 구하면 확실히 네덜란드의 장군 로이테르Michiel Ruyter(1607-1678) 이상이라 하지 않으면 안 된다. 넬슨과 같은 사람은 그 인격에 있어서 도저히 어깨를 견줄 수 없다.[232]

또 한때 세계 해양의 왕자로 군림하던 영국의 해군 준장 발라드G. A. Ballard는 다음과 같이 이순신을 찬양하였다.

이순신 제독은 서양 사학자들에게는 잘 알려져 있지 않다. 그러나 그의 업적은 그로 하여금 넉넉히 위대한 해군 사령관 중에서도 뛰어난 위치를 차지하게 하였다. 이순신은 전략적 상황을 널리 파악하고 해군 전술의 비상한 기술을 가지고 전쟁의 유일한 참 정신인 불굴의 공격 원칙에 의하여 항상 고무된 통솔 정신을 겸비하고 있었다. 어떠한 전투에서도 그가 참가하기만 하면 승리는 항상 결정된 것과 같았다. 그러나 그의 물불을 가리지 않는 맹렬한 공격은 절대로 맹목적인 모험은 아니었다. 그는 전투가 벌어지면 강타하기를 주저하지 않았으나 승리를 확보하기 위하여 신중을 기하는 점에 있어서는 넬슨Nelson과 공통된

232 佐藤鐵太郎, 『帝國國防史論』, 水交社, 1908.

점이 있었다. …영국인으로서는 넬슨과 어깨를 견줄 수 있는 해군 제독이 있다는 것을 시인하기란 항상 어려운 일이다. 그러나 만일 그렇게 인정될 만한 인물이 있다면, 그는 한 번도 패배한 적이 없고 전투 중에 전사한 이 위대한 동양의 해군 사령관이라는 것은 틀림없는 일이다.[233]

[233] G. A. Ballard, *The Influence of the sea on the political history of Japan*, New York, 1921.

51 역저자의 단상; 이순신의 죽음을 헛되이 하지 말라

마지막으로 하고 싶은 이야기는 이순신 서거의 의미와 현재의 우리 모습에 관한 성찰이다. 이순신 서거 당시부터 전해지던 이순신의 자살설은 이순신의 죽음에 관한 논란거리를 제공하고 있다. 1598년 11월 19일 도요토미 히데요시[豊臣秀吉]가 죽었다는 소식에 이미 전의를 상실하고 오직 퇴각의 길만을 찾던 적선을 이순신은 왜 굳이 막아선 것인가? 실제로 이 당시의 상황은 왜군이 도요토미 히데요시의 사망 소식을 듣고 전의를 상실한 채 퇴각을 목표로 한 때였다. 그래서 다량의 무기를 갖다 바치면서 항복의 뜻을 표하고 퇴로를 구걸하던 고니시 유키나가[小西行長]의 제안을 이순신이 용인해 주었다면, 노량 해전은 처음부터 성립되지 않았을 것이다. 그러나 이순신은 퇴로를 구걸하러 온 고니시 유키나가의 전령에게 단호한 응징의 뜻을 표명하였다. 이로 인해서, 남해에 흩어져 있던 왜선들이 결집하여 총공격을 감행하도록 원인을 제공한 측면이 강하다.

이순신이 결사 항전의 의지를 나타낸 것은 나라의 원수이자, 아들의 원수인 왜적에 대한 사무친 원한의 표출로 볼 수도 있다. 그렇지만 어떤 순간에도 항상 병법의 원칙에 의거하여 신중한 작전을 전개하던 이순신이었다. "퇴각하는 적은 쫓지 않는다."는 것은 이순신이 전공한 『손자병법』의 기본 원칙이었다.

> 귀국하는 군대를 막지 말고(歸師勿遏)
>
> 적군을 포위할 때는 반드시 도망갈 길을 열어 주고(圍師必闕)
>
> 궁지에 몰린 적을 끝까지 몰아붙이지 말아야 한다.(窮寇勿迫)
>
> 이것이 군대를 운용하는 방법이다.(此用兵之法也)

병학의 대가 이순신이 이런 원칙을 몰랐을 리 없다. 그러나 이순신은 마지막 전투에서만큼은 병법의 가르침을 의도적으로 따르지 않았다.

따라서 이순신이 죽자, 그가 일부러 죽음을 택한 것이라는 '자살설'이 끊임없이 제기되었다. 이순신의 자살설을 방증하는 사료들은 제법 많다. 우선 이순신의 휘하 막료였던 유형柳珩이 쓴 행장을 보자.

> 통제사統制使 이 공李公이 일찍이 마음 속을 토로하면서 이르기를 "예로부터 대장이 만일 조금이라도 공로를 받을 생각을 갖는다면 대개는 몸을 보전하지 못하고, 적이 물러가는 그날에 죽는다면 아무 유감도 없을 것이다."

라고 하였다는 것이다. 이 말은 보통 장수가 전장에 임하는 결연한 의지를 나타낸 말 정도로 받아들일 수 있을 것이다. 하지만 유형은 이순신이 생전에 이렇게 말한 이유는 "대개 원균이 바야흐로 공로를 시샘하고 또 조정에서도 물고 헐뜯는 자가 많았기 때문"이라는 설명을 닮으로써, 이순신이 평소에 모종의 결심을 하고 있었던 것 같은 뉘앙스를 전한다.

특히, 당시 민초들의 정서를 대변하는 문학 작품들도 이순신의 자살설을 주장하는 것들이 많다. 국립도서관 소장 『임진록』壬辰錄(한문본)에는 '고중유환'故中流丸이라는 표현을 써서, 이순신이 노량 해전에서 자살한 것으로 묘사하고 있다. 그 내용에 따르면, "장차 왜적이 패퇴하고 시절이 평정되더라도 또 몇 사람의 원균이 나타나 자기를 모함할지 모르니, 그럴 바엔 차라리 싸움터에서 용감하게 죽는 길을 택하겠다고 생각한 이순신이 갑주甲冑를 벗고 뱃머리에 나서 크게 소리치며 독전하다가 고의로 적이 쏜 유탄에 맞았다."는 것이다.

또 『흑룡일기』黑龍日記에서도 이순신의 죽음이 동서 당쟁의 와중에서 희생된 것으로 처리되고 있다.

> 서쪽(동쪽의 오기-역자) 당뉴난 이순신을 주장하고 동쪽(서쪽의 오기-역자) 당뉴난 원균을 주장하매 이순신은 원래 류셩룡의 천거로셔 조정이 또한 셩룡의 당뉴를 자조 의심하매 이순신을 나래하여(붙잡아서-역자) 국문하신 닐이 잇슨 후에 다시 셔용되여 셩공하고 감아니 생각하되 내가 난시를 당하여 다행이 대공을 세웟스니 일후에 당논이 근치지 아니하면 나는 반다시 고종명(제명대로 죽음-역자)을 못하리라 하고 한산도(노량의 오기-역자)에셔 짐짓 탄환을 마져 죽으니 그도 또한 장한 닐임으로 시호를 충무공이라 하니라.[234]

[234] 金根洙 편, 『小說資料集成』 所收 『黑龍日記』.

박종화朴鍾和의 『임진왜란』壬辰倭亂에도 이순신의 죽음이 역시 '자살'로 처리되어 있다.

순간 배 안으로 쓰러지는 장군의 눈에는 객사에 돌아간 어머니와 적과 싸워 죽은 아들 면의 얼굴이 환하게 떠오른다. 부귀여부운富貴如浮雲(부귀는 뜬 구름과 같다-역자)이란 글이 번듯이 달려들었다. 아들 회와 조카 완이 아버지를 부르며 달려들었다. "방패로 내 몸을 가리어라. 아직 내가 죽었다고 발상을 하지 말라." 장군은 최후의 한 마디를 남긴 채 숨을 거두었다. 장군은 적의 탄환을 일부러 맞아 자결한 것이다.[235]

이와 같이 많은 문학 작품들은 이순신의 죽음을 "앞으로 살아서 지저분하게 당파싸움의 제물로 비참하게 죽기보다 적을 섬멸하다 죽는 것이 얼마나 영광스런 지천명知天命의 길인가를 생각한 것"으로[236] 결론지은 것이 많다.

그런데 이순신의 '자살설'은 문학 작품 속에서만 보여지는 것이 아니다. 이순신의 죽음 이후 당대의 지식인들은 이순신이 당쟁의 화를 피해 죽음을 택한 것이라는 사실을 여러 기록으로 남겨 놓고 있다.

대제학과 이조·호조의 판서를 역임한 이민서李敏叙(1633-1688)는 『김충장공(덕령)유사』金忠壯公(德齡)遺事에서 이순신이 '방전면주方戰

235 朴鍾和, 『壬辰倭亂』, 을유문화사, 1957, 550쪽.

236 金照滿, 「역사소설에 나타난 이순신 연구」, 계명대 교육대학원, 1969; 金泰俊·蘇在英, 『壬辰亂과 李舜臣의 名聲硏究』, 1980, 63-65쪽 재인용.

免胄 자중환이사自中丸而死', 즉 '싸움이 한창인 때 갑옷을 벗고 스스로 탄환에 맞아 죽었다.'고 기록하였다. 이조 판서를 역임한 이여李畬(1645-1718)는 1711년(숙종 37)에 "임진왜란 당시 공훈을 세우고도 모함을 당해야 하였던 이순신의 처지와, 북인이 우세한 정국의 형편을 볼 때, (남인의 영수 유성룡과 절친하였던) 이순신의 죽음은 미리 작정한 것일 수도 있다."는 견해를 공식적으로 제기하였다. 이여의 자살설은 "북인들이 이순신의 죄를 떠든 목적은 실상 이순신을 천거한 유성룡을 잡는 데 있었다."고 본 『국포쇄언』菊圃瑣言의 내용과 일맥상통한다.

이와 관련하여 우리는 선조 31년(1598) 10월에서 12월 사이의 『선조실록』 기사에 주목할 필요가 있다. 그해 10월 2일 전란의 극복을 위해 불철주야 노력하던 영의정 유성룡이 돌연 사직을 표명한다. 그 이유는 자신을 공박하는 상소가 답지하였기 때문이다. 유성룡은 스스로가 권간權奸이 되지 않기로 마음먹은 이상 시시비비를 따질 필요도 없이 무조건 자신이 물러나겠다는 뜻을 피력한다. 국왕 선조의 반대로 일단은 그 뜻이 반려되었지만, 유성룡을 탄핵하는 조정의 분위기는 더욱더 강경해져 갔다.

임진왜란의 원흉 도요토미 히데요시의 사망(8. 18) 소식으로 일본군의 퇴각이 결정적으로 되자, 조정 신료들은 이제 유성룡이 전쟁을 망친 장본인이라고 지적하면서 그를 탄핵하기 시작하였다. 노량 해전이 발발하기 직전인 그해 11월 16일 사간원과 사헌부를 필두로 제기된 유성룡에 대한 삭탈관작 요청은 거의 매일같이 주장되었다. 국왕 선조도 이에 밀려 결국 유성룡을 파직하였다. 그렇지만 양사는 이에 만족하지 않고 유성룡을 삭탈관작해야 한다고 주장한다. '삭탈관작'이란 단순히 현직에서 해임시키는 정도가 아니라, 유성룡이 받은 작위를 무효화시키자는 것이다. 양반으로서의 근거를 완전히 빼앗아 버리겠다는 무서운 의미를 담은 것이었다. 11월 16일부터 시작된 유성룡에 대한 사헌부 · 사간원의 탄핵은 거의 매일같이 진행되어 12월 6일까지 계속되었다. 그와 같은 탄핵의 중심 배후에는 북인의 영수로서 유성룡과 앙숙이었던 이이첨이 자리하고 있었다.[237]

『재조번방지』再造藩邦志를 쓴 신령申靈도 당시 정국의 병폐를 지적하면서

> 서인은 원균의 편을 들고, 동인은 이순신의 편을 들어 서로 공격하기에 다른 국사는 내던져 두었으니, 그러고 나라가 안 망하였던 게 다행이다.

라고 탄식하였다.

사정이 이러하였으므로 유성룡과 가장 절친하였던 이순신이 전쟁이 끝난 후에 자신이 어떤 신세에 놓이게 될 것인가를 가늠하는 것은 불문가지의 일이었다. 유성룡 또한 『징비록』에서

> 조정의 의론이 둘로 나뉘어 각각 편을 드는 바가 있었는데, 순신을 천거한 것이 나이기 때문에 나를 좋아하지 않는 이들은 원균과 합하여 순신을 공격하기에 온갖 애를 다 썼다.

237 본서 38장 '분열된 조정 의론' 편 참조.

라고 하여 자신이 무너질 경우, 그 화가 곧바로 이순신에게 미칠 것이라는 점을 직서하였다. 신명을 바쳐 나라를 구하였지만, 이순신도 바보가 아닌 이상 전쟁이 끝난 후 다시 토사구팽의 신세가 될 것을 직감하였을 것이다.

이 밖에도 이순신의 자살설과 관련하여 주목을 끄는 것은 이조·병조 판서와 우의정·좌의정 등 고위 관직을 두루 역임한 이이명李頤命(1658-1722)이 쓴 『충무공가승』忠武公家乘의 「발문」跋文 내용이다. 『충무공가승』은 이순신의 5대손 봉상鳳祥이 전라 좌도 수군절도사가 되어 판각한 것이다. 「발문」은 이순신의 현손 홍의弘毅 등이 『가승』을 이이명에게 보여 주며 글을 부탁하자, 이이명이 예전에 노량에서 마음속으로 느낀 바를 적어 준 것이다. 그 내용은 다음과 같다.

예전에 남방으로 귀양갔을 때 노량 해전이 일어났던 곳에서 공(이순신-역자)을 추모하였다. 세상 사람들이 말하기를 이순신은 공功이 이루어진 뒤에 몸이 위태로워질 것을 헤아려 화살과 탄환을 피하지 않은 것이라고 하는데, 정말 그런 것인지 모르겠다. 공의 「행록」을 보니 그런 기색이 전혀 보이지 않는다. 하지만 7년의 해전에서 특이한 공로를 많이 세우고도 화친和親이 진행되면서 참소와 배척을 받아 형틀에서 거의 죽을 뻔한 일을 겪었으니, 스스로 분명하게 공로를 세우고 적들이 마지막으로 물러가는 자리에서 죽을 곳을 찾기로 미리 작정한 것이 있을 것인데, 조카들이[238] 깨닫지 못한 것인지도 모르겠다.

238 구체적으로는 이순신의 최후를 지켜본 완莞과 이순신의 「행록」을 지은 분芬을 말함.

이이명은 『충무공가승』 「발문」을 통해서 이순신의 자살설에 관련된 여러 가지 정보를 제공하고 있다. 첫째, 이순신이 노량에서 자살하였다는 이야기는 이이명이 「발문」을 쓰기 이전부터 조야에 널리 회자되어 오던 것이라는 점이다. 그래서 이순신 사후 한참 뒤에 이이명이 「발문」을 쓸 때에도 꼭 짚고 넘어가야 하는 주제가 되었다. 둘째, 이순신은 절체절명의 순간에 조선의 운명을 구하고도 간신들에게 누명을 쓰고 사형당할 뻔한 위기를 직접 경험함으로써, 충분히 전란 후에 그가 맞이할 고초를 예상하였을 것이라는 점이다. 이것은 임란 때 유명한 의병장인 김덕령이 혁혁한 공을 세우고도 역적으로 사형당한 일과, 역시 임란 때 유명한 의병장인 홍의장군 곽재우가 김덕령과 같은 억울한 죽음에 직면하자 산 속으로 숨어들어 간 사실에 비추어 보면 충분히 짐작할 수 있는 일이다. 셋째, 그렇기 때문에 이순신은 자신이 떳떳하게 전장에서 최후를 맞이할 작정을 하였는데, 그것을 주위의 어느 누구도 눈치채지 못하게 실행에 옮겼을 것이라는 점이다.

그러나 이이명은 이순신이 자살하였을 것이라는 점에 공감하면서도, 그의 죽음이 결코 가벼운 것이 아니었음을 다음과 같이 기술하고 있다.

> 그러나 공이 죽음으로써 국가에 보답한 것은 충성에서 나온 것으로 진작부터 생사화복生死禍福을 천명天命에 맡긴 때문일 것이다. 공은 스스로 기약하여 나라를 다시 일으키는 것을 책임으로 삼았으니, 어찌 죽음을 경솔히 하였을 것이냐.

마지막 문장에서 이이명은 자신이 전제한 이순신의 자살설을 뒤집는다. 사실 이이명은 당대 노론 핵심 인사로서 보수적 성향이 강한 인물이었다. 그러하기에 『충무공가승』의 「발문」은 당시까지도 민간에서 성행하던 이순신에 대한 자살설을 무마하여 덮고, 이순신을 전장에서 용맹스럽게 전사한 장수로 결론지으려는 목적성이 강한 글이었다.

이이명의 이런 애매하고 모순적이기까지 한 태도는 오늘날 이순신의 죽음을 바라보는 많은 사람들의 입장과 비슷하다. '자살설'이 혹시 민족의 성웅으로 추앙받는 이순신에게 오점을 남길지도 모른다는 염려가 그것이다. 그러나 그것은 하나의 핑계일 뿐, 그 염려의 근저에는 이순신의 자살설을 용인함으로써 마주쳐야만 될 우리의 부끄러운 자화상과 대면하기를 꺼려하는 두려움이 존재하고 있다.

다시 이순신의 입장으로 돌아가 보자. 내가 이순신이라면 어떤 결정을 내렸을까?

『난중일기』를 통해서, 끊임없이 나를 모함하는 원균과 그 일당들에 대해서 근심하였었는데, 결국 전쟁이 소강상태에 들자 그들은 나를 잡아다 고문하였다. 만약 원균이 실패하지 않았다면, 그들은 역적의 죄를 물어 그 자리에서 나를 죽였을 것이다. 이번 전쟁이 끝나고 나면, 그들은 또다시 나를 가만두지 않을 것이다.

유성룡 대감이 전쟁 초기부터 큰 책임을 맡아 전란을 수습하기 위해 노심초사한 것은 모두가 아는 일인데, 풍신수길의 사망으로 전쟁이 끝나려 하자 그들은 유 대감을 전란의 원흉으로 지목하여 탄핵하기에 열을 올렸다. 유 대감은 내가 유일하게 의지할 수 있는 분이었는데, 유 대감은 뜻밖의 탄핵 공격을 받으면서 나에게 자주 편지를 보내, 전쟁이 끝난 후 나에게 닥칠 어려움들을 걱정하였다.

전쟁을 통해서 나는 내가 살아가야 하는 이유를 모두 잃었다. 나에게 늘 나라에 충성할 것만을 가르치셨던 어머니께서는 내가 간신들의 누명으로 옥에 갇히자 그 충격으로 세상을 떠나셨다. 나를 닮아 특히 사랑하였던 막내 면은 고향 마을에 들이닥친 왜적들을 맞아 싸우다 장렬히 전사하였다. 원통하고 원통하다. 세상을 떠나신 어머니와 아들을 생각하면, 가슴이 미어질 뿐 더이상 세상을 살고 싶은 생각이 없다.

잠깐 감정이입을 통해서 이순신의 심정이 되어 보았다. 이 정도 상황에 처해 있다면, 누구든지 왜적과 겨루는 마지막 전투와 함께 장렬히 이승을 하직하고 싶은 마음이 들 것이다. 그러나 천하의 영웅 이순신이 미구에 닥쳐올 개인적인 고초가 두려워서 세상을 떠났다고 보는 것은 이순신을 너무 모르는 말일 것이다. 만약 당대부터 많은 사람들이 지적한 대로, 이순신이 전란 중에 자살에 대한 모종의 결심을 하고 있었다면, 위대한 병략가이자 지략가인 이순신은 우리 범인들이 상상하는 것보다 훨씬 더 큰 것을 염두에 두고 있었을 것이다.

그것은 바로 조국의 명예였다. 이순신은 전쟁이 끝난 후 토사구팽을 당하는 것이 두려웠던 것이 아니라, 자신에 대한 부당한 처사가 후대에 야기할 악영향을 우려하였을 것이다. 만약 자신이 전쟁

후에 다시 한 번 조정에 끌려가 국법이란 이름 아래 처단된다면, 후대에 누가 나라에 충성할 마음을 품겠는가? 만약 이순신이 전쟁 후에 토사구팽 당한다면, 조선을 침략하였던 저 일본은 조선 사람들을 얼마나 형편없다고 깔볼 것인가? 그렇다면 정유재란의 큰 승부가 이미 갈린 마지막 노량 전투에서 장렬히 전사하는 것이 어떨까? 그것이 조선이라는 나라의 체면도 세우고, 후손들에게 영원히 충성스러운 신하의 전범을 보여 주는 것이 아닐까?

아무튼 이순신의 자살설은 그 어느 누구도 밝혀 낼 수 없는 하나의 수수께끼일 뿐이다. 그러나 우리가 이 문제에 주목하는 것은 그를 끊임없이 괴롭혔던 주변 정황 때문이다. 이순신의 자살설이 당시부터 지금까지 끊임없이 인구에 회자되는 것은 이순신을 죽이려고 하였던 그 당시의 정치 행태가 그 이후에도 전혀 변한 것이 없다고 느껴지기 때문일 것이다.

임진왜란을 겪고 나서도, 민생 안정을 뒤로 한 채 대북파로부터의 정권 탈환에 몰두한 서인 세력은 쿠데타를 일으켜 정권을 장악하였다. 그리고 완전히 국제 정세의 현실을 무시한 이념 논쟁에 몰두함으로써 정묘호란과 병자호란이라는 전쟁을 초래하여 민생을 도탄에 빠뜨렸다. 그러고도 그들은 반성하지 않고 여전히 화석화된 이념 논쟁의 틀 속에서 시대를 선도할 만한 창의적인 사유들을 '사문난적'이라는 무지막지한 주홍글씨로 억압하였다. 실학 사조를 무시한 사림파들의 공리공담은 무능과 부패의 극을 더하여, 세계가 급변하는 19세기에 이르면 조선은 이미 소생할 기미가 전무한 나라로 전락하였다. 그리고 이순신의 노고도 헛되이 조선은 일본에 점령당하였다. 1910년 8월의 한일합병 조약은 요식적인 행위에 불과하였다. 조선은 이미 1894년부터 일제의 영향력 아래로 빨려 들어갔다.

청일전쟁으로 조선의 운명이 백척간두의 위기에 처해 있던 1894년 여름 조선을 여행한 오스트리아인 헤세 바르텍은 당시 조선의 무력한 군사력을 다음과 같이 전하고 있다.

지구상에 존재하는 여러 나라에서 나는 아주 이상한 군대를 다수 알게 될 기회를 가졌다. 그 중에서도 조선의 군대는 가장 기이한 군대로 보인다. 조선 정부의 공식 목록에서 나는 조선의 독자적인 군대의 인원이 120만이라고 적혀 있는 것을 발견하였다. 그런데 오늘날 서울이나 '아침노을의 나라' 어느 곳에서도 조선 병사는 한 명도 없다. 수도의 위수 근무와 왕궁의 감시 근무는 일본 군대가 맡고 있고, 왕과 정부 전체는 일본인들의 포로다. 일왕의 사신이 조선을 통치하고 있는 것이다. 이 모든 것이 조선인들에게 전쟁이 선포되지도 않은 상황에서 일어났다. 조선이 한 명의 병사도 내보내지 않은 가운데 일본군 여단은 조선에 상륙하였다. 도대체 120만 명의 군인은 어디에 있었던 것일까? 또 수도에 정주하고 있는 국방 부서와 수많은 장군들은 어디에 있었던 것일까?

조선의 '군제'에 따르면 사지가 건강한 모든 남자는 양반 계급에 속하지 않는 한 군인의 의무를 지며, 군인으로 등록한다. 이것이 바로 120만이라는 숫자가 나오게 된 배경인데, 군인 중 99퍼센트가 한 번도 무기를 잡아 본 적이 없으며, 군복을 입어 본 일이 없다. 조선의 관리들과 장교들은 뇌물을 받기로 유명한데-이는 현재 벌어지고 있는 전쟁의 중요한 원인 중의 하나다-이 때문에 병사들의 명부를 작성하는 일은 아주 수지가 좋은 장사다. 고급 관리에게 돈을 주고 하급 관리가 된 사람이 병사들의 명부를 작성하기 위해 관장 구역의 도시와 마을을 매년 순시할 때면, 얼마를 주면 이 명부에서 제외될 수 있는지가 공공연하게 거론된다. 프랑스 선교사의 보고에 따르면 이 가격은 3,000에서 5,000냥 정도인데, 우리 돈으로 하면 약 3-5마르크에 해당한다. 물론 유럽에서는 적은 금액이지만, 돈이 귀한 가난한 조선에서는 한 가족이 1주일 동안 살 수 있는 큰 돈이다. 쏠쏠하게 재미를 본 하급 관리는 갑자기 전염병이나 기근이 돌아 백성이 절반이나 몰살한 것처럼 꾸며, 빈손으로 자신의 상관이나 국방 담당 부서를 찾아갈 수는 없는 노릇이다. 따라서 명부에는 있지도 않은 이름이 올라가며, 몇 세대 전에 죽은 가족의 이름까지 올라가게 된다.

조선의 군인 가운데 약 1만 명 정도가 무기를 보유하고 있다. 나는 수도에서 8,000명을 보았다. 나머지 2,000명은 방어 시설이 구축된 진영의 수비대를 구성할 뿐 아니라, 지방 관찰사의 근위병과 무기고와 감옥의 보초, 장교나 관리가 여행할 때 호위 부대로도 운영된다. 하지만 이 '상비군'조차도 유럽적 의미에서의 군대는 아니다. 중국의 팔기군이 대부분 그러하듯이, 조선군도 여단이나 연대, 중대로 나뉘어 있는 것이 아니라 '군영'으로 나뉘어 있다. 서울은 군영을 네 개 보유하고 있는데, 군영이란 담으로 둘러싸인 낮은 집들이 모여 있고 이 안에 군인들이 살고 있는 곳을 말한다. 두 채의 왕궁 바로 옆에 각각 하나의 군영이 있고, 하나는 수도의 동쪽에, 다른 하나는 남쪽에 위치하고 있다.[239]

무관은 문관만큼 존경을 받지 못한다. 왕의 총애를 받는 고급 문관은 관찰사이면서 동시에 어떤 지방의 장군으로 임명되는 경우도 종종 발생하는데, 연대장급의 자리는 대개 판관의 역할을 겸하기도 한다. …봉급은 근무 기간에만 지불된다. 예를 들어, 장군은 매달 6,000냥(약 7마르크), 쌀 세 가마, 콩 두 가마, 비단 한 필, 기름종이 몇 두루마리를 지급받는다. 중대장급은 위의 절반 정도만

239 에른스트 폰 헤세 바르텍 저, 정현규 역, 『조선, 1894년 여름』, 책과함께, 2012, 145-147쪽.

을 받는다. 그 동안 장교들은 문관과 마찬가지로 대체로 온갖 부수입을 챙긴다. 이러한 장교단으로 볼 때 조선군의 전투력이 그다지 대단하지 않다는 것을 알 수 있다. 대다수의 장교들은 군제에 대해 아무 지식이 없다.[240]

임진왜란 때는 그래도 이순신이 있어서 일제에게 복속되는 것을 막을 수 있었지만, 1894년 당시 조선에서 일제에 항거한 조직은 미약한 의병밖에는 없었다. 손쉽게 조선의 왕궁을 점령한 일본은 이때부터 내정을 간섭하기 시작하였다.

혹자들은 그래도 조선 왕조가 500년을 지탱한 것은 그만큼 저력이 있었기 때문이라고 한다. 하지만, 이는 나이브한 감상일 뿐이다. 조선 지배층들의 기본적인 국정 운영 전략은 당시 동아시아 1인자인 중국에 철저히 복종함으로써 국방의 전 부분을 완전하게 의지하는 것이었다. 나머지 조선의 열악한 국방력이란 내란의 진압에 사용될 정도의 것으로 충분하였다. 임진왜란 이후 편성된 조선 군제의 상징인 오군영도 결국은 각 정파의 세력을 유지하기 위해 경쟁적으로 생겨난 소규모 호위 부대에 지나지 않았다. 중국이 망하지 않는 한 조선은 절대로 망하지 않을 것이라는 의타심이야말로 조선 정치 세력들에게는 절대적 진리로 받아들여졌다.

다시 말하지만, 이순신이 스스로 전사를 가장한 자살을 선택하였는가 하는 문제는 아무도 풀 수 없는 영원한 미제의 사건이다. 그러나 우리가 진정 나라를 생각하는 후손들이라면, 이순신 사후에 많은 선비들과 민초들이 이순신의 죽음을 억울한 것으로 보고 분노할

240 에른스트 폰 헤세 바르텍 저, 정현규 역, 위의 책, 151쪽.

수밖에 없었던 당시의 정황을 잊어서는 안 된다.

이순신의 자살설을 맹목적으로 부정함으로써, 이순신을 미워하고 그에게 고통을 주던 자들에게 면죄부를 주는 것이 옳을까? 이순신에게 고통을 주었던 당시의 부조리한 현실을 솔직히 직시하고, 거기서 탈피하지 못한 현실을 반성하는 일이 옳을까? 우리들은 지금 이순신 장군이 고통받았던 시기와 질투, 정의에 대한 냉소와 조롱, 소국적인 당파성의 정치로부터 탈피하였는가? 이순신 장군 앞에 떳떳이 나아가 조선 시대와 같은 권력층의 전제와 사회적 억압 구조를 극복하고, 21세기에 걸맞는 진정한 민주주의 사회, 자주적인 국가를 건설하였노라고 말할 수 있는가?

이순신은 막내아들 면이 죽었다는 통지를 받고, "내가 죽고 네가 살아야 하거늘, 하늘이 이다지도 무심한가."라는 말을 되뇌이면서 오열하였다. 이순신은 이 절절한 자식에 대한 사랑을 조국에 대한 충성심으로 승화시켰다. "내가 죽어 조선이 살 수 있다면, 나는 왜적이 물러가는 오늘, 이 자리에서 죽겠노라."

자신을 죽여서라도 가장 사랑하는 존재를 살리려고 하였던 이순신 장군의 숭고한 책임감과 희생 정신은 오늘을 사는 우리가 반드시 본받아야 할 덕목이다.

하늘을 우러러본다. 구름 속에서 이순신 장군의 음성이 들려오는 듯하다.

"신이 살아 있는 한, 적들이 감히 우리를 업신여기지 못할 것입니다."

(끝)

참고 문헌

『書傳』.

『宣祖實錄』.

『宣祖修訂實錄』.

『宋史』.

『明史』.

『新增東國輿地勝覽』.

郭再祐,『忘憂集』.

李建昌,『黨議通略』.

柳成龍,『西厓集』.

許筠,『惺所覆瓿稿』.

金堉,『海東名臣錄』.

洪良浩,『海東名將傳』.

『國朝人物考』.

『黑龍日記』.

『影印 李忠武公全書』, 成文閣, 1989.

李殷相 譯,『完譯 李忠武公全書』上下, 成文閣, 1989.

韓國精神文化硏究院,『譯註 經國大典(飜譯篇)』, 朝銀文化社, 1985.

韓國精神文化硏究院,『譯註 經國大典(註釋篇)』, 朝銀文化社, 1985.

김재근, 「임진왜란중 朝 · 日 · 明 軍船의 특성」, 『임란수군활동연구논총』, 해군군사연구실, 1993.

김주식 · 임원빈 · 정진술 · 김학수 공편, 『조선시대 수군관련 사료집 3-1』, 신서원, 2000.

김주식 · 임원빈 · 정진술 · 김학수 공편, 『조선시대 수군관련 사료집 3-2』, 신서원, 2000.

金泰俊 · 蘇在英, 『壬辰亂과 李舜臣의 名聲研究』, 1980.

박성순, 『선비의 배반』, 고즈윈, 2004.

朴鍾和, 『壬辰倭亂』, 을유문화사, 1957.

박혜일 등 해제, 『이순신의 일기』, 서울대학교출판부, 1998.

孫武 저, 유재주 역해, 『손자병법』, 돋을새김, 2007.

야마지 아이잔 저, 김소영 역, 『도요토미 히데요시』, 21세기북스, 2012.

에른스트 폰 헤세 바르텍 저, 정현규 역, 『조선, 1894년 여름』, 책과함께, 2012.

유성룡 저, 김흥식 역, 『징비록』, 서해문집, 2003.

이건창 저, 이덕일 · 이준녕 해역, 『당의통략』, 자유문고, 1998.

이성무, 『조선시대당쟁사』 1, 동방미디어북스, 2000.

이순신 저, 노승석 역, 『이순신의 난중일기 완역본』, 동아일보사, 2005.

이중톈 저, 김성배 · 양휘웅 역, 『삼국지 강의』, 김영사, 2007.

장학근, 「왜군격퇴의 전략전술(해전)」, 『한국사』 29, 국사편찬위원회, 1995.

鄭杜熙, 『朝鮮時代 人物의 再發見』, 一潮閣, 1997.

조원래, 「임란초기 해전의 실상과 조선수군의 전력」, 『조선시대사학보』 29, 조선시대사학회, 2004.

車文燮, 『朝鮮時代軍事關係研究』, 단국대출판부, 1996.

최영희 등, 『임진왜란과 이순신장군의 전략 전술』, 전쟁기념관, 1998.

佐藤太郎, 『帝國國防史論』, 水交社, 1908.

Ballard, G. A., *The Influence of the sea on the political history of Japan*, New York, 1921.